北京市哲学社会科学特别委托项目（项目编号：13JDJGD005）

北京市教育委员会专项资助

中国都市经济研究报告2019

京津冀一体化公共服务政策供给机制创新研究

北京市哲学社会科学规划办公室　　刘　伟／主　编

北京市教育委员会　　黄桂田／副主编

中国都市经济研究基地　　张　辉

杨耀淇／等　著

金田林

U0362594

北京大学出版社

PEKING UNIVERSITY PRESS

图书在版编目(CIP)数据

中国都市经济研究报告.2019,京津冀一体化公共服务政策供给机制创新研
究/张辉等著. —北京:北京大学出版社,2020.11

ISBN 978-7-301-31766-2

Ⅰ.①中… Ⅱ.①张… Ⅲ.①城市经济—经济发展—研究报告—北京—
2019 Ⅳ.①F299.271

中国版本图书馆 CIP 数据核字(2020)第 198969 号

书 名	中国都市经济研究报告 2019
	——京津冀一体化公共服务政策供给机制创新研究
	ZHONGGUO DUSHI JINGJI YANJIU BAOGAO 2019
	——JINGJINJI YITIHUA GONGGONG FUWU
	ZHENGCE GONGJI JIZHI CHUANGXIN YANJIU
著作责任者	张 辉 杨耀淇 金田林 等著
责 任 编 辑	赵学秀
标 准 书 号	ISBN 978-7-301-31766-2
出 版 发 行	北京大学出版社
地 址	北京市海淀区成府路 205 号 100871
网 址	http://www.pup.cn
微信公众号	北京大学经管书苑(pupembook)
电 子 信 箱	em@pup.cn
电 话	邮购部 010-62752015 发行部 010-62750672
	编辑部 010-62752926
印 刷 者	北京虎彩文化传播有限公司
经 销 者	新华书店
	965 毫米×1300 毫米 16 开本 18.75 印张 325 千字
	2020 年 11 月第 1 版 2020 年 11 月第 1 次印刷
定 价	68.00 元

课题组主要成员

（按姓氏笔画为序）

王　铮　　吕雪娇　　李江龙　　杨耀淇
吴子龙　　吴自强　　张　硕　　张　辉
金田林

前　言

　　2004 年,为贯彻中共中央《关于进一步繁荣发展哲学社会科学的意见》,北京大学承担了北京市哲学社会科学规划办公室和北京市教委关于设立中国都市经济研究基地的任务。在北京大学哲学社会科学部的推荐和支持下,北京大学经济学院依托当时已有的十个研究所和中心,以及六个系的科研力量建成了中国都市经济研究基地。中国都市经济研究基地是一个开放型的研究机构,不仅包括经济学院及北京大学其他院系所和中心的科研力量,而且广泛邀请了北京市和全国乃至世界相关科研机构、政府部门加入进行研究。目前,中国都市经济研究基地的首席专家为刘伟教授,负责人为张辉教授。基地从 2004 年设立以来,有力地带动了科研课题的增加,对课题研究起了孵化作用;有力地推进了学科建设和人才队伍建设,促进了科研基础条件和支撑条件的改善;产生了一批有影响的成果;有力地融入到了北京市社会经济发展之中。

　　中国都市经济研究基地自成立以来,积极开展中国特别是北京市都市经济发展方面的研究。目前,基地已经完成的典型科研项目包括:(1) 北京在中国及世界都市经济中的今天与未来定位;(2) 北京地区水资源短缺对策研究;(3) 北京 2008 奥运融资研究;(4) 北京市地方产业集群发展研究;(5) 中国都市房地产宏观调控研究;(6) 全球价值链下北京地方产业升级研究;(7) 北京市政府债权问题研究;(8) 北京市产业空间结构研究;(9) 北京市"去工业化"的都市金融中心构建研究;(10) 中小企业集群融资理论与创新设计研究;(11) 北京市产业结构优化调整路径研究;(12) 北京市房地产行业发展研究;等等。基地当前在研的代表性项目有:(1) 中小企业集群融资理论与创新设计研究;(2) 中关村自主创新示范区深化发展路径研究;(3) 北京市统筹城乡医疗保障制度对财政体系的影响研究;(4) 北京市城市公用事业价格规制及政府补贴管理研究;(5) 北京市金融产业竞争力发展研究;(6) 北京市农产品价格形成机制研究;(7) 京津唐一体化研究;(8) 京津冀产业疏解—承接问题研究;

1

(9)北京市社会资本现状及对经济增长的影响渠道分析研究；(10)北京市农产品批发市场提档升级创新研究；(11)北京都市圈与新型城镇化的投融资研究；(12)京津冀一体化背景下生态环境保护合作机制研究。根据相关研究，自 2005 年以来，中国都市经济研究基地推出了中国都市经济系列年度研究，本书是 2019 年的主要研究成果。

本书是张辉教授为负责人所承担的北京市哲学社会科学重点规划项目"京津唐城市群一体化研究"(课题号：13JDJGD005)和杨耀淇副研究员为负责人所承担的北京市哲学社会科学规划一般项目"京津冀一体化公共服务政策供给机制创新研究"(课题号：16JDYJB047)的主要研究成果。本研究从 2016 年 9 月进行，严格按照研究任务书要求完成各阶段各项任务。

本研究主要由张辉教授和杨耀淇副研究员负责统筹策划，确定研究框架和研究思路。课题组主要成员有北京大学经济学院博士后金田林，北京大学城市与环境学院博士研究生王铮，中国矿业大学地测学院博士研究生吕雪娇，北京大学软件与微电子学院硕士研究生吴自强、吴子龙、张硕、李江龙等。本书由张辉教授负责统稿，金田林博士后进行主要协助，中国都市经济研究基地研究助理张硕硕在校对中从事了大量细致的工作，贡献颇多。

"京津冀一体化"已经提出了十年有余，习近平总书记多次强调京津冀一体化发展的必要性和重要性，并对其发展方向做出了指示，强调要从京津冀发展的全局高度和更长远的考虑来认识和做好京津冀协同发展工作，增强协同发展的自觉性、主动性、创造性，要打破"一亩三分地"思想，着力推动基础设施互联互通、产业体系分工协作、公共服务共建共享等领域率先突破，这指明了京津冀一体化发展的重要方向和措施。2015 年 4 月，中共中央政治局审议通过了《京津冀协同发展规划纲要》(以下简称《规划纲要》)，标志着京津冀一体化发展在顶层设计支持下进入实质发展期。根据《规划纲要》，推动京津冀协同发展是重大国家战略，战略的核心是有序疏解北京非首都功能，面向打造以首都为核心的世界级城市群，调整经济结构和空间结构，走出一条内涵集约发展的新路子，探索出一种人口经济密集地区优化开发的模式，促进区域协调发展，形成新增长极。为此，国家对京津冀一体化提出了三项主要改革任务，明确指出要加快公共服务一体化建设，强调"促进基本公共服务均等化是疏解北京非首都功能的重要前提和京津冀协同发展的本质要求"。其中，公共服务政策共享建设重要指示不仅指明了京津冀一体化发展方向,而且指出了当前京津冀一体化发展的关键问题,即公共服务政策差距问题和资源配置失衡问题,这是制约京津冀一体化发展的关键所在。

京津冀一体化问题同样也是国内外学者研究的重点和热点。学者关于中国区域一体化问题的研究视角主要集中于基于地方保护视角的地区市场分割理论。Naughton、Young 和 Sandra Poncet,以及我国学者白重恩都针对中国的省级地方市场分割现象进行了经验研究,其得出的结论普遍认为由于地方保护主义和政府行政干预市场行为,中国市场分割现象严重,其程度甚至超出同期欧盟成员国之间的市场分割程度,且这一现象严重影响了区域一体化的进程。这一类研究文献的基本观点可以概括为:地方保护主义形成了中国地区间的市场分割,进而阻碍了区域一体化的实现。而要厘清中国区域一体化发展阻碍的根本原因,还需要进一步追溯各级地方政府如此热衷于实施地方保护政策的制度诱因。对这一根本性问题的分析研究将有助于推动京津冀一体化进程,使其真正实现协同发展。

其他学者对京津冀一体化问题的研究则主要是从该区域一体化发展现状入手,针对现实问题提出相应的对策建议,且主流观点认为京津冀一体化发展思路在于错位发展,其中代表性文献的作者包括纪良纲、陈晓永、张吉福、杨连云、崔冬初。另外有一些文献研究内容触及对京津冀发展失衡原因的分析,如人才流失效应(熊凤平)、产业发展阶段不同步(祝尔娟)和区域间经济联系(踪家峰等),并据此提出政府间协作机制的解决对策(孙久文)。然而,这些文献具有共同的局限性,在于未能剖析引发京津冀发展极化效应的根本制度诱因,即研究始终未能触及经济学分析的核心问题——资源优化配置问题及其制度层面的主要影响因素。

就目前来看,京津冀经济和社会发展的不均衡问题十分显著,环京津贫困带问题十分严重。京津冀发展失衡的原因是多方面的,从制度供给方面来看,其与政府公共服务政策差距和公共服务资源配置失衡密不可分。基于上述分析,本书结合最新理论与数据,从三个部分展开,全面细致地阐述京津冀一体化公共服务政策的供给机制创新。第一,从京津冀协同发展的时空分布入手,详细梳理和分析京津冀协同发展的基础与现实,并对京津冀协同发展的战略新举措和新进展进行概述和分析,以期从历史和现实、时间和空间、战略和进展等多维角度论证分析京津冀协同发展的前世今生和来龙去脉。第二,从公共服务均等化推进京津冀协同发展入手,首先阐述分析公共服务均等化推进区域一体化的基础理论;其次以理论为依据,构建了京津冀协同发展中公共服务均等化的指标体系;再次根据指标体系结合数据实际测度了京津冀协同发展中的公共服务均等化程度,并从支撑力、驱动力、创新力、凝聚力和辐射力五个方面分析了京津冀协同发展中的公共服务均等化水平;最后,根据指标体系测度的具体数据反映出来的问题,详细分析了京津冀协同发展中公共服务区域差距的制约机制。第三,从产业协同、财税协同、生态协同、人力资本协同四个方面论证了京津冀一体化公共服务政策的供给机制的创新。

为加快京津冀协同发展的步伐,2017 年 4 月 1 日中共中央、国务院决定设立国家级新区雄安新区,它将成为继深圳经济特区和上海浦东新区之后又一具有全国意义的新区。一方面,作为京津冀协同发展的关键布局,雄安新区将成为北京非首都功能的集中承载地,并作为一个反磁力中心,减弱北京对资源要素的强大吸引力,有效缓解北京的大城市病;另一方面,还将带动雄安周边以及整个京津冀发展,解决区域经济失衡问题。可以说雄安新区的设立盘活了京津冀协同发展的一盘棋。2018 年 4 月 14 日,中共中央、国务院正式批复的《河北雄安新区规划纲要》指出,紧紧围绕打造北京非首都功能疏解集中承载地,创造"雄安质量",成为新时代推动高质量发展的全国样板,培育现代化经济体系新引擎,建设高水平社会主义现代化城市,其中提供优质共享公共服务作为核心环节被置于重要位置。本书结合政策动向和改革方针,从产业协同、财税协同、生态协同、人力资本协同等方面详细研究了京津冀一体化公共服务政策的供给机制的创新。

作者
2019 年 11 月

目　　录

第二部分　公共服务均等化推进京津冀协同发展

第一部分

京津冀协同发展的时空分布与最新进展

第一章　京津冀协同发展的基础条件

本章主要对京津冀区域经济的发展现状和区域经济的空间差异进行分析。通过统计 2005—2017 年北京、天津和河北以及河北各市的地区生产总值、人均地区生产总值、常住人口数等指标,分析了京津冀近 13 年的发展历程和经济结构变化、经济增速等,同时也对京津冀各自的发展进行了对比分析。最后运用莫兰指数判断京津冀三地之间的相互影响程度,即空间自相关性。

区域经济是指一定地理区域内不同个体之间的经济活动和经济关系。区域经济既包含自身经济发展的内在因素,也包含个体经济相互作用的外在因素。区域经济是城市间关联经济的统一体、整体经济的集中体,同时也是不同学科的交叉与结合,是经济学发展的核心理论。

在区域经济发展过程中,必然会出现经济空间差异现象。适度的经济差异将为区域经济的长远发展带来积极的推动作用。但是,过大的经济差异会使离心力远远大于区域内的向心力,最终导致区域内经济两极分化严重,制约区域经济的发展。随着全球经济的不断发展,越来越多的学者将区域经济理论与地理学相结合,将区域经济问题在地理学中形象具体化、空间化,通过学科之间的交叉,使抽象的区域经济问题变得更加直观有效。

区域经济发展理论始于 20 世纪 50 年代,70 年代逐步成熟,主要包括均衡发展理论和非均衡发展理论两个基本理论。经济空间差异问题是区域非均衡发展理论的扩展和延伸。在区域经济发展理论中,均衡发展理论更注重协调与一致。强调了整个区域经济范围内不同城市的经济发展是相辅相成的,对区域经济空间差异的容忍度很小。但是,对于区域经济范围内的边缘地区,由于其地理位置偏远、自然要素不足、工业基础薄弱、技术进步缓慢等因素,无法实现像中心增长极城市那样的高速发展。

我国地域辽阔,不同地区的经济有其特点,而且经济基础水平不同,要实现经济均衡发展是不可能的,均衡发展理论中规定的经济政策也没有办法实现。非均衡发展理论强调发展的层次性,不是说区域内的所有城市都实现了经济的高速发展,而是一些地区(中心增长极)优先发展,并在其经济达到一定水平后发挥推动作用,使周边地区经济迅速发展,缩小区域差异。在非均衡发展理论中非常重要的就是中心增长极,通过其强大的驱动力,促进整个地区的发展。同时,必须协调区域内重点和非重点领域的差距。经济差距过大将导致重点地区与非重点地区两极化现象严重,不利于整个区域的合理健康发展。经济差异太小,不能使关键领域吸收足够的生产要素来发展自己的经济,以达到足够的经济强度从而起到带动作用,甚至没有起到带动作用反而使整个区域经济发展缓慢。因此,对于区域内不同地区间经济差距的研究和分析就显得尤为重要,而经济空间差距的研究也应运而生。本章提到的经济空间差异主要是指区域经济范围内中心增长极城市与非中心增长极城市经济发展水平的非均衡化,以及人均经济发展水平的非均衡化。它可以分为空间经济的绝对差异和空间经济的相对差异。绝对差异是指不同城市之间经济发展的实际差异,通常用绝对数量指标来衡量;相对差异是指不同城市之间经济发展速度的差异,通常用相对数量指标来衡量。

第一节　京津冀总体经济发展现状

　　区域经济的绝对差异主要是指区域经济发展的总体水平或人均水平的不平等,即经济发展量的差异。绝对差异主要通过绝对指标来衡量,不仅可以决定不同地区人民的生活水平,而且具有直观性和可比性,公众容易理解。

　　因此,区域绝对差异已成为衡量区域经济发展的常用指标。人们通常谈论的区域经济差异,多指区域经济的绝对差异。区域经济的相对差异主要是指区域经济发展变化速度的不均等,是经济发展速度的差异,通常用经济指标的变化率来衡量。区域经济的相对差异可以反映人民福利水平的提高程度、变化的方向和可能实现的程度。

　　本章通过北京市统计局、天津市统计局、河北省统计局收集和获取了京津冀2005—2017年地区生产总值及第一产业、第二产业和第三产业增加值数据,对其进行统计分析,探究京津冀近13年区域经济差异的变化发展趋势。

一、地区生产总值(地区 GDP)增长速度有所减缓,发展目标由加速发展转变为减速提质

根据表 1.1 与图 1.1 分析可得,京津冀 2005—2017 年 GDP 呈上升趋势,2005—2017 年 GDP 相对增长幅度最大的是河北,达到 27.94%;其次是北京,为 25.49%;相对增长幅度最小的是天津,达到 21.00%。而全国 GDP 的增长幅度为 22.65%,对比发现,京津冀中只有天津地区 GDP 的相对增长速度低于全国的相对增长速度,说明京津冀区域经济发展不均衡。从表 1.1 中可以看出,2005 年,天津地区 GDP 为 3 906 亿元,与北京和河北差距很大;2006 年天津地区 GDP 仅为 4 463 亿元,约占北京地区 GDP 的 1/2,说明天津和北京之间的经济发展差距仍然较大。2017 年,天津地区 GDP 为 18 595 亿元,北京地区 GDP 为 28 015 亿元,河北地区 GDP 为 35 964 亿元,天津占北京的地区 GDP 的比例从 2006 年的 50% 提升到了 2017 年的 66%,天津占河北的地区 GDP 的比例从 2005 年的 39% 提升到了 2017 年的 52%,说明近十年天津经济发展速度较快。

京津冀地区 GDP 占全国 GDP 的比例很稳定,一直维持在 11% 左右,到 2010 年下降为 10%,说明京津冀经济的整体发展速度放慢,从图 1.1 中可以发现,京津冀地区 GDP 增幅在 2010 年和 2011 年处于平稳发展阶段,从 2011 年开始增幅下降,地区 GDP 增长速度缓慢,在 2015 年达到增幅最低点,北京 2015 年地区 GDP 比上年增长了 7.94%,天津 2015 年地区 GDP 比 2014 年增长了 5.19%,而河北 2015 年地区 GDP 比 2014 年增加了 1.35%,增幅最小。2014 年,习近平总书记发表了"2·26"讲话,把京津冀三地的协同发展作为一项重大国家战略,随后,京津冀三地相继出台了一系列协同发展目标、定位、战略重点、实施路径等方面的规划,为区域协同发展绘就了一张目标明确的发展蓝图,京津冀的协同发展目标由提速发展转变为减速提质发展。

同时,根据京津冀 2005—2017 年地区 GDP 标准差的变化趋势(见图 1.2)可以看出,2005—2011 年京津冀内部的经济差距呈直线上升趋势,具有明显的两极分化和加深趋势。在 2011—2015 年,京津冀的标准差变化趋势接近于直线,变化平缓,说明这个时期三地的区域空间经济差距在减小,而在 2015—2017 年标准差又出现上升趋势。

表 1.1 2005—2017 年京津冀地区 GDP 及标准差

	2005 年	2006 年	2007 年	2008 年	2009 年	2010 年	2011 年	2012 年	2013 年	2014 年	2015 年	2016 年	2017 年
北京（亿元）	7 141	8 313	10 072	11 392	12 419	14 442	16 628	18 350	20 330	21 944	23 686	25 669	28 015
天津（亿元）	3 906	4 463	5 253	6 719	7 522	9 225	11 307	12 894	14 442	15 723	16 538	17 885	18 595
河北（亿元）	10 047	11 514	13 662	16 080	17 320	20 494	24 647	26 734	28 628	29 624	30 025	32 071	34 016
合计（亿元）	21 094	24 289	28 987	34 191	37 260	44 160	52 582	57 978	63 400	67 291	69 359	75 625	80 625
全国（亿元）	187 319	219 439	270 232	319 516	349 081	413 030	489 301	540 367	595 244	643 974	685 506	744 127	827 122
占比（%）	11	11	11	11	11	11	11	11	11	10	10	10	10
标准差	3 072	3 530	4 220	4 681	4 899	5 640	6 715	6 972	7 127	6 963	6 747	7 104	8 695

注：表中京津冀数据均取自相应年份的统计年鉴，标准差通过计算得到。

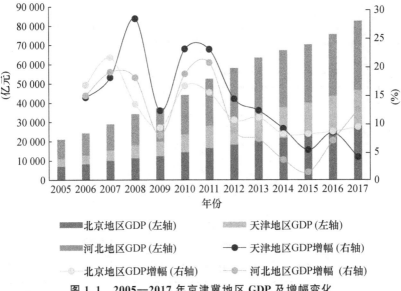

图 1.1　2005—2017 年京津冀地区 GDP 及增幅变化

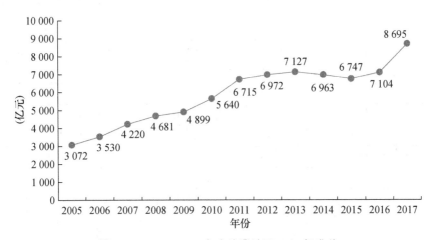

图 1.2　2005—2017 年京津冀地区 GDP 标准差

二、京津冀产业结构发展趋势

京津冀 2005—2017 年三次产业增加值分析如图 1.3、表 1.2、图 1.4
至图 1.6 所示。

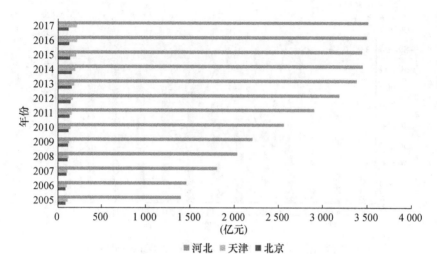

图 1.3　京津冀 2005—2017 年第一产业增加值

表 1.2　2005—2017 年京津冀产业增加值　　　　　单位：亿元

年份	2005	2006	2007	2008	2009	2010	2011	2012	2013	2014	2015	2016	2017
第一产业增加值													
北京	87	87	99	111	117	123	135	148	160	159	140	130	120
天津	112	103	110	123	129	146	160	172	189	202	209	220	218
河北	1 400	1 462	1 805	2 035	2 207	2 563	2 906	3 187	3 382	3 448	3 440	3 493	3 508
第二产业增加值													
北京	2 046	2 218	2 534	2 642	2 857	3 388	3 753	4 060	4 393	4 663	4 661	4 944	5 327
天津	2 135	2 457	2 893	3 710	3 988	4 840	5 928	6 664	7 308	7 766	7 704	7 571	7 590
河北	5 272	6 110	7 202	8 701	8 960	10 708	13 127	14 004	14 782	15 013	14 387	15 257	17 417
第三产业增加值													
北京	5 009	6 008	7 438	8 639	9 445	10 931	12 740	14 142	15 777	17 122	18 885	20 595	22 568
天津	1 658	1 902	2 250	2 887	3 405	4 239	5 219	6 059	6 945	7 759	8 625	10 094	10 787
河北	3 341	3 895	4 601	5 276	6 608	7 124	8 483	9 385	10 279	10 961	11 980	13 321	15 040
工业增加值													
北京	1 731	1 856	2 117	2 173	2 348	2 817	3 115	3 382	3 662	3 860	3 831	4 027	4 274
天津	1 958	2 262	2 662	3 419	3 622	4 411	5 431	6 123	6 687	7 079	6 983	6 805	6 864
河北	4 704	5 486	6 515	7 892	7 984	9 554	11 770	12 512	13 195	13 331	12 626	13 388	15 326

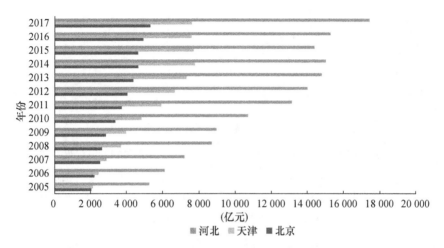

图 1.4 2005—2017 年京津冀第二产业增加值

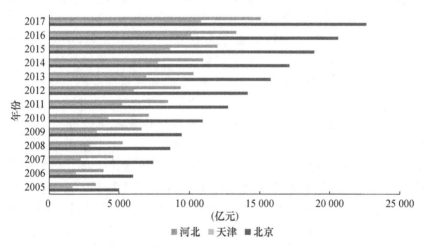

图 1.5 2005—2017 年京津冀第三产业增加值

通过对京津冀三次产业增加值的分析,可以看出,河北与京津两地经济存在明显的结构差异。京津两地第三产业在国民经济发展过程中占主导地位,河北第二产业在国民经济发展过程中占主导地位。2005—2017年,北京进入后工业化时代,第三产业发展迅速,形成了高技术含量、高经济效果、服务经济为主的产业结构。天津和河北都以第二产业为主导产业,但在 2014 年,天津第三产业的附加值超过了第二产业,发展迅速。根据数据结果显示,京津冀的第三产业增长速度为产业结构中最快的,其

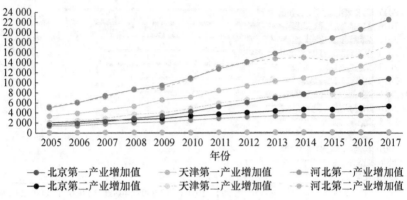

图 1.6　2005—2017 年京津冀各产业增加值

中,北京第三产业以绝对优势增长,天津第三产业的增长速度最快。2017
年天津的第三产业增加值是 2005 年的 551%,翻了四倍多,北京为
351%,河北为 350%。发展第二快的为第二产业,天津第二产业的经济
增长率为 256%,河北为 230%,北京为 160%。而京津冀第一产业的增长
率分别为 39%、94%、151%。由此可见,2005—2017 年天津的第二、三产
业增加值增长速度最快,说明经济发展迅速,而北京的经济发展速度放
缓,河北的经济发展在不断提速。北京的第一产业结构与天津的趋于相
同,在国民经济发展中所占比例较低,发展速度较慢,北京 2005—2017 年
第一产业增加值的发展速度仅为 39%,天津为 94%,河北为 151%。截至
2017 年,北京的产业结构已经进入后工业化时期,呈现"321"的态势,同
时,第三产业对经济发展的贡献最大,其次是第二产业,第一产业贡献率
最小。天津与河北的产业结构基本相同,呈现"231"的产业结构,在天津
和河北的经济发展过程中,第二产业的发展占据绝对地位,其次是第三产
业,第一产业的比例最小。但是,在类似的产业结构下,天津和河北的产
业结构内部也存在差异。天津虽然也是"231"产业结构,但第三产业对国
民经济的贡献率大于河北,河北第一产业的相对比例大于天津的。

　　造成这种局面的主要原因是北京和天津作为直辖市的特殊性,两地
的第一产业占比少、产值低,且呈现逐年下降趋势。北京和天津的绝大多
数农副产品和服务都来自河北,河北是京津两地巨大的生活保障。因此,
河北第一产业的占比较大,第二、三产业处于优化阶段。虽然河北三次产
业产值在地区 GDP 中的比例有所增加,但是与京津仍具有很大差距。

第二节　京津冀内部经济现状分析

　　前一小节从整体上对京津冀经济一体化发展进行了分析,而对于京津冀内部经济发展的现状分析也尤为重要。从区域内部分析经济发展的均衡与不均衡时空分布,找到自身发展的优劣势,在提升区域内部发展的同时与外部发展机遇协同统一,才能达到充分均衡发展,因此本节先对京津冀内部经济发展现状进行了分析,然后用空间自相关性分析方法分析了区域内部与其周围区域经济发展的关联性,最后对京津冀内部经济现状进行了总结。

一、北京区域经济发展现状

1. 地区 GDP 及人均 GDP 变化趋势

　　从图 1.7 和图 1.8 中可以看出,北京人均 GDP 与地区 GDP 的变化趋势基本一致,总体呈上升趋势,而增长幅度呈下降趋势。北京地区GDP 从 2005 年的 7 141 亿元上升为 2017 年的 28 015 亿元,增长幅度为25.49%,经济发展较快。

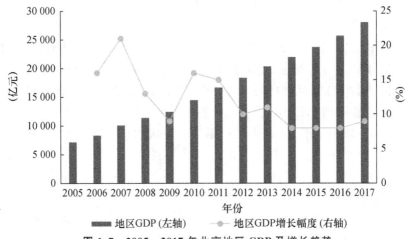

图 1.7　2005—2017 年北京地区 GDP 及增长趋势

　　从图 1.7 中可以看出,北京地区 GDP 的增长速度在 2005—2017 年总体呈波动下降趋势,在 2007—2009 年下降幅度最大,增速由 2007 年的

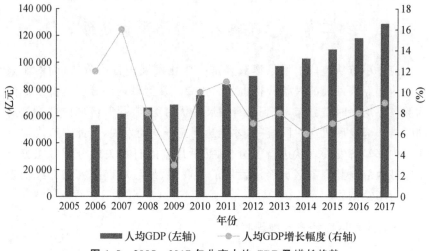

图 1.8　2005—2017 年北京人均 GDP 及增长趋势

21%下降到 2009 年的 9%，说明经济发展速度逐步放慢，但地区 GDP 仍然持续上升。从图 1.8 中可以看出，人均增速变化趋势与地区 GDP 增速变化趋势基本一致，2007—2009 年增速下降幅度比地区 GDP 增速下降幅度更大，这是由于人口增长速度大于地区 GDP 增长幅度，在经济平稳发展时，由于人口总数的增加，导致人均 GDP 的降低。

2. 产业结构

由图 1.9 和图 1.10 分析可知，北京第三产业生产总值占地区 GDP 的比例最大，占主导地位，其次是第二产业，第一产业占比很小，北京的产业结构呈现"321"的结构模式。2005—2017 年，北京第一产业和第二产业的比例逐渐下降，而第三产业占比逐步上升。第一产业占比从 2005 年的 1.2%下降到 2017 年的 0.5%，第二产业从 2005 年的 28.6%下降到 2017 年的 19.3%，只有第三产业从 2005 年的 70.1%上升为 2016 年的 80.2%，说明第三产业已成为北京经济发展的中流砥柱，所占比例达到 80%，这与北京的城市发展方向密切相关。北京拥有中关村一区十六园、亦庄开发区等功能区和产业园区，涉及生物医药、电子信息、高端装备、高端制造等战略性新兴产业，以及金融服务、科技服务、信息服务、商务服务、文化创意等高端服务业。战略性新兴产业的发展离不开创新的产业环境、优质的金融基础和活跃的技术转化平台。由于其特殊的城市属性，加大了三次产业之间的结构差距。虽然第一产业和第二产业所占比例有所下降,但是其生产值在逐步上升。2005—2017 年,第一产业生产总值先上升后下降,从 2005 年的 86.9 亿元上升为 2014 年的 159.2 亿元,随后逐步下降,到 2017 年为 120.4 亿元;而第二产业生产总值呈上升趋势,由 2005 年的 2 045.6 亿元上升为 2017 年的 5 326.8 亿元,增长幅度为 160%。

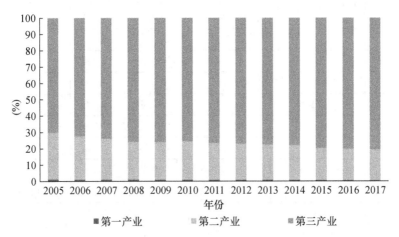

图 1.9 2005—2017 年北京三次产业结构生产总值占 GDP 的比例

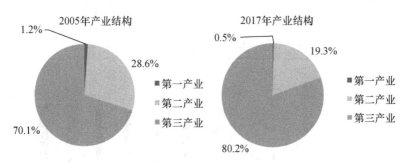

图 1.10 2005 年、2017 年北京三次产业结构所占比例

3. 人口总数

根据表 1.3 分析可知,北京常住人口、常住外来人口、城镇人口、乡村人口、常住人口密度近十年以来呈现上升趋势,且从 2014 年开始,增长幅度逐渐变缓。其中,常住人口近十年增长幅度为 41%,常住外来人口为 122%,城镇人口增长幅度为 46%,乡村人口增长幅度为 17%,可以看出北京常住人口的增长主要来自常住外来人口的增加。从图 1.11 中可以看出,2005 年北京城镇化率为 83.62%,而 2017 年为 86.45%,在 2005—

2010 年增长幅度较快,在 2010—2017 年,经济增长速度明显放缓,趋于平缓,这可能是北京限制人口政策实施所导致的。

表 1.3　2005—2017 年北京人口情况

年份	常住人口（万人）	常住外来人口（万人）	城镇人口（万人）	乡村人口（万人）	常住人口密度（人/平方公里）
2005	1 538.0	357.3	1 286.1	251.9	937
2006	1 601.0	403.4	1 350.2	250.8	976
2007	1 676.0	462.7	1 416.2	259.8	1 021
2008	1 771.0	541.1	1 503.6	267.4	1 079
2009	1 860.0	614.2	1 581.1	278.9	1 133
2010	1 961.9	704.7	1 686.4	275.5	1 196
2011	2 018.6	742.2	1 740.7	277.9	1 230
2012	2 069.3	773.8	1 783.7	285.6	1 261
2013	2 114.8	802.7	1 825.1	289.7	1 289
2014	2 151.6	818.7	1 859.0	292.6	1 311
2015	2 170.5	822.6	1 877.7	292.8	1 323
2016	2 172.9	807.5	1 879.6	293.3	1 324
2017	2 170.7	794.3	1 876.6	294.1	1 323

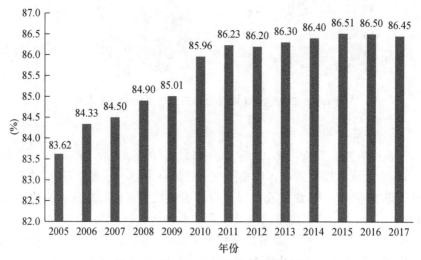

图 1.11　2005—2017 年北京城镇化率

二、天津区域经济发展现状

1. 地区 GDP 及人均 GDP 变化趋势

如图 1.12 所示,天津的地区 GDP 由 2005 年的 3 905.60 亿元提升到 2017 年的 18 595.38 亿元,13 年间增加了 14 689.78 亿元,提高了 3.76 倍的水平。2005—2017 年,天津地区 GDP 增幅经历了先上升后下降的阶段。2005—2008 年是大幅上升阶段,从 14% 一路攀升到 28%,增长速度翻了一倍,已经达到了过去 13 年来的最高水平。现阶段 GDP 增长的原因主要为:一方面,大多数国有和国有控股企业已经适应了国有企业改革带来的变化和发展,企业的经营走上了正轨,随之而来的是企业利润的提高;另一方面,天津加大了对外开放水平,尤其是天津港,是天津对外交流的桥梁,同时环渤海经济圈的区域合作也为天津的经济发展注入了新的活力。随后,环渤海经济圈的地区 GDP 增速在 2009 年大幅下降,2010 年大幅上升,之后处于持续下降阶段,且降幅较大,而天津地区 GDP 一直在缓慢增长。GDP 增速放缓并不一定是坏事,当经济增长过快时,有必要在快速增长的过程中考虑通货膨胀和泡沫经济的出现。因此,适当放慢经济增长速度是一个经济调整过程,不会影响实体经济的发展。

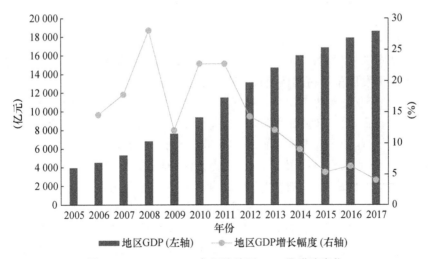

图 1.12　2005—2017 年天津地区 GDP 及增速变化

如图 1.13 所示,2005—2017 年,天津人均 GDP 的发展趋势与地区 GDP 的发展趋势整体一致。人均 GDP 的增长速度同样是在 2008 年之前大幅上升,之后在 2009 年大幅下降,2010 年大幅上升,之后呈持续下降趋势,2016 年后人均 GDP 呈缓慢上升趋势。人均 GDP 的发展变化,与地区 GDP 的相关性最大,但同时也受到人口总数增长幅度的影响。因此,天津人均 GDP 的变化趋势与地区 GDP 的发展变化又有一些不同之处,比如 2008—2009 年人均 GDP 的下降幅度明显大于地区 GDP 的下降幅度。

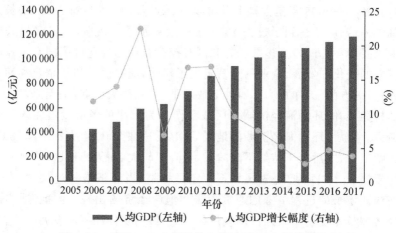

图 1.13　2005—2017 年天津人均地区 GDP 及增速变化

2. 产业结构

从图 1.14 和图 1.15 可以看出,天津第二产业和第三产业加起来在国民经济发展中所占比例超过 95%,对经济发展的贡献率也最大。2005 年,第二产业占比为 54.9%,第三产业占比为 42.3%,第一产业占比为 2.8%。此后,第二产业比例逐步下降,而第三产业占比在逐渐上升。2014 年,第二产业和第三产业比例基本相等,分别为 49.6% 和 49.2%。2015 年,第三产业比例超过第二产业,成为天津产业结构中的第一大产业,天津产业结构也从"231"向"321"转变,第三产业持续发展。到 2017 年第三产业占比为 58.0%,第二产业占比下降到 40.8%,第一产业仅占 1.2%。2005—2017 年天津的三次产业生产总值也在持续上升,第一产业生产总值从 2005 年的 112.38 亿元上升为 2017 年的 218.28 亿元,年均增长率为 7.38%;第二产业生产总值从 2005 年的 2 165.83 亿元上升为 2017 年的 7 590.36 亿元,年均增长率为 19.20%;第三产业生产值从 2005 年的 1 669.73 亿元上升为 2017 年的 10 786.74 亿元,年均增长率为 38.81%。

由此可见,第三产业发展速度迅猛,这可能是由于天津的经济发展政策及经济导向机制偏向于高新技术的发展战略所致。

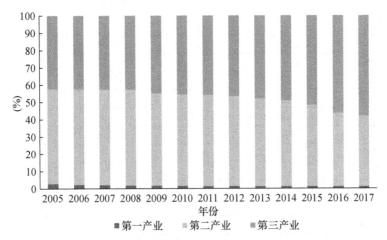

图 1.14　2005—2017 年天津三次产业结构生产总值占 GDP 的比例

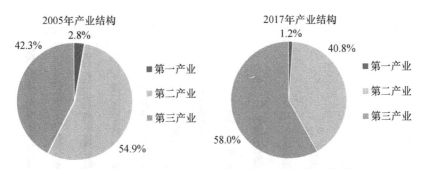

图 1.15　2005 年、2017 年天津三次产业结构所占比例

3. 人口总数

如表 1.4 和图 1.16 所示,2015—2017 年天津常住人口、城镇人口、乡村人口和人口密度均呈上升趋势,其中常住人口从 2005 年的 1 043.00 万人上升为 2017 年的 1 556.87 万人,增长了 513.87 万人,增长幅度达到 49%;城镇人口从 2005 年的 783.40 万人上升为 2017 年的 1 291.11 万人,增长幅度为 65%;乡村人口的增长幅度相对较低,从 2005 年的 259.60 万人上升为 2017 年的 265.76 万人,仅增加了 2.4%,说明城镇化水平发展较快,天津城乡差距较大,农村居民的生活水平相对较差。

表 1.4   2005—2017 年天津人口情况

年份	常住人口（万人）	城镇人口（万人）	乡村人口（万人）	人口密度（人/平方公里）
2005	1 043.00	783.40	259.60	887
2006	1 075.00	814.10	260.90	914
2007	1 115.00	850.90	264.10	948
2008	1 176.00	908.20	267.80	1 000
2009	1 228.16	958.10	270.06	1 044
2010	1 299.29	1 033.60	265.69	1 105
2011	1 354.58	1 090.40	264.18	1 152
2012	1 413.15	1 152.50	260.65	1 202
2013	1 472.21	1 207.40	264.81	1 252
2014	1 516.81	1 248.00	268.81	1 290
2015	1 546.95	1 278.40	268.55	1 315
2016	1 562.12	1 295.50	266.62	1 328
2017	1 556.87	1 291.11	265.76	1 323

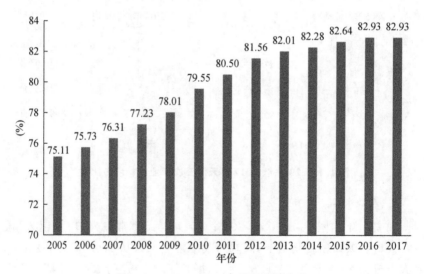

图 1.16   2005—2017 年天津城镇化率

三、河北区域经济发展趋势

根据表 1.5,我们对河北 2005—2017 年的经济发展进行了分析。可以看出,河北内部经济已经充分发展,各地区经济状况都有了显著改善。

其中,唐山的地区 GDP 超过了省会石家庄,形成河北省内高值。与此同时,可以看出河北各市 2005—2017 年地区 GDP 差距较大,秦皇岛、邢台、张家口、承德、衡水和廊坊地区 GDP 为 1 000 亿—2 000 亿元,邯郸、保定、沧州地区 GDP 为 2 000 亿—3 500 亿元,石家庄和唐山地区 GDP 为 4 000 亿—6 000 亿元。2005—2017 年,河北地区 GDP 的标准差趋势可以在图 1.17 中清楚地看出,2005—2013 年河北的省内经济差异呈现上升趋势,而从 2013 年开始,省内经济差异变缓,逐渐保持稳定。

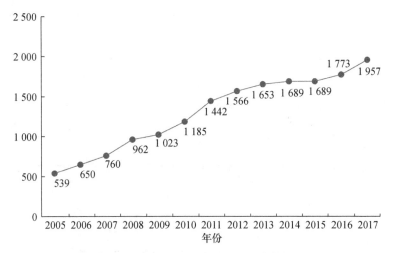

图 1.17   2005—2017 年河北地区 GDP 标准差

从图 1.18 中可以看出 2005—2017 年地区 GDP 增长较快的是唐山,石家庄次之,2013 年河北各市地区 GDP 增长幅度趋于平缓。

表 1.5   2005—2017 年河北各市地区 GDP 及标准差　　单位:亿元

年份	2005	2006	2007	2008	2009	2010	2011	2012	2013	2014	2015	2016	2017
石家庄	1 671	2 027	2 361	2 838	3 001	3 401	4 083	4 500	4 864	5 170	5 441	5 928	6 461
唐山	2 007	2 362	2 779	3 561	3 813	4 469	5 442	5 862	6 121	6 225	6 103	6 355	7 106
秦皇岛	453	552	684	809	805	930	1 070	1 139	1 169	1 200	1 250	1 349	1 506
邯郸	1 099	1 359	1 608	1 990	2 015	2 362	2 789	3 024	3 062	3 080	3 145	3 361	3 666
邢台	671	791	891	989	1 056	1 212	1 429	1 532	1 605	1 647	1 765	1 976	2 236
保定	1 041	1 200	1 375	1 581	1 730	2 050	2 450	2 721	2 904	3 035	3 301	3 477	3 227
张家口	426	484	566	720	800	966	1 119	1 234	1 317	1 349	1 364	1 466	1 556
承德	353	428	554	715	760	889	1 104	1 182	1 272	1 343	1 359	1 439	1 619
沧州	1 056	1 282	1 465	1 716	1 801	2 203	2 585	2 812	3 013	3 133	3 321	3 545	3 817

（续表）

年份	2005	2006	2007	2008	2009	2010	2011	2012	2013	2014	2015	2016	2017
廊坊	610	730	884	1 051	1 147	1 351	1 611	1 794	1 943	2 176	2 474	2 720	2 881
衡水	511	547	558	634	652	782	929	1 011	1 070	1 149	1 220	1 420	1 550
合计	10 047	11 660	13 710	16 189	17 235	20 394	24 516	26 575	28 301	29 421	30 025	32 070	35 624.76
标准差	540	650	760	962	1 023	1 185	1 442	1 566	1 650	1 693	1 695	1 778	1 957

注：表中河北各市数据均取自相应年份河北省统计年鉴，标准差通过计算所得。

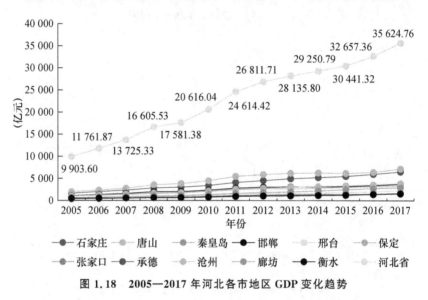

图 1.18　2005—2017 年河北各市地区 GDP 变化趋势

　　河北省内经济差异的变化主要有两个原因。第一，从河北自身来看，其正处于工业化初期，缺乏自身实力雄厚的支柱产业，缺乏产业推动力，产业承接能力差，处于工业化进程的瓶颈期。同时，全省投资社会固定资产投入不足，科技和人才投入少，社会经济效率低下，没有为经济发展提供更大的创造力和推动力。因此，自 2011 年以来，河北人均地区 GDP 增长速度开始放缓。通过下一小节的空间自相关分析可以看出，河北产业集聚是一个低水平的 LL 型产业集聚。LL 型集聚是指区域内经济发展水平相对较低的城市空间集聚，这种集聚既不能促进城市自身的健康有效发展，也不能促进区域经济的全面发展，甚至成为区域经济发展的负担，难以突破，而这种集聚在京津冀地区更是令人担忧。第二，从京津冀整体来看，为了追求更高的经济效益，资本、劳动力、科技人才等生产要素不断从河北流向北京、天津。河北处于经济发展的重要时期，经济发展缺乏必要的要素，尤其是资金、人力和技术，缺乏推动力。同时，河北和北京、天津之间没有有效的反馈机制,在大量要素从河北流出后,没有形成有效的反馈。北京和天津两地在蓬勃发展的同时,不仅没有带动河北经济的发展,而且由于生产要素的缺乏,也阻碍了河北自身的发展。综合以上两个方面,河北的省内经济差异在近三年形成了一种难以打破的稳定局面。

从河北产业结构分布来看,河北大部分城市的产业结构都处于"231"的状态,即第二产业占主导地位。唐山作为河北的一颗经济新星,与北京、天津一同构成了京津冀的工业集聚区,其主要以能源、原材料为主,主要的支柱产业为煤炭、电力、钢铁、造纸等产业,其中钢铁产业的生产能力占全国的1/10。2015年,唐山地区GDP超过6 100亿元,钢铁年增加值占全市规模以上工业的年产值一半以上。河北另一个特别的城市是秦皇岛,其产业结构是"321"。秦皇岛的旅游业、房地产业、金融保险业发展迅速,随之而来的是第三产业的快速发展。但是,这种"321"的产业结构并不代表秦皇岛的经济已经进入工业化较为成熟的阶段,这样的经济结果取决于区域自然要素。石家庄以医药、化工、机械、建材、纺织为主要产业,但是其整体缓慢的产业增长速度使得石家庄慢慢丧失了其产业、经济优势,与周边部分城市相同,形成了京津冀经济低谷。张家口和承德位于北京—天津—河北地区的外围,城市交通不方便,与外界的经济联系较低。但是,二者同样身为旅游城市,通过大力发展旅游业,加快了产业结构优化的步伐。特别是张家口在与北京一同获得2022年冬季奥林匹克运动会的举办权后,张家口的房地产产业、体育运动产业加速发展。总体而言,河北经济发展的必然趋势,导致了第二产业地区GDP比例在产业结构中占主导地位,钢铁、能源、纺织、建筑建材等成为主导产业。个别城市第三产业占据优势也是由于自然资源禀赋的特殊原因所致。

四、京津冀经济空间自相关

空间自相关分析是一种空间统计方法,用来显示各种变量的空间结构形态,是用来检验某一要素的属性值与相邻点的属性值是否相关联的重要指标。空间自相关可分为全局自相关和局部自相关,前者用于指示所有对象是否相关、空间分布模式及其显著性,但是难以表现局部区域的空间关联模式。后者可以用来表示不同空间位置上可能存在的空间集聚模式。本部分采用全局Moran's I关联指数和局部Moran's I关联指数两个统计量来表示空间自相关,从而得出区域的空间分布特征。

1. 全局空间自相关分析

全局空间自相关可以揭示整个区域属性值的空间分布特征,全局 Moran's I 统计量可以揭示这种差异的空间分布特征,其表达式为:

$$I = \frac{n \sum\limits_{i=1}^{n} \sum\limits_{j=1}^{n} w_{ij} (x_i - \bar{x})(x_j - \bar{x})}{\sum\limits_{i=1}^{n} \sum\limits_{j=1}^{n} w_{ij} \sum\limits_{i=1}^{n} (x_i - \bar{x})^2} \tag{1-1}$$

式中, $\bar{x} = \frac{1}{n} \sum\limits_{i=1}^{n} x_i$; n 为京津冀城市的数量,这里 $n=13$; x_i 、 x_j 分别表示空间单位 i 和 j 上的属性特征 x 的观测值; w_{ij} 为空间权重矩阵元素,当 $i=j$ 时, $w_{ij}=0$,反之, $w_{ij}=1$ 。全局 Moran's I 的取值范围为 $[-1,1]$,大于 0 表示正相关,等于 0 表示不相关,小于 0 表示负相关。

其中,Moran's 统计量的结果可以用标准化和 Z 值来检验城市间是否存在空间自相关关系, Z 的表达式为:

$$Z = \frac{I - E(I)}{\sqrt{\mathrm{VAR}(I)}} \tag{1-2}$$

式中, $E(I)$ 和 $\mathrm{VAR}(I)$ 分别为理论期望和方差值,当 Z 绝对值大于 1 时认为相关性是显著的。

2. 局部空间自相关分析

全局空间自相关并不能反映某地理现象在局部范围内的空间相关性,而局部空间自相关可以解决这一问题。为了更为直观地观察京津冀 13 个城市经济发展水平的空间分布情况,在本部分中,我们使用 Moran 散点图和 LISA 图将区域经济发展水平可视化。采用局部 Moran's I 指数来测度,表达式为:

$$I_i = \frac{n(x_i - \bar{x}) \sum\limits_{j=1}^{n} w_{ij} (x_j - \bar{x})}{\sum\limits_{i=1}^{n} (x_i - \bar{x})^2} \tag{1-3}$$

式中, $\bar{x} = \frac{1}{n} \sum\limits_{i=1}^{n} x_i$; n 是京津冀城市的数量,这里 $n=13$; x_i 、 x_j 分别表示空间单位 i 和 j 上的属性特征 x 的观测值; w_{ij} 是空间权重矩阵的元素,当 $i=j$ 时, $w_{ij}=0$,反之亦然, $w_{ij}=1$ 。 $I_i > 0$,结果表明,中心城市、周边城市人均 GDP 间存在空间正相关,二者价值越大,正相关关系越强。反之, I_i

＜0,表明存在负相关关系。

五、京津冀总体空间自相关分析

首先,通过 2017 年京津冀人均 GDP 的四分位图(见图 1.19 左图)可以看出,人均 GDP 高值主要集中在北京和天津,人均 GDP 平均值为 124 217.40元。第二位是靠近天津的唐山,人均 GDP 为 89 984.80 元,超过了河北的省会石家庄,空间地理位置呈现集聚的态势。第三位是环渤海地区的秦皇岛、承德、廊坊、沧州及石家庄,其中除石家庄的四个城市都与第一梯队的三个城市紧紧相邻,人均 GDP 为53 092.76 元。人均 GDP 第四位的城市是河北北部的张家口、保定和河北南部的衡水、邢台和邯郸,人均 GDP 平均值仅为 32 857.53 元,约为第一梯队的 26.45%。从图 1.19 中可以看出,第四梯队的五个城市将第三梯队中的石家庄与第三梯队的其他城市分开,形成了两边高、中间低的经济凹陷。从京津冀的地区 GDP数据来看(见图 1.19 右图),人均 GDP 位于第三梯队的承德和秦皇岛地区域 GDP 却位于第四梯队,而石家庄地区 GDP 位于第二梯队,保定和邯郸的地区 GDP 位于第三梯队,从四分位图可以看出,京津冀并非单纯的单中心区域经济,具有明显的集聚和极化现象。

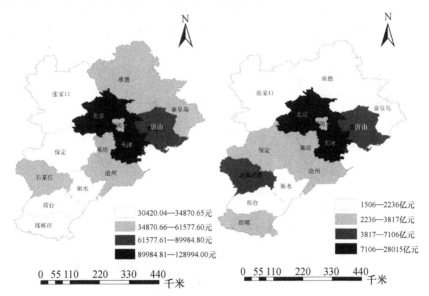

图 1.19　2017 年京津冀人均 GDP 四分位图(左)、
京津冀地区 GDP 四分位图(右)

利用 Geoda 进行全局空间自相关分析并测算 Global Moran's I 指数。根据不同方法的权重计算结果,K 值最近邻法能够清晰地反映京津冀经济空间差异现象,因此选取 K 值最近邻法作为权重,利用处理后的数据,计算 2005—2016 年京津冀人均 GDP 的 Global Moran's I 指数,结果如表 1.6 所示。

表 1.6　2005—2017 年京津冀不同年份 Global Moran's I 指数

年份	2005	2006	2007	2008	2009	2010	2011	2012	2013	2014	2015	2016	2017
Moran's I	0.05	0.07	0.10	0.15	0.16	0.17	0.20	0.19	0.19	0.19	0.19	0.18	0.17

根据京津冀不同年份 Global Moran's I 指数的值及趋势线(见图 1.20),可以看出 2005—2011 年 Global Moran's I 指数的增幅较大,从 2012 年开始直到 2017 年 Global Moran's I 指数增长平缓,略有下降趋势。根据全局空间自相关的相关理论,如果 Global Moran's I 值显著为正,则表示整个区域的经济呈正相关,也就是说,经济发展水平较高或与它们较低的地区在空间上呈现集聚的趋势。如果 Global Moran's I 值显著为负,则表示整个区域的经济呈负相关,即经济发展在整个区域中存在显著的空间差异。说明从 2005 年开始,京津冀经济发展迅速,经济出现聚集态势,根据分析京津冀地区 GDP 的发展趋势,发现京津冀经济向北京、天津聚集,河北经济发展与北京、天津的差距较大;从 2012 年开始,京津冀经济

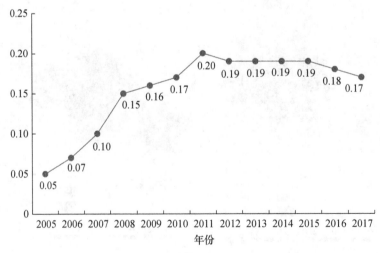

图 1.20　2015—2017 年京津冀 Global Moran's I 指数趋势线

空间差异逐步缩小,说明河北经济快速发展,但 Moran's I 保持在 0.20 附近,说明京津冀的经济差距仍然存在,而且此问题亟须解决。

因此,2005—2017 年,经济水平较高值以北京和天津为中心,逐渐集中,经济水平较低值在河北的中南部地区集中,并且随着时间的推移,空间集聚现象变得越来越明显。

通过对京津冀进行局部空间自相关分析,揭示京津冀城市与周边相邻城市的空间经济关联类型。主要通过 Local Moran's I 的散点图进行分析。以 2005—2017 年人均 GDP 值为数据源,利用局部空间自相关计算公式,为了更清楚地显示结果,采用 Local Moran's I 散点图的形式来表示结果。图 1.21 分别是 2005 年、2012 年和 2017 年的 Local Moran's I 散点图。

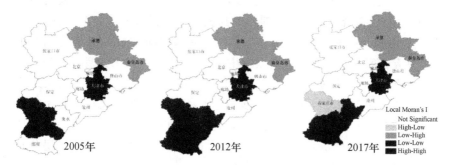

图 1.21　2005 年、2012 年、2017 年京津冀人均 GDP Local Moran's I 散点图

根据图 1.21 可以看到,京津冀表现如下:

第一,2005 年整体区域空间差异较小,经济发展水平高值的集中地带(HH 型)仅位于天津。在整个京津冀,经济增长集聚现象在天津显著。

第二,自身及周边地区经济发展水平低值的聚集地带(LL 型)主要分布在河北的南部,空间差异较小,包括石家庄和邢台。河北北部的秦皇岛和承德位于 LH 型的经济区域带,说明这两个城市的经济发展水平较低,而其周边的城市(天津)经济发展较好,说明承德、秦皇岛与天津的人均 GDP 差距较大,而位于三者之间的唐山,人均 GDP 发展水平较高。从图 1.21 中可知,四个城市并不是显著的 LL 型和 LH 型分布,同时处于 HH 型的天津四周,表现为河北内部的经济发展水平为中部高两边低。

第三,2012 年,通过对全局空间自相关的分析,我们已经知道整个京津冀已经从整体空间差异向整体空间集聚转变,并且该转变可从 Local Moran's *I* 散点图上看出。其特点为:① 天津的空间经济类型仍然是 HH 型空间分布。说明 2005—2012 年天津一直在快速发展自身经济,形成了一个显著的经济快速发展的集中地带,即北京—天津经济增长极,现已成为京津冀经济高速发展的集聚带。② LL 型空间分布由河北省会石家庄和邢台转变为石家庄、邢台、衡水、邯郸。LL 型经济空间分布范围有所扩大,邯郸和衡水从原来的经济发展不显著,成为自身和周边经济发展水平都相对较低的集聚地。分析表明,经过几年的发展,石家庄没有达到省会城市应有的经济水平,与京津冀的其他城市相比,其经济发展速度较慢,此外,由于周边地区经济基础落后,石家庄只能成为显著的低速落后区域。2012 年位于河北北部的承德和秦皇岛仍然是 LH 型经济区域,说明这两个区域的经济发展相对缓慢,仍然属于天津 HH 型经济发展周边的 LL 型城市,究其原因可能是由于这两个城市只有旅游业为支柱产业,其他产业发展薄弱。③ 2012—2017 年,局部空间自相关图的变化并不大,只有石家庄的空间经济类型发生了变化,由显著的 LL 型空间分布转变为 HL 型经济空间分布,说明 2012—2017 年石家庄的经济在快速发展,与周边城市的经济发展速度形成对比,HL 型经济模式说明石家庄的经济发展较快,而位于石家庄周边的城市,例如衡水、邢台在 2012—2017 年依然是 LL 型经济发展城市。综上所述,京津冀整体经济的空间分布没有变化,但空间集聚度有所提高。

本章小结

通过对京津冀区域经济分析结果及其空间自相关性分析研究发现,2005—2017 年,天津的经济相对增长幅度虽然最小,但其绝对增长幅度一直领先,说明近十年天津经济在高速发展,而北京的经济增长幅度呈现先上升后下降的趋势,说明北京的经济发展速度有所放缓,河北的经济一直在努力追赶京津两地,但是由于河北自身处于工业化初期阶段,自身基础差,社会固定资产投资力度不足,研发(R&D)投入不足,导致了其区域经济发展不平衡,发展速度缓慢,因此京津冀的经济空间差异一直存在,想要在短时间内消除是不现实的。北京是我国政治、文化、科技创新和国际交往的中心,农业所占的比例很小,现代服务业和科学技术相对发达。产业结构呈现"321"的模式,且北京经济处于后工业时代,产业发展水平差异明显,存在产业结构梯度,为京津产业转移提供了良好基础。天津也在日益完善自己"一基地三区"的功能定位,不断完善城市功能和空间布局,目前已取得积极成效。天津在京津冀协同发展过程中取得成就的同时,存在与区域发展悬殊、产业同构加剧、环境问题依旧严重的问题。河北的产业结构呈现"231"的模式,工业发展基础雄厚,第一产业的占比也较大,因为河北是京津两地的生活保障地,可以为其提供所需的农副产品等。2014年,北京和天津的人均GDP分别是河北的2.50倍、2.63倍;2017年,北京和天津的人均GDP分别是河北的2.69倍、2.49倍,三地差距并未明显缩小,依旧悬殊。造成这种现象的原因有很多,由于天津、河北的资源禀赋在一开始便落后于北京,"输在了起跑线上";而且京津冀的经济增长动因不同,这与其产业协同发展、财税政策、生态环境保护及人力资本等诸多方面都存在密不可分的关系。

第二章 京津冀协同发展的公共服务困境

本章主要从产业协同发展、财税政策、生态环境保护及人力资本四个方面对京津冀协同发展的区域差距进行阐述。首先,从京津冀的经济重心、产业相似系数、区位熵及城市流强度等方面对京津冀产业协同现状以及三地之间的差异进行了分析;其次,阐述了京津冀三地的财税政策及财政投入等的区域差距;再次,通过选择 26 个生态文明指标计算生态文明指数,对京津冀生态文明水平进行评价;最后,采用人力资本平均水平及人力资本基尼系数对人力资本水平进行了测算,说明了京津冀三地人力资本水平的发展差异。

第一节 产业协同发展程度偏低

一、京津冀产业协同需求分析

区域协同的本质是产业协同,区域竞争实力的增强从根本上有赖于产业协同水平的提高。因此,产业协同的深度和广度在很大程度上决定着区域协同的进程。通过对京津冀产业协同现状的剖析,并据此检测京津冀产业协同水平,有助于整体把握京津冀产业协同水平和动态掌控产业协同进程,推动协同程度不断深化。

《京津冀协同发展规划纲要》中明确指出,要解决人口过度膨胀、雾霾天气频现、交通日益拥堵、住房价格上涨、城市资源环境承载力严重不足等问题,必须有序疏解北京非首都功能。

北京非首都功能疏解包括经济功能疏解和社会功能疏解。经济功能疏解起步较早,关键在于产业转移;社会功能疏解即城市功能的转型升级,涉及制度的创新,是一个长期的过程,需要改革推动。北京非首都功能疏解处于初期阶段,产业转移先行,通过产业转移倒逼体制机制创新,促进社会经济功能的有效缓解。考虑到与首都职能定位和核心功能的密切关系及疏解这些职能的难度,北京应优先考虑疏解四种非首都功能,分别是一般性产业尤其是高消耗产业、区域性物流基地、区域性专业市场等第三产业,教育、医疗、培训等社会公共服务职能,部分行政性、事业性服务机构和企业公司总部等。《京津冀协同发展规划纲要》还确定了疏解的原则:政府引导与市场机制相结合,集中疏解与分散疏解相结合,严格控制增量与疏解存量相结合,统筹谋划与分散施策相结合。

城市群发展需要形成城市间产业互补结构,构建均衡的产业结构和发展模式。但是,与长三角城市群各城市间的分级产业结构不同,京津冀的产业结构存在明显差异,难以形成产业良性互动。2017 年,北京三大产业结构明显体现"321"模式,其产业结构已率先实现由工业导向向服务导向的转变,进入后工业发展时期,第三产业的比例将继续扩大。天津第二、三产业在产业结构中的比例基本相等,说明天津仍然具有重要的工业生产功能,但服务业也得到了发展,形成了以制造业和服务业为主的产业结构。河北第一产业在产业结构中的比例远高于北京和天津的,三大产业中第二产业的比例最高,表明河北工业仍处于主导地位,全省还处于工业化阶段。从产业链的角度来看,京津冀分别处于产业链的高端、中端和低端。三大产业结构的差异导致三大产业结构之间的产业关联度较低,难以形成有效的产业互动,不利于实现京津冀的协调发展。

因此,各领域的专家还从不同的专业角度对京津冀产业协同效应进行了测度,并分析了京津冀产业一体化的必要性。于鹏和周莹(2015)定性分析了政府在京津冀产业集聚中的作用,他认为政府是产业集聚发展的助推器、引导者、支持者和推动者。周国富和张佳伟(2009)研究了外商直接投资对产业集聚的形成和发展的影响,分析结果表明,外商直接投资、经济发展水平、居住条件和市场潜力确实是影响产业集聚的主要因素。在计算产业集聚度时,未江涛(2014)利用区位熵和区域集中度来衡量京津冀服务业的产业集聚度;刘显杰(2015)用区位熵来衡量京津冀的产业集聚程度;刘宏曼、郎郸妮(2016)选取区位熵作为衡量指标,从整个制造业及其特定产业角度分析了京津冀制造业集聚的现状,在此基础上,运用主成分分析法,对影响区域制造业集聚的因素进行了初步探讨。结果表明,劳动力、技术因素和第三产业发展水平是影响产业集聚程度的主要因素,而资本因素对产业集聚程度没有显著影响。在研究京津冀产业集聚效应时,李伟(2014)运用 CES 模型对京津冀产业集聚效应进行了测度,研究发现,京津冀产业集聚效应呈下降趋势,没有明显获得企业内部规模扩张带来的优势。城市群的经济因素对产业集聚的贡献也很小,说明工业企业之间的专业化程度和合作程度很弱,产业链之间的联系并不紧密。许志芳(2009)利用改进的 CES 模型对京津冀的产业集聚效应进行了测度,得出不同时间、不同地域的产业集聚效应不同,不同生产要素对产业集聚效应的贡献也不同的结论。综上所述,京津冀产业发展存在诸多不健康因素,需要对产业集聚状态进行深层次分析,进而结合定量数据成果,制定合理有效的政策方针。

二、京津冀产业协作特征

1. 经济重心向京津聚集

"人口分布重心"的概念是 1874 年由美国学者弗朗西斯·沃尔克(Francis Walker)提出,定义为:假设一个地区的每个居民的重量相等,则在全部平面内力矩达到平衡的一点即为人口分布重心。其计算公式为:

$$X_p = \frac{\sum_{i=1}^{n} P_i X_i}{\sum_{i=1}^{n} P_i}; \quad Y_p = \frac{\sum_{i=1}^{n} P_i Y_i}{\sum_{i=1}^{n} P_i} \quad (2\text{-}1)$$

式中,X_p 和 Y_p 是区域人口分布重心的坐标,n 是组成区域的行政区或统计区的数目,P_i 是这些行政区或统计区的人口。由此,可以得到 2000—2015 年京津冀三地的人口分布重心。2000—2015 年,京津冀的人口分布重心呈现较为明显的向东北方向偏移的趋势:2000 年,人口分布重心在定州市号头庄乡梁家营村附近(河北保定);2015 年,人口分布重心大致在定州市大辛庄镇泉邱一村附近(河北保定)。东北方向相对于其他区域而言对于人口的吸引能力更强,一定程度上反映京津两地的经济集聚能力强于河北(见图 2.1)。

在式(2-1)中,将人口数用地区生产总值(GRP)予以替代,类似可以得到该地区的经济分布重心,其计算公式为:

$$X_{\text{GRP}} = \frac{\sum_{i=1}^{n} \text{GRP}_i X_i}{\sum_{i=1}^{n} \text{GRP}_i}; \quad Y_{\text{GRP}} = \frac{\sum_{i=1}^{n} \text{GRP}_i Y_i}{\sum_{i=1}^{n} \text{GRP}_i} \quad (2\text{-}2)$$

2000—2015 年,经济分布重心存在一定波动,但总体上仍然保持向东北方向偏移的趋势：2000 年经济分布重心在南市区焦庄乡毕庄村（河北保定）附近；2015 年，经济分布重心移动到安新县安州镇膳马庙村附近（河北保定）（见图 2.2）。

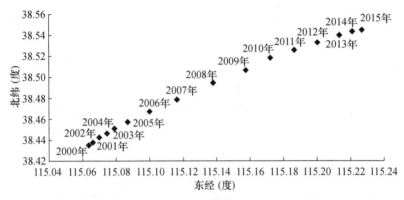

图 2.1　2000—2015 年京津冀人口重心变动

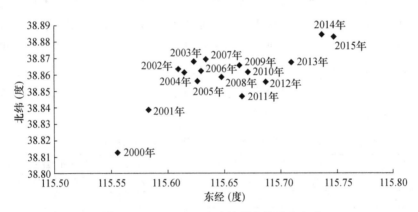

图 2.2　2000—2015 年京津冀经济重心变动

总体而言，人口、经济分布重心向东北方向偏移，反映京津两地强大的"虹吸效应"，同时在一定程度上也反映河北尚未形成抵御京津两地经济吸引的"反磁力中心"。

2. 产业结构相似性较高

相似系数是用来测度几个区域之间产业结构相似性程度的指标，其表达式为：

$$S = \frac{\sum\limits_{k=1}^{n}(X_{ik}X_{jk})}{\sqrt{\sum\limits_{k=1}^{n}X_{ik}^2 \sum\limits_{k=1}^{n}X_{jk}^2}} \qquad (2\text{-}3)$$

式中，X_{ik} 和 X_{jk} 分别表示区域 i 和区域 j 的部门 k 在其产业结构中的比例，S 表示两个地区产业结构的相似系数。如果 $S=1$，两个区域的产业结构是一致的；如果 $S=0$，两个区域的产业结构是完全不同的。通常 S 的取值为 0—1，S 越大，产业结构越相似；S 越小，产业结构差异性越大。下面对京津冀地级以上城市进行测度，涉及《中国城市统计年鉴》划分的 19 个行业。

京津冀存在较为明显的产业同构现象。由于北京承担着"四个中心"职能，产业较为特殊；天津和河北的产业同构现象相对较为普遍，尤其是河北内部各地级市间的产业同构现象尤为突出。京津冀共计有 13 个城市，其中的 9 个城市出现产业同构的现象，石家庄和秦皇岛甚至出现了与其他 12 个城市产业同构的现象。产业结构相似度高，一方面，会提升对原材料的需求，引发企业对原材料的激烈竞争；另一方面，产业结构的相似在一定程度上反映产品的异质性降低，使市场竞争变得更为激烈，区域贸易壁垒也随之提升，因而，与产业同构问题相伴而生的就是产业间的激烈竞争（见表 2.1）。

表 2.1 2014 年京津冀城市间产业相似系数

城市	北京	天津	石家庄	唐山	秦皇岛	邯郸	邢台	保定	张家口	承德	沧州	廊坊	衡水
北京	1.00	0.73	0.84	0.73	0.80	0.72	0.72	0.68	0.73	0.75	0.75	0.74	0.74
天津	0.73	1.00	0.90	0.91	0.88	0.82	0.81	0.82	0.69	0.75	0.75	0.95	0.78
石家庄	0.84	0.90	1.00	0.92	0.99	0.92	0.94	0.88	0.90	0.94	0.93	0.96	0.95
唐山	0.73	0.91	0.92	1.00	0.91	0.93	0.93	0.80	0.86	0.86	0.88	0.92	0.86
秦皇岛	0.80	0.88	0.99	0.91	1.00	0.91	0.94	0.85	0.91	0.94	0.92	0.95	0.95
邯郸	0.72	0.82	0.92	0.93	0.91	1.00	0.97	0.94	0.89	0.94	0.97	0.90	0.94
邢台	0.72	0.81	0.94	0.93	0.94	0.97	1.00	0.87	0.96	0.98	0.97	0.93	0.97
保定	0.68	0.82	0.88	0.80	0.85	0.94	0.87	1.00	0.77	0.87	0.89	0.87	0.90
张家口	0.73	0.69	0.90	0.86	0.91	0.89	0.96	0.77	1.00	0.97	0.95	0.85	0.94
承德	0.75	0.75	0.94	0.86	0.94	0.94	0.98	0.87	0.97	1.00	0.98	0.89	0.98
沧州	0.75	0.75	0.93	0.88	0.92	0.97	0.97	0.89	0.95	0.98	1.00	0.88	0.97
廊坊	0.74	0.95	0.96	0.92	0.95	0.9	0.93	0.87	0.85	0.89	0.89	1.00	0.91
衡水	0.74	0.78	0.95	0.86	0.95	0.94	0.97	0.9	0.94	0.98	0.97	0.91	1.00

区位熵(Location Quotient，LQ)衡量一个国家经济中各行业的相对空间集中度，是衡量一个地区是否具有出口导向的重要指标。LQ 是指 i 地区 j 产业的就业份额与 j 产业占全国就业份额的比例。公式为：

$$LQ = \frac{E_{ij}/E_i}{E_{kj}/E_k} \qquad (2\text{-}4)$$

式中，E_{ij} 是指 i 地区 j 产业的从业人数，E_i 是指 i 地区的总从业人数，E_{ki} 指全国 j 产业的总从业人数，E_k 指全国的总从业人数。当 LQ>1 时，意味着 i 地区 j 产业的供给能力大于本地区的需求能力，表明该产业可以出口到地区外，因而被认定为优势产业；当 LQ=1 时，意味着 i 地区 j 产业的供给能力刚好等于本地区的需求能力，表示该产业既不需要进口也不能出口；当 LQ<1 时，意味着 i 地区 j 产业的供给能力小于本地区的需求能力，表示该产业为了满足地区内部的需求还需要从地区外进口，因而被认定为劣势产业。

2010 年京津规模以上工业企业存在较为激烈的竞争，北京在竞争优势上略逊于天津，河北的优势产业是黑色金属冶炼和压延加工业，是京津工业发展的重要物质基础(见表 2.2)。

表 2.2　2010 年京津冀各地规模以上工业的优势产业

	优势产业
北京(LQ > 2)	汽车制造业(2.69)，计算机、通信和其他电子设备制造业(2.73)
天津(LQ > 2)	汽车制造业(2.64)，计算机、通信和其他电子设备制造业(2.87)
河北(LQ > 2)	黑色金属冶炼和压延加工业(4.03)

与 2010 年相比，2016 年京津冀三地的产业竞争问题不仅未得到有效缓解，反而愈演愈烈，其中河北在黑色金属冶炼和压延加工产业上的绝对优势地位受到了天津的挑战。此外，2010 年北京竞争优势不足的两类产业皆超过天津。总体而言，2010—2016 年京津冀内部地区间的产业竞争大于产业协作，而且有愈演愈烈的趋势，"块状分割"下的诸侯经济成为制约京津冀产业协作的重要因素之一(见表 2.3)。

表 2.3　2016 年京津冀规模以上的优势产业

	优势产业
北京(LQ > 2)	汽车制造业(3.37),计算机、通信和其他电子设备制造业(3.02)
天津(LQ > 2)	黑色金属冶炼和压延加工业(2.41),汽车制造业(2.21),计算机、通信和其他电子设备制造业(3.25)
河北(LQ > 2)	黑色金属冶炼和压延加工业(3.97)

3．政府过度干预更加明显

黄志基和贺灿飞(2013)认为,可以通过地方财政支出占地区 GDP 的比例来测度地方政府对市场的干预能力。为了便于比较,以同等级的长三角、珠三角城市群作为参照对象。2000—2017 年,京津冀、长三角和珠三角的地方财政支出占 GDP 的比例分别增加了 95.18%、69.38% 和82.09%,京津冀地方财政支出占 GDP 的比例高于长三角和珠三角同等水平的城市群。因此,有理由认为京津冀政府对市场的扰动作用过强。

4．北京优势地位较突出

从区位熵角度来看,信息传递、软件和信息技术服务业是北京的主导产业。这得益于北京各大高校及科研院所的正外部知识效应,科技研发的绝对优势使得北京的经济发展成为京津冀的引擎。为了进一步阐述北京得天独厚的优势地位,采用城市流强度这一经济联系指标进行测度。

城市流强度可用公式 $F = N \times E$ 表示,其中 F 表示城市流强度;N 表示城市功能效益,即城市外向功能量指标;E 表示外向功能,主要取决于产业从业人员的区位熵。在一个行业里,选择城市工业从业人员数量作为指标,i 城市 j 产业从业人员的区位熵为:

$$LQ_{ij} = \frac{Q_{ij}/Q_i}{Q_j/Q} \qquad (2\text{-}5)$$

式中,Q_{ij} 表示 i 城市 j 产业的从业人员数量;Q_i 表示 i 城市从业人员总数量;Q_j 为全国 j 产业的从业人员数量;Q 为全国从业人员总数量。若 $LQ_{ij} < 1$,则表示 i 城市 j 产业不存在外向功能,也就是说,$E_{ij} = 0$;若 $LQ_{ij} > 1$,则 i 城市 j 产业存在外向功能,此时 E_{ij} 为:

$$E_{ij} = Q_{ij} - Q_i(Q_j/Q) \qquad (2\text{-}6)$$

i 城市 m 个产业的总外向功能量 E_i 为:

$$E_i = \sum_{j=1}^{m} E_{ij} \qquad (2\text{-}7)$$

i 城市的功能效益 N_i 用人均 GDP 来表示,则有

$$N_i = \frac{\text{GDP}_i}{Q_i} \qquad (2\text{-}8)$$

从而得到 i 城市的城市流强度 F_i 为:

$$F_i = N_i \times E_i = \frac{\text{GDP}_i}{Q_i} \times E_i = \text{GDP}_i \times \frac{E_i}{Q_i} = \text{GDP}_i \times K_i \qquad (2\text{-}9)$$

式中,K_i 表示 i 城市外向功能量占总功能量的比例,反映了 i 城市总功能量的外向程度,即城市流倾向度。

由表 2.4 可知,北京的外向功能量(E_i)和城市流强度(F_i)始终居京津冀的绝对首位,而且远远超过其后的城市,这主要是由"四个中心"的城市功能定位所决定的,在一定程度上反映北京在京津冀城市群中的绝对优势地位。

表 2.4　京津冀第三产业内部城市流强度

	2007 年			2017 年		
	E_i	F_i	K_i	E_i	F_i	K_i
北京	161.36	1 280.80	0.18	220.89	3 347.10	0.16
天津	15.69	298.87	0.08	10.36	304.72	0.02
石家庄	2.93	59.80	0.03	15.30	500.62	0.10
唐山	7.34	200.93	0.10	3.23	136.01	0.02
秦皇岛	1.76	30.91	0.06	5.94	132.27	0.11
邯郸	4.03	80.36	0.07	11.17	318.98	0.10
邢台	2.31	48.53	0.07	10.57	293.14	0.18
保定	4.56	77.34	0.07	14.92	345.79	0.11
张家口	1.56	18.34	0.04	10.00	256.61	0.19
承德	1.49	22.80	0.06	7.86	258.99	0.19
沧州	3.50	85.27	0.08	13.88	653.82	0.21
廊坊	1.79	45.93	0.07	6.44	226.28	0.10
衡水	1.31	31.42	0.06	8.05	245.48	0.21
京津冀合计	209.61	2 281.30	—	338.62	7 019.81	—

第二节　财税政策区域差距较大

经济发展和财税政策的关系是相辅相成的,经济发展不到位,财政收入也相当于无源之水,没有强大的支撑力,公共服务也缺乏财政收入支持,若财政收入不能充分支持企业,经济发展也无从谈起,社会服务同样缺乏财力基础。由于京津冀的经济发展不均衡,内部经济差距较大,因此京津冀的财税问题也一直存在。

一、京津冀税收差异

京津冀的税收优惠政策主要是区域性的,但是,没有考虑到这些地区之间存在巨大的经济差距,优惠政策的效果也不同。如果我们将其泛化,就会增加原有差距,影响区域经济均衡化。此外,发达地区和落后地区最具优势的产业也不尽相同,国家出台的政策总是支持环境保护、高新技术等产业的发展,对农业和基础产业的支持力度不够,造成落后地区在税收优惠中的"缺位"。此外,企业所得税的减免都是针对投资多、周期长的项目,私人资本往往偏向于投资少、见效快的项目。因此,税收优惠在一定程度上起着相反的作用。

1. 主体税比例不适

直接税和间接税在税制结构中的比例直接影响经济效率和社会公平的协调。根据税收负担是否可以转移,税收可以分为直接税和间接税。每个纳税人不能将税负转移给他人,也就是说,纳税人和负税人为同一个人的税种就是直接税,通常为累进税,强调公平,而间接税的纳税人与负税人不同,两者之间存在转移关系,以比例税为主体,注重经济效益。现行税制虽然能够保证税收总量的年度增长、国家财政收入的稳定,促进经济的快速发展,但难以发挥累进所得税、遗产税、赠与税等直接税的收入再分配作用,这减缓了缩小地区间经济差距的进程。

2. 流转税的不足

增值税(VAT)是根据企业生产经营活动中的增加值而征收的税种,包括生产型、消费型和收入型三类。增值税不受转移环节的影响,改革以来取得了良好的效果。从国际趋势来看,增值税覆盖面越大,运行机制越好,才能得到更好的保障。但是,目前我国生产型增值税征收范围过于狭窄,不允许对购买固定资产征收的增值税进行扣除。税基相当大,重复征税也很严重,不利于公平竞争。对于支持和发展的产业,也没有优惠税率。在一些基础工业中,水、粮食和书籍的税率远高于国外。

征收消费税的目的不是获得大量的财政收入,而是通过选择征收范围、安排差别税率课税环节,利用消费税独特的调节功能,实现政府调节收入的目的。关于税收环节,消费税在税率方面安排得不够科学,有些商品需要采用低税率调节消费,但是由于税率高,影响了人们的正常生活。

3. 其他税种的不足

中国的财产税种类是不完整的,而且一直以来征收的财产税只占税收总额的几个百分点。房地产税、土地使用税等税种,在征税范围上存在一定的局限性,征税方法和征税标准的改革相对滞后。此外,征收此类税费本身很困难,因此不同地区的税负差距过大。此外,由于财产税过低,没有税收来调节收入再分配,如证券交易税、遗产税、赠与税等,使得现行财产税在调节收入差距方面没有发挥应有的作用。我国的行为税主要包括印花税、屠宰税、筵席税、城市维护建设税、教育费附加等。税收种类繁多,税制设计不规范,偷税漏税的可能性很大。

二、京津冀财政差距

1. 京津冀"断崖式"财政差距是制约三地协同发展的关键

京津冀"断崖式"财政差距是"以财养政"与"以政行财"的统一,既包含公共财政因素,又包含政府公共服务的内容。京津冀财政差距不仅体现在三地人均财政差距上,还体现在三地公共服务差距上。区域经济竞争的实质是区域财税利益竞争。中国经济发展具有浓厚的政府主导色彩,或是典型的政府主导型经济发展模式。即使在社会主义市场经济条件下,政府的规制和政策吸引力以及它所创造的发展环境仍然对市场主体的行为选择产生着至关重要的影响。无论是区域经济发展规划,还是具体开发项目的审批,都属于政府管辖,由政府决定。区域经济项目的发展受到政府政策取向及其所决定的发展环境的深刻影响。各地区政府政策取向和政府服务能力所形成的经济发展环境影响着开发项目和市场主体的资源流动。因此,财税手段是政府调控经济运行的最重要手段。财政税收是政府维持机构运行、改善公共服务待遇、发展社会事业、扩大人民生活支出、加大财税政策影响力的重要手段。由于各地区各项政策的实施和公共服务的水平取决于其可支配的财政和税收利益,因此在区域经济竞争中,政府最关心的是能否获得相应的财政和税收利益。政府在区域经济中的服务能力和政策取向所决定的发展环境的竞争,也演变为不同地区政府为了扩大政策影响力而争夺财税利益的竞争。

2. "分灶吃饭"的财税体制加剧了地区财税利益的竞争

行政区划不是发展差距的真正原因,也不是区域利益竞争的根本原因。只有当行政区划系统结合行政区划独立的财税利益制度时,才会产生行政区划之间财政和税收利益的区域竞争行为。从实践的角度来看,任何财政和税收制度的选择都离不开对公平与效率关系的选择,它需要处理区域竞争与合作的关系。我国实施财政和税收制度的"分灶吃饭"多年,主要按照"竞争出效率、调控促公平"的逻辑思维,强调竞争导向和效率导向,鼓励地方政府发展当地经济,调动地方政府管理自己的财政计划的积极性,可以促进当地经济的快速增长,促进地方经济发展,以及财政规模的扩大。至于通过调控促进公平,我们应该通过提高中央政府对地方政策的调控能力,缩小地区之间的经济差距,如西部大开发政策的支持,以及在东北老工业基地的振兴政策等。由于我国的财政和税收制度的重点是竞争导向和效率导向型的,它在规范和促进公平方面也起到了积极的作用,但并没有真正把如何体现"合作促进公平"放在体制选择中。其结果是重视了效率、忽略了公平,发展了区域竞争、忽视了区域合作。实行分税制的国家,通过纵向转移支付或横向转移支付的调控政策,能够把区域经济差异缩小到 1 倍以内,许多国家的区域人均公共财力差距缩小到了 0.2—0.5 倍。但是我国通过中央纵向转移支付后的地方人均公共财力差距仍然较大。针对京津冀发展而言,"分灶吃饭"财税体制下的京津冀之间的竞争还有其特殊的属性,人们通常将其称为存在"虹吸效应"下的不平等竞争和资源利益输送型的非市场化竞争。京津冀之间的财政经济差距不完全是区域平等竞争的结果,主要原因是河北通过向京津服务资源利益输送造成自身财政经济的"积贫积弱"状态。在中央与地方事权划分不清晰、支出责任划分不明确的背景下尤为显著,"分灶吃饭"体制使处于为京津服务地位的河北输送的水资源不仅未能得到市场化补偿,而且承担的为京津提供生态环境保护和维护首都周边安全稳定的任务和支出责任,也未能得到足额转移支付的支持。可以说,在竞争导向型的不完善的财税体制下,京津冀之间对财源和财税利益的不平等竞争,是造成京津冀"两强一弱"局面的根源。

3. 税收分配制度在区域投资中的缺陷扩大了京津冀的财政差距

近年来,随着总部经济的兴起和快速发展,总部各部门之间的税收分配已成为"分灶吃饭"财税体制下财税利益竞争的重要组成部分。由于我国现行跨区域投资税收分配法律制度不完善,存在忽视分公司投资地点的税收利益而关注总部所在地的税收利益的倾向,许多地方仍处于总部分支机构之间税收利益分配的自协商状态,导致跨区域投资分公司所在地之间的税收分配多种多样,这不仅干扰了综合市场竞争环境,而且导致税收流向总部所在地。在京津冀产业疏散转移协调发展方面,北京是我国主要经济总部的集中地,天津拥有少量的总部机构,在资本产业向周边腹地撤退的过程中,河北的金融和经济相对落后,全省接受分支机构就地安置的同时,由分支机构形成的税收将继续逐年流向财政、经济富裕的北京,形成富裕地区剥夺贫困地区税收优惠的现象。

表 2.5　2001—2017 年中国财政税收收入、支出及占 GDP 的比例

年份	GDP (亿元)	财政收入 (亿元)	财政收入/ GDP(%)	财政支出 (亿元)	财政支出/ GDP(%)	税收收入 总额(亿元)	税收收入 /GDP(%)
2001	110 863.1	16 386.04	14.94	18 902.58	17.05	15 301.38	13.95
2002	121 717.4	18 903.64	15.71	22 053.15	18.12	17 636.45	14.66
2003	137 422.0	21 715.25	15.99	24 649.95	17.94	20 017.31	14.74
2004	161 840.2	26 396.47	16.51	28 486.89	17.60	24 165.68	15.12
2005	187 318.9	31 649.29	17.11	33 930.28	18.11	28 778.54	15.56
2006	219 438.5	38 760.20	17.92	40 422.73	18.42	34 804.35	16.09
2007	270 232.3	51 321.78	19.31	49 781.35	18.42	45 621.97	17.16
2008	319 515.5	61 330.35	19.19	62 592.66	19.59	54 223.79	16.97
2009	349 081.4	68 518.30	19.63	76 299.93	21.86	59 521.59	17.05
2010	413 030.3	83 101.51	20.12	89 874.16	21.76	73 210.79	17.73
2011	489 300.6	103 874.43	21.23	109 247.79	22.33	89 738.39	18.34
2012	540 367.4	117 253.52	21.70	125 952.97	23.31	100 614.28	18.62
2013	595 244.4	129 209.64	21.71	140 212.10	23.56	110 530.70	18.57
2014	643 974.0	140 370.03	21.80	151 785.56	23.57	119 175.31	18.51
2015	689 052.1	152 269.23	22.10	175 877.77	25.52	124 922.20	18.13
2016	743 585.5	159 604.97	21.46	187 755.21	25.25	130 360.73	17.53
2017	827 121.7	172 566.57	20.86	203 330.03	24.58	144 359.50	17.45

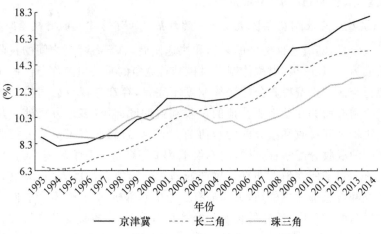

图 2.3　2001—2017 年税收占 GDP 的比例

表 2.6　公共财政支出总额及增长率

年份	公共财政支出（亿元）	中央支出（亿元）	地方支出（亿元）	公共财政支出增长率（%）
2000	15 886.50	5 519.85	10 366.65	20.5
2001	18 902.58	5 768.02	13 134.56	19.0
2002	22 053.15	6 771.70	15 281.45	16.7
2003	24 649.95	7 420.10	17 229.85	11.8
2004	28 486.89	7 894.08	20 592.81	15.6
2005	33 930.28	8 775.97	25 154.31	19.1
2006	40 422.73	9 991.40	30 431.33	19.1
2007	49 781.35	11 442.06	38 339.29	23.2
2008	62 592.66	13 344.17	49 248.49	25.7
2009	76 299.93	15 255.79	61 044.14	21.9
2010	89 874.16	15 989.73	73 884.43	17.8
2011	109 247.79	16 514.11	92 733.68	21.6
2012	125 952.97	18 764.63	107 188.34	15.3
2013	140 212.10	20 471.76	119 740.34	11.3
2014	151 785.56	22 570.07	129 215.49	8.3
2015	175 877.77	25 542.15	150 335.62	13.2
2016	187 755.21	27 403.85	160 351.36	6.3
2017	203 330.03	29 858.89	173 471.14	

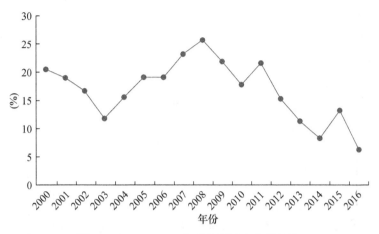

图 2.4　2000—2016 年公共财政支出增长率

表 2.7　公共财政总收入和增长率

年份	公共财政收入（亿元）	中央收入 （亿元）	地方收入 （亿元）	公共财政收入 增长率（%）
2000	13 395.23	6 989.17	6 406.06	17.00
2001	16 386.04	8 582.74	7 803.30	22.30
2002	18 903.64	10 388.64	8 515.00	15.40
2003	21 715.25	11 865.27	9 849.98	14.90
2004	26 396.47	14 503.10	11 893.37	21.60
2005	31 649.29	16 548.53	15 100.76	19.90
2006	38 760.20	20 456.62	18 303.58	22.50
2007	51 321.78	27 749.16	23 572.62	32.40
2008	61 330.35	32 680.56	28 649.79	19.50
2009	68 518.30	35 915.71	32 602.59	11.70
2010	83 101.51	42 488.47	40 613.04	21.30
2011	103 874.43	51 327.32	52 547.11	25.00
2012	117 253.52	56 175.23	61 078.29	12.90
2013	129 209.64	60 198.48	69 011.16	10.20
2014	140 370.03	64 493.45	75 876.58	8.60
2015	152 269.23	69 267.19	83 002.04	5.80
2016	159 604.97	72 365.62	87 239.35	4.50
2017	172 566.57	81 119.03	91 447.54	

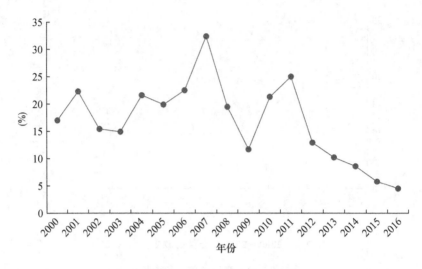

图 2.5　2000—2016 年公共财政收入增长率

第三节　生态环境保护各自为政

生态文明是在农业文明和工业文明继承与超越基础上的一种新型文明形态,是人类在改造自然过程中为实现人与自然和谐共处所取得的全部成果,它表征着人与自然关系的进步状态。改革开放以来,我国对生态环境的重视程度不断增强,党的十六大以来,生态文明理念不断深入社会经济发展的各个方面,党的十八大确立了生态文明建设作为中国现代化"五位一体"的重要组成部分,标志着生态文明建设已经上升到民族意志。2015 年,中共中央、国务院印发了《关于加快推进生态文明建设的意见》,《京津冀协同发展规划纲要》中明确提出了力争率先在交通、生态、产业领域实现突破的关键任务。建设生态文明囊括多个维度,跨越多个层次,涉及多个主体,涵盖多个环节,包含多种要素。随着京津冀协同发展国家战略的提出,生态文明建设思想逐步体现在区域发展上。

从广义上说,生态文明是生态环境、生态经济、生态意识、生态行为与生态制度等的综合体。因此,考察和分析生态文明的状况,我们需要建立一个多指标体系。然而,生态文明建设是一个动态的、渐进的过程,在评价生态文明进程时,只能有所侧重,同时还要考虑可操作性等问题。基于此,我们从生态文明建设的实践角度出发,以京津冀三个省域为基本单元,采取 2011—2015 年京津冀三地的面板数据,进行生态文明水平的综合评价,对比分析京津冀三地在生态文明建设过程中的格局特点、存在的不足,揭示京津冀三地生态文明的主要影响因素,进而确定后续的重点努力方向。

一、京津冀生态文明指数评价

基于结果可测量、数据可获得、不同指标和不同地区能对比等原则,生态文明指标体系的构建在综合参考《国民经济和社会发展第十三个五年规划纲要》规定的资源与环境约束性目标的基础上,结合国家发改委等部门制定的《生态文明建设考核目标体系》和《绿色发展指标体系》,以及国内外现有研究成果,提出了生态文明建设评价指标体系和绿色发展指标体系公式,进行京津冀生态文明指数指标体系的构建。

根据生态文明的内涵和指标体系的设计原则,我们构建了一套三级叠加、逐层递归的综合评价指标体系。整个指标体系分为三个层次:第一个层次是总体层,也是总目标;第二个层次是系统层,是总目标的分解,根据生态文明的内涵,具体分为五个系统,即增长质量、生态保护、环境质量、资源利用和环境治理;第三个层次是变量层(指标层),它由 26 项指标构成。在总指标体系中,绝对量指标和相对量指标分别为13 个,总指标中 19 个为正指标、7 个为负指标。生态文明指数评价体系如表 2.8 所示。

表 2.8　生态文明指数评价体系

一级指标	二级指标	三级指标	单位	指标性质
生态文明 指数	增长质量	人均 GDP	元/人	正
		城镇居民人均可支配收入	元	正
		农村居民人均可支配收入	元	正
		第三产业增加值占 GDP 比例	%	正
		R&D 经费支出占 GDP 比例	%	正
		城镇化率	%	正

（续表）

一级指标	二级指标	三级指标	单位	指标性质
生态文明指数	生态保护	森林覆盖率	%	正
		人均林木蓄积量	立方米/人	正
		自然保护区占辖区面积比例	%	正
		湿地面积占辖区面积比例	%	正
		建成区绿化覆盖率	%	正
		人均城市绿地面积	平方米/人	正
		单位耕地化肥施用量	kg/hm²	负
	环境质量	化学需氧量排放量	万吨	负
		氨氮排放量	万吨	负
		二氧化硫排放量	万吨	负
		氮氧化物排放量	万吨	负
		烟（粉）尘排放量	万吨	负
	资源利用	人均水资源	立方米/人	正
		人均用水量	立方米/人	负
		一般工业固体废物综合利用率	%	正
		危险废物综合利用率	%	正
	环境治理	环境污染治理投资占 GDP 比例	%	正
		生态保护建设投资占林业投资比例	%	正
		工业污染治理投资占工业增加值比例	‰	正
		城市生活垃圾无害化处理率	%	正

资料来源：《中国统计年鉴》（2012—2016）、《中国环境统计年鉴》（2012—2016）、《北京统计年鉴》（2012—2016）、《天津统计年鉴》（2012—2016）、《河北统计年鉴》（2012—2016）等。

生态文明指数评价的具体过程如下：

（1）进行生态文明体系各指标的测算，首先要将指标进行标准化处理。生态文明评价指标具有不同的属性和计量单位。为了便于用统一的方法计算，需要对数据进行无量纲标准化处理。根据评价指标的性质，评价指标可分为正、负两类。正指标指数值越大越好，负指标指数值越小越好。

（2）标准化处理方法。

正向指标：

$$Z_{ij} = \frac{(Y_{ij} - Y_{\min})}{(Y_{\max} - Y_{\min})} \quad (i = 1, 2, \cdots, n; j = 1, 2, \cdots, m) \quad (2\text{-}10)$$

负向指标：

$$Z_{ij} = \frac{(Y_{max} - Y_{ij})}{(Y_{max} - Y_{min})} \quad (i = 1, 2, \cdots, n; j = 1, 2, \cdots, m) \quad (2\text{-}11)$$

（3）总体把赋权方法分为主观赋权法和客观赋权法。综合考虑生态文明的特点以及研究的需要和实际，在此采用客观赋权法中的变异系数法确定各指标的权重。得到最后权重如表2.9所示，计算最终结果如表2.10所示。

表 2.9　京津冀生态文明指数权重分布

二级指标	权重	三级指标	权重
增长质量	0.2394	人均 GDP	0.154
		城镇居民人均可支配收入	0.160
		农村居民人均可支配收入	0.141
		第三产业增加值占 GDP 比例	0.204
		R&D 经费支出占 GDP 比例	0.193
		城镇化率	0.149
生态保护	0.3055	森林覆盖率	0.135
		人均林木蓄积量	0.153
		自然保护区占辖区面积比例	0.112
		湿地面积占辖区面积比例	0.201
		建成区绿化覆盖率	0.135
		人均城市绿地面积	0.173
		单位耕地化肥施用量	0.092
环境质量	0.1653	化学需氧量排放量	0.214
		氨氮排放量	0.209
		二氧化硫排放量	0.201
		氮氧化物排放量	0.201
		烟（粉）尘排放量	0.175
资源利用	0.1508	人均水资源	0.294
		人均用水量	0.233
		一般工业固体废物综合利用率	0.236
		危险废物综合利用率	0.237

（续表）

二级指标	权重	三级指标	权重
环境治理	0.1389	环境污染治理投资占 GDP 比例	0.303
		生态保护建设投资占林业投资比例	0.257
		工业污染治理投资占工业增加值比例	0.260
		城市生活垃圾无害化处理率	0.180

表 2.10　京津冀生态文明指数

地区	年份	增长质量	生态保护	环境质量	资源利用	环境治理	生态文明指数
北京	2011	0.1837	0.1537	0.1608	0.0679	0.0473	0.6134
	2012	0.1971	0.1556	0.1616	0.0821	0.0624	0.6588
	2013	0.2105	0.1834	0.1626	0.0827	0.0819	0.7212
	2014	0.2221	0.1974	0.1636	0.0890	0.0937	0.7659
	2015	0.2386	0.2172	0.1653	0.0873	0.0963	0.7747
天津	2011	0.1060	0.0955	0.1509	0.0755	0.0819	0.5098
	2012	0.1205	0.0950	0.1519	0.1051	0.0567	0.5292
	2013	0.1308	0.1257	0.1530	0.0853	0.0709	0.5658
	2014	0.1418	0.1318	0.1532	0.0829	0.0858	0.5956
	2015	0.1541	0.1427	0.1555	0.0679	0.0867	0.6069
河北	2011	0	0.1133	0.0079	0.0626	0.0393	0.2231
	2012	0.0089	0.1128	0.0143	0.0727	0.0331	0.2418
	2013	0.0176	0.1248	0.0190	0.0668	0.0421	0.2703
	2014	0.0255	0.1254	0.0188	0.0404	0.0698	0.2799
	2015	0.0359	0.1168	0.0314	0.0691	0.0797	0.3330

二、京津冀生态文明指数分析

1. 生态文明的总体水平：北京整体水平最高，其次是天津，河北与北京差距最大但上升速度最快

京津冀生态文明评价结果显示，2011—2015 年，京津冀三地的生态

文明水平都在增长,趋势向好的特征突出。结果表明,近五年来,特别是京津冀协同发展战略实施后的三年,生态文明建设进程十分显著。从总体生态文明水平来看,北京最高,天津次之,河北最低,河北与北京、天津的差距较大。根据生态文明年增长率的总体权重,京津冀三地的增长率分别为4.87%、3.55%和8.34%,说明河北尽管发展水平最低,但上升速度明显更快。照此态势发展下去,经过数年,河北有望缩小其与京津的差距,并达到较高的水平。

从京津冀区域整体赋权的视角分析,2011—2015年,京津冀三地都呈现"北京第一、天津第二、河北第三"的格局。北京的生态文明水平最高,2011—2015年,维持在0.61—0.77的较高位上,且升幅较大;天津的生态文明水平次之,维持在0.51—0.61的中间水平层次上,且升幅最小;河北的生态文明水平最低,维持在0.22—0.33的低水平层次上,但升幅最大。

2. 北京:总体上升明显,各项指标基本位居前列

在增长质量方面,2011—2015年,京津冀三地不但均呈上升趋势,而且总体水平也都呈现北京最高、天津第二、河北第三的格局,这种格局显然与生态文明总体水平的格局一致,由此说明生态文明水平与增长质量密切相关;在生态保护方面,北京的生态保护水平2012年与2011年相比基本持平,2013—2015年不断上升;在环境质量方面,京津冀三地的环境质量水平都偏低但都在不断提高,北京相对最高,但提高幅度相对来说较小;在资源利用方面,北京这五年来资源利用水平都呈现小幅上升的态势;在环境治理方面,北京2011—2015年环境治理水平一直在上升,环境质量同比进步程度值得肯定。总体来说,北京在增长质量、生态保护、环境质量、资源利用和环境治理等方面都是领先天津、河北的,但是这种领先也仅仅是五年来京津冀的比较,从全国范围来讲,北京的生态文明建设仍然面临诸多挑战,尤其是人民群众的生态环境质量获得感并不是很强,对此问题仍然需要长期的重视和努力(见图2.6和图2.7)。

3. 天津:与北京基本保持同趋势上升,资源利用水平还需不断提高

天津与北京基本保持同趋势增长率,从生态文明水平看,2011—2015年,天津维持在0.51—0.61的中间水平层次上,且涨幅最小;从增长质量总体水平来看,天津总体涨幅最快,稍高于北京;京津冀三地在生态保护水平方面呈现北京最高、天津和河北相互交错的局面,

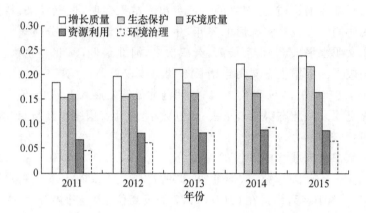

图 2.6　2011—2015 年北京生态文明指数分系统对比

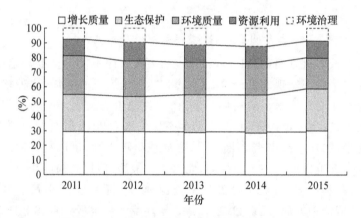

图 2.7　2011—2015 年分系统指数对北京历年生态文明水平的影响

2011—2015 年天津在生态保护水平上呈现平稳上升的特点;在环境质量方面,天津略低于北京且与北京保持同趋势的小幅改善状态;从资源利用水平上看,天津自 2011 开始上升,2012 年达到高峰后,就一直在下滑,2015 年低于北京且与河北的水平相当;从环境治理水平上看,天津在 2011—2012 年下滑,其后一直在不断攀升,2014 年达到峰值,2015 年与 2014 年基本持平。总体来说,天津与北京差距较小,在生态保护水平方面提升较快,但是其资源利用形势比较严峻,需要采取综合措施,向高综合利用效率方向转型(见图 2.8 和图 2.9)。

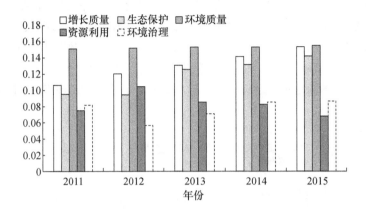

图 2.8　2011—2015 年天津生态文明指数分系统对比

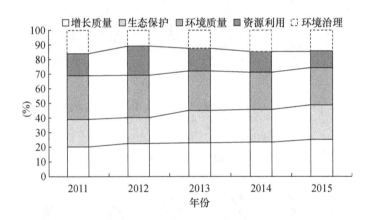

图2.9　2011—2015 年分系统指数对天津历年生态文明水平的影响

4．河北：环境治理投入加大，但经济增长和环境质量等方面差距不容忽视

河北的生态文明总体水平尽管最低，但上升速度明显，依据整体赋权的生态文明年均增长率，从增长质量来看，河北与京津两地之间的差距巨大且有不断扩大的趋势；在生态保护水平上，河北出现先下滑、后上升、再下滑的情况；从环境质量水平来看，尽管水平较低但好在改善比较明显；从资源利用水平上看，近五年来，河北呈现先上升、后下滑、又抬升的格局，资源利用水平不够稳定；从环境治理方面来看，尽管河北与京津两

地环境治理的基础差距大,但经过近五年的努力,差距已大幅缩小。总体来说,河北在京津冀协同发展中生态文明建设仍然面临巨大挑战,反映经济增长等各项指标的基础与北京、天津的差距明显,但环境治理等部分指标改善幅度值得肯定,这就需要河北在不断加强自身生态建设的同时,京津两地通过生态补偿等方式加大支持力度。如图 2.10 和图 2.11 所示。

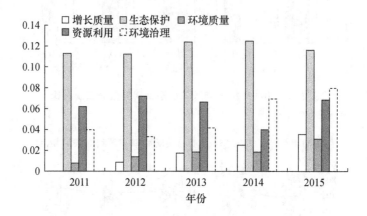

图 2.10　2011—2015 年河北生态文明指数分系统对比

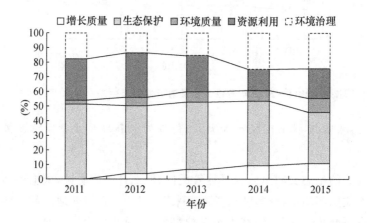

图 2.11　2011—2015 年分系统指数对河北历年生态文明水平的影响

第四节　人力资本流动渠道不畅

一、京津冀人力资本平均水平

1. 人力资本平均水平的测算

我们结合实际情况,根据人力资本的内涵及各种计量方法的优缺点,选择受教育年限法作为人力资本计量模型。根据 2003—2010 年各省份年鉴和全国人口普查资料对教育水平的分类,将教育水平定义为五个层次,其中一般教育、成人教育和同等教育水平的自学考试所获得的学历具有相同的质量。

第一层次是指文盲和半文盲,包括文盲人口、扫盲班人口和小学辍学人口。在本模型中,受教育的平均年限设定为 1 年。文盲人口在劳动过程中也受到一定程度的教育。第二层次是小学教育层次,包括普通小学教育和成人小学教育。虽然现行的小学制度实行六年学制,但是目前社会从业人员的平均受教育年限大约是五年。因此,本模型中的平均受教育年限设定为五年。第三层次是初中教育层次,包括普通初中、职业初中和成人初中等,在此模型中,将受教育年限设置为三年。第四层次是高中教育层次,包括普通高中、职业高中、中等专业技术、高中技术教育、成人高中和成人中等技术教育,在该模型中,受教育的年限设定为三年。第五层次是大专及以上学历层次,包括普通高校专科、自学考试、成人专科、普通高校本科、自学考试获得本科文凭、成人本科、硕士、博士等。由于这些教育层次没有在统计年鉴数据中进一步细分,硕士生和博士生的比例相对较小,近几年研究生招生规模才开始扩大,同时还有教育收益的滞后性问题。因此,我们对大学教育采取统一的标准,忽视了大学、硕士和博士教育年限的差异,在该模型中,设定受教育年限为四年。

平均受教育年限法是用来衡量人力资本平均水平的,它是由不同地区从业人员的受教育程度及其受教育年限的分组构成来计算的。人力资本存量＝从业人员数量×人力资本平均水平。由此获得的人力资本存量不仅包括劳动力的质量,还包括劳动力的数量,符合经济增长模式的要求。2003—2010 年的中国统计年鉴和京津冀相应年份的统计年鉴均可统计从业人员的数量及其学历构成。

人力资本平均水平的计算公式为:

人力资本平均水平＝$\sum$（从业人员中接受不同级教育的人数的比例×不同级教育的年限）＝文盲教育程度比例×1＋小学教育程度比例×5＋初中教育程度比例×8＋高中及职业教育程度比例×11＋大专以上教育程度比例×15

人力资本存量＝人力资本平均水平×从业人员数量

2. 京津冀人力资本平均水平的比较分析

用上述方法计算了京津冀和全国 2003—2009 年的人力资本平均水平，如表 2.11 所示。

表 2.11　2003—2009 年京津冀和全国人力资本平均水平　　单位：年

年份	北京	天津	河北	全国
2003	9.49	7.28	7.49	7.12
2004	9.64	8.75	7.52	7.29
2005	9.80	8.81	7.32	7.16
2006	10.09	8.90	7.33	7.19
2007	10.22	8.89	7.36	7.36
2008	10.12	9.05	7.33	7.19
2009	10.26	9.12	7.61	7.52

资料来源：根据京津冀和全国 2003—2009 年统计年鉴中的相关数据计算而得。

从表 2.11 可以看出，北京的人力资本平均水平为 9.49—10.26 年，平均水平为 9.95 年，高于天津的平均水平 8.69 年，远高于河北和全国的水平，而河北的平均水平略高于全国水平。京津冀和全国的人力资本平均水平不断提高，这说明京津冀等地从业人员的受教育年限都在增加。北京人力资本平均水平由 2003 年的 9.49 年提高到 2009 年的 10.26 年，增长了 8.1%。天津人力资本平均水平由 7.28 年提高到 9.12 年，增长了 25.3%。提高最明显的年份是 2004 年，河北提高了 2%，全国人力资本平均水平提高了 5.6%。综上所述，天津人力资本平均水平迅速提高，京津冀的总体增长率高于全国平均水平。

二、京津冀人口地理集中度和经济地理集中度

京津冀人力资本与当地的人口和生态资产贡献分布密不可分。人力资源聚集的大部分与人口和经济的地理集中度有关。如图 2.12 所示，京津冀人口与经济的空间分布总体上呈北低中南高的格局,但人口与经济的集中区域和集中程度不同。从图中可以看出,经济地理集中度支配着人口地理集中度,对人力资源影响较大。

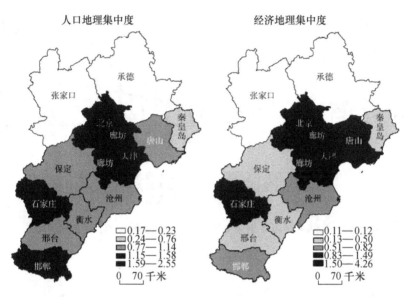

图 2.12　人口地理集中度和经济地理集中度

　　京津冀三地形成环首都经济圈,不仅有地理位置的原因,在经济和人才交流上也有紧密联系。从当前的经济发展来看,京津的经济水平较为接近,人力资本分布差距较小,河北的人力资本分布则与京津两地具有较大差别。

　　从图 2.13、图 2.14 和图 2.15 中可以看出,1985—2010 年,天津和河北的人力资本总量、人均人力资本、总人力资本和人均劳动力指标均实现持续快速增长。但通过三地情况对比可以看出,尽管河北的总量高于京津两地,但人均值仍与京津两地有巨大的差距。另外,1997 年之前三地人力资本人均指标差距相对固定,但 1997 年之后三地的差距逐渐扩大。通过计算京津冀三地人均劳动力人力资本的变异系数,可以反映三地人力资本水平的差距,20 世纪 90 年代初,人力资本的区域差距缩小;从1997 年开始,人力资本的地区差异不断扩大;直至 2009 年,地区差异开始出现缩小。同时,如图 2.15 所示,2005 年之后,北京人均劳动力人力资本的增长最快,北京人力资本的快速增长对天津和河北都有一定的带动作用。

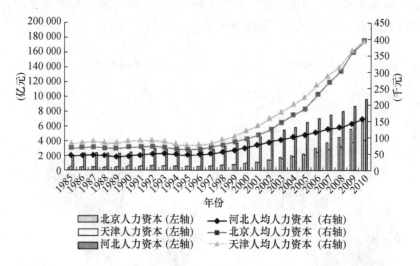

图 2.13　1985—2010 年京津冀的人力资本总量和人均人力资本比较

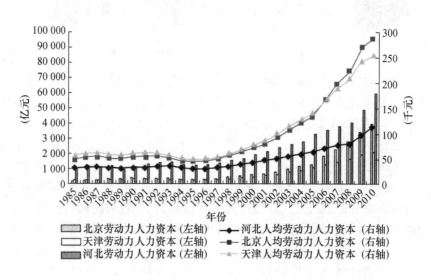

**图 2.14　1985—2010 年京津冀的劳动力人力资本和
人均劳动力人力资本比较**

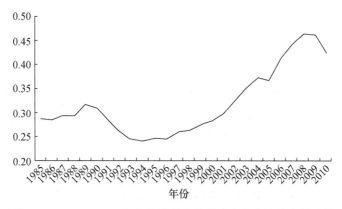

图 2.15　1985—2010 年京津冀的人均劳动力人力资本变异系数

三、人力资本基尼系数

人力资本系统各组成部分之间的组织状态和比例关系构成了本章要研究的人力资本结构,反映了人力资本系统各组成部分之间的稳定关系。目前,许多学者倾向于采用人力资本结构系数作为衡量教育失衡的一种手段。人力资本结构系数包括等分法和基尼系数法两种计算方法。本章采用基尼系数法计算人力资本结构。为简单明了,本章直接称之为人力资本基尼系数。按受教育年限法计算的教育基尼系数,即人力资本基尼系数为:

$$G^h = \frac{1}{2\bar{H}} \sum_{i=0}^{n} \sum_{j=0}^{m} | T_{x_i} - T_{x_j} | n_i n_j \qquad (2\text{-}12)$$

式中,G^h 是人力资本的基尼系数,$\bar{H}$ 是对应的人口平均受教育年数,i、j 代表不同的教育水平,m 和 n 代表了在既定教育水平上的人口份额,T_x 代表不同教育水平的平均累积受教育年限,x_i 表示不同教育水平 i 的平均受教育年限。教育分为未受教育程度、小学教育程度、初中教育程度、高中教育程度和大专以上教育程度五个层次。令 $m=3,n=3$,则 $T_{x_0} = x_0 = 0$,$T_{x_1} = x_1$,$T_{x_2} = x_1 + x_2$,$T_{x_3} = x_1 + x_2 + x_3$,代入(2-12)式,人力资本基尼系数为 0—1。人力资本基尼系数越大,人力资本分布越不平衡,人口受教育程度越不平等;相反,人力资本基尼系数越小,人口的受教育程度就越平等。

本章小结

本章通过对产业协同发展、财税政策、生态环境保护和人力资本四个方面进行了测度与评价,通过分析结果发现,京津冀的经济重心和人口重心都向东北方向偏移,即向京津聚集,京津冀存在较为明显的产业同构现象,尤其是河北内部各地级市间的产业同构现象尤为突出。北京的城市流强度位于京津冀的首位,且远远超过其他两个城市。由于京津冀内部经济发展不均衡,三地的税收政策及财政投入和支出差距较大。京津冀三地的生态环境保护各自为政,北京的生态文明指数整体水平最高,其次是天津,河北的生态文明指数差距最大但其上升速度最快。京津冀的人力资本平均水平提升速度最快的是天津,而三地的人力资本平均水平总体增长率高于全国平均水平。

第三章　京津冀协同发展
的战略新支点

第一节　雄安新区的建设

为加快京津冀协同发展的步伐,中共中央、国务院 2017 年 4 月 1 日决定设立雄安新区,其将成为继深圳经济特区和上海浦东新区之后又一个具有全国意义的新区。一方面,作为京津冀协同发展的关键布局,雄安新区将成为北京非首都功能的集中承载地,并作为一个反磁力中心,减弱北京对资源要素的强大吸引力,有效缓解北京的大城市病;另一方面,还将带动雄安周边乃至整个河北的发展,解决区域经济失衡问题。可以说雄安新区的设立盘活了京津冀协同发展的一盘棋。然而,如果只注意到非首都功能疏解的集中承载地,而忽视这里是新发展理念的创新发展示范区,就看不到雄安新区设计初衷的根本所在。雄安新区的设立绝不只是为了服务京津冀,它更长远的战略意义在于探索中国经济转型发展新模式,打造创新驱动新引擎,成为引领全国创新发展的新的经济增长极。

20 世纪 80 年代,中央决定创办深圳等经济特区,这是我国对外开放的重大决策和突破口,对我国经济体制改革和现代化建设发挥了重要作用。这些特区靠近香港和澳门,华侨多,资源比较丰富,具有加快经济发展的许多有利条件。当前,建设雄安新区的基础条件优越,并且有党中央的坚强领导,有国家强大的经济基础作后盾,有建设国家级经济区的成熟经验为借鉴。

从我国创办经济特区的经验教训看,雄安新区首先具备良好的区位基础。当年深圳依托香港、珠海依托澳门、厦门依托台湾、浦东依托上海、滨海依托天津,经济特区建设都取得了成功。由于海南、汕头没有强大的依托,至今未取得引人瞩目的巨大成绩。雄安新区紧邻北京、天津、石家

庄和保定,离首都新机场很近,雄安新区可作为京津与河北对接、耦合的
"齿轮城市",让京津冀协同发展高效运转起来,可以把京津冀的一群城市
通过核心城市的支持、中心城市的带动、重点城市的支撑,变成有机运行
的京津冀城市群。建设雄安新区是深入推进京津冀协同发展的一个重大
举措。京津冀通过雄安新区的接驳,激活一盘棋,能够带动冀中平原发
展,促进京津冀环境状况的改善(见图 3.1)。

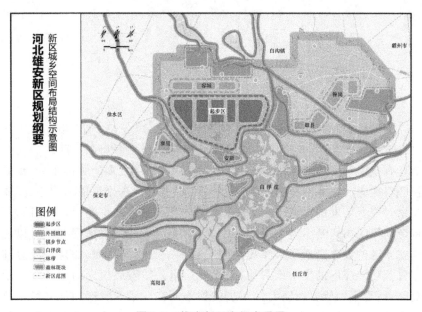

图 3.1 雄安新区空间布局图

其次是生态环境基础。通过南水北调,可以补足白洋淀地区的生态
用水。随着未来的建设和京津冀整体吸引力的提升,总人口还会增加,白
洋淀及华北地区水环境的总体压力还会加大,对水的需求会持续增加,这
应当引起特别的关注。在白洋淀建设的雄安新区不应是摊大饼式的特大
城市,不应走大范围、大规模的城市开发的老路;而应是若干个卫星城的
综合体,积极建设绿色智慧新城,建成国际一流、绿色、现代、智慧的城市,
打造优美生态环境,构建蓝绿交织、清新明亮、水城共融的生态城市。

在党中央领导下,建设雄安新区必须坚持稳中求进的工作总基调,牢
固树立和贯彻落实五大发展理念,适应把握引领经济发展新常态,以推进
供给侧结构性改革为主线,坚持世界眼光、国际标准、中国特色、高点定
位,坚持生态优先、绿色发展,坚持以人民为中心、注重保障和改善民生,

坚持保护弘扬中华优秀传统文化、延续历史文脉,建设绿色生态宜居新城区、创新驱动发展引领区、协调发展示范区、开放发展先行区,努力打造贯彻落实新发展理念的创新发展示范区。基于此,应当把握以下四点:

第一,雄安新区不是首都副中心。我国作为一个大国,为了国家的稳定与政令的统一,一般不适宜在异地设立首都的副中心。雄安新区是北京非首都功能的集中承载地,将引进高端的科研机构、医疗健康机构、战略性新兴产业和现代服务业单位等(见表3.1)。

表 3.1　承接北京非首都功能部署和需求

序号	领域	承接类型	重点承接区域
1	高等学校	著名高校在雄安新区设立分校、分院、研究生院	起步区
2	科研机构	国家重点实验室、工程研究中心等国家级科研院所、创新平台、创新中心	起步区
3	医疗健康机构	高端医疗机构在雄安新区设立分院和研究中心,加强与国内知名医学研究机构合作	起步区
4	金融机构	银行、保险、证券等金融机构总部及分支机构,鼓励金融骨干企业、分支机构开展金融创新业务	起步区
5	高端服务业	软件和信息服务、设计、创意、咨询等领域的优势企业,以及现代物流、电子商务等企业总部	五个外围组团、周边特色小城镇
6	高技术产业	新一代信息技术、生物医药和生命健康、节能环保、高端新材料等领域的央企以及创新型民营企业、高成长性科技企业	起步区、五个外围组团、周边特色小城镇

第二,雄安新区是京津两地和石家庄形成的三角形的内心城市,是一个齿轮城市,通过接驳、耦合,盘活京津冀协同发展的资源。目前,京津冀协同发展特别是产业转移、大气污染的联防联控,实质上进展不是很快,需要打破僵局。所以,中央的决策很英明,既是不得已的措施,也是立足于长远共同发展做出的积极决策。

第三,雄安新区建设,可以发挥其带动冀中平原经济和社会发展的辐射作用,可以维护首都的宁静和绿色发展,缓解首都的环境资源压力。

第四,雄安新区的定位是创新驱动发展引领区、开放发展先行区,跟浦东新区和深圳特区一样,是对外的窗口,又与天津滨海新区的功能有所区别。由于功能定位不同,一些人认为雄安新区会冲击其至替代滨海新区,这种担心也是不必要的。相反地,两个新区会互补,对于雄安新区研发出来的一些工业新动能,实体部分也会在滨海新区落地。

此外,一个值得注意的重大问题是,白洋淀是华北之肾,千万不能破坏。一些学者指出,白洋淀的水质整体不容乐观,如环境污染控制的规划和管理不善,白洋淀就可能变为一个大污水池。一旦白洋淀开发过度,保护不当,雄安新区建设的千年大计就可能因为环境承载能力不足而遭到破坏。基于此,要坚持生态优先。鉴于 2008 年以来河北的严重污染,对其自身建设生态文明的能力不要高估,建议中央建立环境保护指导委员会,定期召开雄安新区环保评审会议,并成立常驻的督导组,防止新区建设走调、走偏。

第二节　北京城市副中心

改革开放四十多年来,为确保城市的可持续发展,提高城市承载力,北京市对通州(原通县)的定位经历了"卫星城""新城""北京行政副中心""北京城市副中心"的转变。每一次定位的改变,都意味着通州的功能和承担的责任将发生变化。2016 年 4 月,通州被正式定位为北京城市副中心,国家按照《北京城市总体规划(2016—2035 年)》要求,要将其打造成国际化大都市,承担疏解非首都功能、缓解大城市病、带动京津冀协同发展的重任。北京城市副中心建设必须改变传统的城市发展模式,应以创新为主要驱动力,优化空间布局,将通州建设为新型国际化城市,如此才能满足高标准的建设目标,顺应城市发展的未来趋势,发挥其应有的功能作用。因此,深入探讨通州的建设背景,阐述通州建设的功能作用,并对当前通州的建设成效进行分析,为特大城市地区优化开发模式积累经验,对将通州建设成为副中心示范区具有重要的现实意义。

随着 18 世纪 60 年代工业革命的开始,经济发展加快了城市规模的扩大,城市中心区的发展经历了起步、发展、分异和成熟四个阶段,同时受社会、经济和环境的制约。日本东京、韩国世宗、法国巴黎都建设了不同规模的城市副中心,形成了不同的模式及特征。我国城市副中心建设起步较晚,尚未形成完整的建设模式。国内学者通过借鉴国外成功经验,提出我国建设城市副中心应遵循的开发机制、空间布局和政策建议。通过总结城市副中心建设中的经验和教训,国内学者普遍从管理机制、城市功能、产业空间优化、交通网络建设和基础服务设施完善五个角度进行分析,但以提供建议为主,缺少理论指导下的实际效应分析。合理的空间布局是城市副中心建设的重要组成部分,而人口与经济在空间上的一致程度能反映区域空间布局的合理性。一些学者从全国、城市群和城市区域尺度研究了人口与经济的理论关系、空间格局演变下的相互作用及二者的一致性。在京津冀城市群尺度下,学者对区域尺度下的人口和经济空间集聚特征及其影响因素进行了分析,结果表明,经济集聚度普遍高于人口聚集度,而产业结构和劳动力市场的关系是影响人口与经济聚集的主要因素。

北京城市副中心是北京总体规划"一核两翼"的重要一翼,规划范围为 155 平方千米,意图形成"一带、一轴、多组团"的空间布局。

"一带"是指依托大运河构建城市水绿空间布局,打造凸显公共空间魅力的生态文明带。以大运河为骨架,构建城市水绿空间布局,加强生态建设,统筹两岸公共空间、城市功能、交通组织和滨水景观,营造充满现代活力、再现历史记忆的滨水公共空间,形成韵味深厚、环境优美的生态文明带。

"一轴"是指依托六环铁路建设功能融合活力地区,打造缝合城市功能的创新发展轴。结合现状六环路入地改造建设六环公园,有效织补城市空间,解决高速公路分割城市的问题,引导两侧城市功能互动发展和创新功能集聚,形成贯通历史现状未来、功能汇聚、集约高效的创新发展轴。

"多组团"是指依托水网、绿网、路网,形成 12 个民生共享组团和 36 个美丽家园(街区)。以组团、家园为单位,提供均衡优质的城市公共服务,坚持宜家便利、均衡发展,建立市民中心—组团中心—家园中心—便民服务点的公共服务体系,让市民从家步行 5 分钟可以到达便民服务点,享受到便民商业、小微绿地、儿童游戏、老年看护等便民服务,步行 15 分钟到达家园中心,就近满足居民的居住、就业、交通、教育、文化、医疗、休闲等需求。

设施服务环方面,北京城市副中心意图打造国际一流的设施服务环,系统整合城市公共服务和基础设施,建设具有国际前沿科技水平、建设中国制造自主创新能力,体现人民生活幸福乐享的设施服务环,形成城市永续发展的核心基础骨架。一方面,有效地串联地上公共服务,建设连续贯通的环形绿带和慢行系统,强化公共空间设计,有效串联组团和家园中心,实现商业、文化、教育、体育、医疗、养老等公共服务的有机衔接和充分共享。另一方面,高效地集成地下基础设施,统筹建设轨道交通、综合管廊、智慧地下物流、垃圾转运等环形干线系统,贴建、共建隐性市政设施、多级雨水控制与利用设施、应急避难设施和地下储能调峰设施等各类市政设施。

北京市政府对副中心未来的产业定位是,坚持总部经济路线,着力引入汽车零部件、精密设备等高端装备制造企业,加快发展文化创意特色产业,大力发展现代物流和生产性服务业,积极培育环保新能源、生物医药和新一代信息技术产业,形成"以高端制造业为重点支柱、现代服务业为有力支撑、新兴产业为战略引擎"的产业发展格局。

现阶段,副中心"一核五区"的框架已经形成,基础设施和公共服务设施逐步完善,市政综合服务功能不断增强,为进一步发展打下了十分坚实的基础。政府对产业聚集的导向是高精尖方向,具体表现在:一是TMT(高科技、通信和媒体)行业,通州的租金、成本优势会吸引大量该行业企业进驻;二是金融产业,包括商业银行和保险机构;三是联动产业,主要集中在咨询行业,目前该行业在城区的市场占有率极大,但伴随前两类产业纷纷到副中心开办分支机构,也会有越来越多咨询行业开办分支机构,伴随客户行业发展共生。这三大产业将是通州未来的产业基础。但也伴随一个痛点,即在 2020 年之前,这些产业群主要还是以购买行为为主,2020 年之后,慢慢会有更多的租赁行为产生。

第三节　疏解整治促提升

2017 年年初,北京在全市范围内组织开展"疏解整治促提升"专项行动,明确了大力实施的十大专项领域,将非首都功能疏解和秩序整治、城市环境优化提升、人口控制结合起来,整体打包,整体安排,形成了疏解、整治和提升相结合的组合拳。疏解功能谋发展,是北京当前和今后一个时期明确的战略任务。核心区既是居民聚集区,也是历史文化保护区,如何在疏解中升级,实现可持续发展,关乎城市长远发展,考验城市治理能力。疏解非首都功能、改善居民生活和保护历史风貌并不矛盾,完全可以统一起来。疏解是手段,以功能减法换空间加法;民生是目的,以环境提升促生活品质改善;保护是归宿,以和谐宜居承古都神韵,这应当成为首都核心区发展的重要路径。

《京津冀协同发展规划纲要》中明确了北京非首都功能疏解的目标，北京力争将人口控制在 2 300 万人以内，缓解北京"大城市病"等突出问题，优化北京首都核心功能。非首都功能增量部分严格有效控制，在产业、公共服务、行政领域启动实施一批疏解试点项目，加快承接平台选址建设，一批企业、教育医疗等公共服务机构、行政企事业单位有序疏解迁出，四环内区域性物流基地、区域性专业市场调整退出，各类承接平台基本建成，功能趋于完善。

疏解领域，主要部署了一般性产业特别是高消耗产业、区域性物流基地、区域性专业市场等部分第三产业，部分教育、医疗、培训机构等社会公共服务功能，部分行政性、事业性服务机构和企业总部四大领域。在部分教育、医疗、培训机构等社会公共服务功能方面，推动在京优质医疗卫生资源通过对口支援、共建共管、办分院、整体搬迁等方式向京外发展，组建医疗联合体或医院集团；支持北京大医院在北京周边地区合作共建一批高水平的护理医院和康复医院，承接北京大医院医疗康复功能；有序推动以面向全国招生为主的一般性培训机构和具备条件的文化团体迁出北京城六区。鼓励有实力的养老服务机构输出服务品牌和管理经验，在周边地区建设养老服务基地。京津冀协同发展五年来，北京加速疏解非首都功能，疏解一般制造业企业累计达到 2 648 家，累计疏解提升台账内市场581 家、物流中心 106 个。大红门服装批发市场、动物园批发市场等区域性批发市场完成撤并升级和外迁，天意小商品市场等批发市场实现关停。

整治提升领域，主要包括拆除违法建设，占道经营、无证无照经营和"开墙打洞"整治，城乡结合部整治改造，中心城区老旧小区综合整治，中心城区重点区域整治提升，地下空间和群租房整治，棚户区改造、直管公房及"商改住"清理整治等。2017 年以来，北京在整治提升领域取得了很大成效。以 2018 年为例，全年整治"开墙打洞"8 622 处，拆违腾退土地6 828 公顷、还绿 1 683 公顷，开展中心城区 29 个老旧小区综合整治，完成1 141 条背街小巷环境整治提升，核心区 80 千米道路电力架空线入地，建成城市休闲公园 28 处、小微绿地 121 处，建设提升基本便民网点 1 529个，"一刻钟社区服务圈"城市社区覆盖率达到 92％。

同时，中央和北京均高度重视疏解政策环境建设，主要从财税、价格、土地、社会保障、户籍等方面提出了任务部署。

（1）财税政策。主要包括：① 落实京津冀产业转移税收分享办法、国家对企业搬迁的税收优惠政策；② 加大市级财政资金投入力度，研究设立北京非首都功能疏解资金或基金,建立多元化融资渠道;③ 强化区域性批发市场税收征管措施。

（2）土地政策。主要包括:① 完善疏解项目土地利用政策,优先保障搬迁单位新建用地需求;② 加强疏解腾退空间管控。

（3）价格政策。主要包括:深化水、电、气、热等资源性产品价格改革,落实和完善相关价格收费政策,提高禁限产业的用水、用电、用气收费标准。

（4）标准政策。制定实施更加严格的节水、节地、节能、减排、安全、消防等标准,研究出台大幅提高企事业单位在城六区特别是东城区、西城区扩张门槛的政策措施。

（5）社会保障政策。研究制定有利于北京非首都功能疏解的户籍、就业、社会保障等政策。

（6）工作统筹政策。主要包括:① 加强疏解地和承接地的协同联动,加强市级层面的工作统筹、信息交流和政策支持,做好疏解工作的整体推进;② 支持商（协）会、产业联盟等社会组织搭建功能疏解服务平台;③ 建立同类疏解任务各区联动协调机制,统一政策口径和进度安排;④ 注重发挥好市属国有企业的示范带动作用;⑤ 支持集体经济组织创新疏解方式。

习近平总书记在党的十九大报告中明确指出:“以疏解北京非首都功能为‘牛鼻子’推动京津冀协同发展,高起点规划、高标准建设雄安新区。”这是党中央在中国特色社会主义进入新时代做出的重大决策部署,也表明了在新的历史起点上,疏解非首都功能依然是重大战略任务,依然需要持之以恒地推进,同时也是京津冀协同发展的一把钥匙。

第四节　北京城南行动计划

北京城南地区是平原区,分布着大兴新城、亦庄新城、房山新城、北京大兴国际机场临空经济区等,是未来新增首都核心功能的重要承载区,也是优化北京全市空间结构、推动京津冀协同发展的关键区域。为改变长期以来“北强南弱”的发展格局,加快城南地区发展,北京自 2010 年以来,研究制订和实施了三次大的城南行动计划。

目前,城南地区主要指丰台、亦庄、房山和大兴区域,城市南部地区作为北京未来发展的重要空间和京津冀区域合作的门户通道,是“一核两冀"的腹地,是首都面向京津冀协同发展的重要战略门户,对于实现本市发展空间布局规划、促进首都经济社会科学发展具有重要意义。

2018 年 9 月,《促进城市南部地区加快发展行动计划(2018—2020年)》发布,城南地区在经历了打基础、上水平的前两个阶段后,本次重在"筑高地",开启了城南地区发展的新篇章。此次城南行动计划,要加快基础设施建设,为城市南部地区发展提供有力支撑;推进一批重大交通设施建设,构建快速交通体系;推进 11 条跨区交通通道建设;推进 16 条区域主干道建设,项目规模达 101 千米。

实施一批环境精品工程,尽快改变地区环境面貌。加快建设滨河森林公园,提升环境品质。加快实施大兴新城滨河森林公园、南中轴森林公园一期、三海子郊野公园一期等工程,涉及总面积达 1685.8 公顷,以改善市民休闲环境,提升城市南部地区生活品质。建成一批高品质再生水厂,保障生态环境水源。重点建设卢沟桥、吴家村、大兴黄村、房山城关、丰台河西的一批再生水厂,力争年新增高品质再生水能力 3 亿立方米,为生态环境用水提供保障。集中精力治理河道水系,挖掘水系功能。重点开展丰台丰草河、马草河、旱河、葆李沟、黄土岗灌渠,大兴老凤河和房山吴店河、丁家洼河、小清河、大石河等河道治理工程,项目总规模为 70 千米,逐步解决汛期积水和周边排水问题,加快恢复水系生态功能。强化垃圾处理能力。支持丰台区循环经济园建设,规划、建设房山生活垃圾综合处理循环经济园等项目,力争新增日处理生活垃圾 1 万吨。

大力支持水资源、能源项目建设,增强水资源、能源的承载能力。建设南水北调北京段配套工程,为安全供水提供保障。重点任务是建设南水北调南干渠、大宁调蓄水库等南水北调配套工程,实现南水北调来水、密云水库水源调配,逐步解决城市南部地区供水水源不足的问题。建成一批自来水厂,全面改善供水条件。提升城市南部地区中心区集中供热水平。积极推进丰台石榴庄路热力管线、蒲黄榆路热力管线等工程建设。建设新城集中供热工程。包括大兴新城康庄供热厂、大兴新城观音寺供热厂、房山鸿顺园锅炉房集中供热工程、房山吴店锅炉房集中供热工程、房山城关西里锅炉房集中供热工程、房山城关地区城东锅炉房集中供热体系项目、房山城关城中锅炉房集中供热项目,总供热面积为 2 837 万平方米。建设 13 个输变电站,包括 6 个 110 千伏输变电站和 7 个 220 千伏输变电站,缓解城市南部部分地区电力瓶颈问题。

加快推进城市南部地区信息基础设施提升工程,建设城市高速信息网络,为信息产业加速发展创造良好条件。以吸引高端要素聚集和创新发展业态为目标,大力培育和提升重点产业功能区。发挥重大产业项目的引领和带动作用,创新发展业态,促进主导产业形成和特色产业发展壮大。实施一批重大民生工程,为加快发展创造良好的社会环境。探索完善重大项目的配套支持政策,建立健全支持城市南部地区发展的长效机制。

本章小结

通过本章分析可以看出,京津冀区域经济发展不平衡性十分明显,阻碍了京津冀区域经济一体化的进程。要想加快推进京津冀区域经济的协调发展,就必须缩小京津冀区域经济差异。缩小京津冀区域经济差异的总体思路应该是首先在科学发展观的理论指导下,加强基础设施建设和环境保护,为京津冀区域经济发展提供良好的基础,发展循环经济,实现京津冀区域经济的可持续发展,加快落实和发展京津冀基本公共服务政策的供给侧不均衡问题。其次,河北处于相对落后地位,北京、天津在自身经济发展的同时应当发挥带动作用,大力扶持河北经济发展,不断增强各个区域之间的经济联系。通过区域间的统筹发展和地区间的合理分工使京津冀区域发展不断推进,从而达到区域间的共同发展,切实缩小地区间的经济差异。同时由于雄安新区的建设、北京城市副中心的建立、大兴国际机场的建设、北京市城南行动计划、天津市滨海新区的建设等在新时代发展背景下提出的新的发展政策,说明京津冀在实现协同发展的同时机遇与挑战并存。通过落实京津冀公共服务政策供给机制,可以带动京津冀区域经济更好更快地发展,缩小京津冀区域经济之间的绝对差异和相对差异。

第四章　京津冀协同发展新进展

近年来,关于京津冀协同发展目标与定位、战略重点与实施路径等方面的一系列规划相继出台,为区域协同绘就了一张目标明确的发展蓝图,京津冀协同发展的顶层设计已经基本完成。本章从产业、财税、生态和资源要素四个角度阐述京津冀协同发展的新进展,从而更好地了解京津冀协同发展进展到了哪一步。

第一节　产业协同新进展

产业协同是京津冀协同发展的重要载体和关键所在。在推进产业协同发展的过程中,加快产业转型升级、加速产业转移对接、加强产业互动合作是实现区域产业协同发展的重要举措。

一是从政策制定层面明确产业转移方向。2015 年 6 月,财政部印发了《京津冀协同发展产业转移对接企业税收收入分享办法》,明确了企业迁入地和迁出地三大税种税收收入五五分成,扫除了三地加快产业转移过程中因地区间税收利益博弈带来的障碍。2016 年 6 月,工信部与京津冀三地政府联合印发了《京津冀产业转移指南》,将京津冀划分为五条产业带,通过产业带的划分,以打造各类产业园区为载体,进一步明确了园区中优先承接发展的产业方向,有序推动京津冀产业转移承接。

早在改革开放初期,邓小平就曾提出过河北必须利用京津的资源优势加快发展的问题,但真正从人口生态和环境生态角度提出"疏解非首都核心功能、解决北京大城市病、促进京津冀协同发展"战略的是习近平。习近平强调要在优势互补、互利共赢的前提下打造"环首都经济圈",实现京津冀三地产业、科技、文化和社会的协同发展。自此国家先后出台了《京津冀协同发展产业转移对接企业税收收入分享办法》《京津冀区域环保率先突破合作框架协议》《京津冀能源协同发展行动计划(2017—2020年)》《京津冀密集轨道交通系统建设 2020》《京津冀产业协同发展规划(2016—2025 年)》《京津冀人才一体化发展规划(2017—2030 年)》。2017年 8 月 17 日北京市人民政府与河北省人民政府签署了《关于共同推进河北雄安新区规划建设战略合作协议》,把京津冀三地协同发展的政策优势推向了实质化运作阶段。

为了响应国家大力推动京津冀协同发展的政策号召,天津和河北先后出台了诸多文件,比如河北出台的《河北省建设全国现代商贸物流重要基地规划》《河北省建设新型城镇化与城乡统筹示范区规划》《河北省建设京津冀生态环境支撑区规划》;天津出台的《天津市轨道交通运输业发展规划》《天津市高端机械制造业 2035》《天津市化工产业转移规划》等。这些政策的出台有力地支撑了京津冀产业协同发展,为产业的发展提供了坚实的政策支持。

二是从平台建设层面落实产业承接布局。为承接北京非首都功能,津冀两地明确了 40 多个重点产业承接平台,主要包括曹妃甸、北京大兴国际机场临空经济示范区、张承生态功能区、天津滨海新区四大战略合作功能区,以及以协同创新、现代制造、商业服务和现代农业为主导的"N"个专业化产业承接平台,推动由零散企业的"自发对接"到共建园区的"平台对接"。2017 年京津冀三地联合发布了《关于加强京津冀产业转移承接重点平台建设的意见》,引导北京非首都功能有序转移、精准承接和聚集发展。京津冀地区功能疏解承接平台曾达到 300 多个,经过规范发展和重点引导,逐步形成"2+4+46"的产业承接重点平台总体布局,并在平台建设和产业承接方面取得了显著成效。以河北为例,通过建设曹妃甸区、渤海新区、正定新区等 11 个省级重大承接平台,重点打造了曹妃甸协同发展示范区、石家庄国际高端生物医药产业基地、张家口可再生能源示范区、北京沧州生物医药园等一批优势产业集群。一批重点迁移项目落户河北,2016 年 10 月北京现代汽车沧州工厂竣工投产,白沟大红门国际服装城开业,北京动物园批发市场商户陆续迁到沧州明珠商贸城、石家庄乐城国际贸易城、保定白沟市场等。

三是从项目投资层面加快产业合作步伐。据统计,2014—2018 年河北累计引进京津资金约 1.8 万亿元,占全省同期引进省外资金的一半以上。天津累计引进来自北京的项目 4 000 多个,目前到位资金 7 000 多亿元。46 个平台累计承接北京企业 2 074 家,其中注册规模 1 000 万元以上的企业 1 373 家,承接北京企业的计划投资额为 4 149.9 亿元。

四是从企业发展层面优化产业分工格局。在企业注册资本总额中,北京居前两位的行业是租赁和商务服务业(占比达 35.2%)、科学研究和技术服务业(占比达 12.0%);天津居前两位的行业是金融业(占比达 24.8%)、租赁和商务服务业(占比达 17.4%);河北居前两位的行业是制造业(占比达 24.0%)、批发和零售业(占比达 15.4%)。由此可知,北京的研发、商务服务业具有明显优势,处于产业链的研发环节和销售环节;天津的金融及租赁商务等生产性服务业具有优势,处于产业链的资本环节和销售环节;河北的制造业及批发零售业具有优势,总体处于产业链的制造和流通环节。

作为京津冀协同发展的基本出发点,疏解非首都核心功能、解决北京"大城市病"一直都是京津冀协同发展过程中的关键环节和重中之重。根据《京津冀协同发展规划纲要》,北京非首都功能疏解主要涉及一般性产业(特别是高消耗产业)、区域性物流基地及区域性专业市场、部分教育医疗培训机构、部分行政性事业性服务机构和企业总部。

通过"控增量、调存量"加快产业疏解。2016 年,工信部编发了《京津冀产业转移指南》,进一步明确了非首都功能疏解过程中的疏解重点,北京从"控增量、调存量"两个角度出发,加快区域产业协同布局和功能疏解步伐。在控制增量方面,自 2014 年以来,北京受到禁限的行业占地区行业总量的 55%,城六区受到禁限的行业比例高达 79%,不予办理的工商登记业务累计达到 164 万件,从严调控制造业、农林牧渔业、批发和零售业新设市场,各主体数分别下降 72.75%、26.42%、18.36%,未列入禁限的金融业、文化体育娱乐业、科技服务业的主体数同比分别增长 12.77%、26.76%、22.53%。在调整存量方面,三年来北京累计清理退出高投入、高消耗、高污染、低水平、低效益的"三高两低"企业 1 341 家;2015—2016 年调整疏解 350 个商品交易市场,其中 2016 年共完成 117 个,调整疏解建筑面积达 160 万平方米,调整疏解商户 28 万家,搭建 30 个产业疏解合作平台,推进产业转移疏解项目 53 个。在产业发展方面,陆续出台了《京津冀自助旅游发展总体规划》《京津冀地区快递服务发展"十三五"规划》《京津冀商贸物流协调发展规划》等具体规划,使产业协同在各领域稳步推进。

根据发达国家疏解非首都功能的成功经验和教训,北京非首都功能的疏解只有借助于连续稳定的政策支撑、都市圈基础设施的硬性依靠、三角地缘关系的无缝对接才能实现,否则京津冀三地的产业转移就只能沦为主观随意的人口重组和投机取巧的地产乱象。近年来,伴随着市场经济政策和改革开放政策的纵深拓展,京津冀三地已经打通了阻碍协同发展的宏观政策瓶颈、建成了四通八达的城际交通网络、勾画了"京三角"地区的跨际犄角战略,为京津冀三地产业的协同发展和创新打下了坚实的基础。

北京作为我国人才技术最为密集的地区之一,拥有的研发机构数量占京津冀的 70% 以上,研发人员、研发经费等占京津冀的 60% 以上,是区域乃至全国的科技创新中心。随着京津冀协同发展战略的推进落实,以北京为重点,京津冀科技创新协同在"力度"和"速度"等方面都取得了历史性的突破。

第一,以构建创新体系为目标推进区域协同创新共同体建设。2014年《京津冀协同创新发展战略研究和基础研究合作框架协议》签署,成立了北京协同创新研究院。2016 年 7 月,《京津冀系统推进全面创新改革试验方案》经国务院批复,明确了依托中关村国家自主创新示范区、北京市服务业扩大开放综合试点、天津国家自主创新示范区、中国(天津)自由贸易试验区和石保廊地区国家级高新技术产业开发区及国家级经济技术开发区,促进三地创新链、产业链、资金链、政策链的深度融合,推动形成京津冀协同创新共同体。

第二,以中关村国家自主创新示范区为载体推进区域创新平台建设。2014 年,京津冀协同发展战略实施之初,仅中关村国家自主创新示范区流向天津、河北的技术合同就达到 2 500 项,其中流向河北的技术合同为 1 483 项,成交额达到 40.4 亿元,同比增长 44.1%。2016 年,北京输出津冀技术合同 3 103 项,成交额为 154.7 亿元,同比增长 38.7%。除此以外,中关村国家自主创新示范区同天津、河北共建了京津冀大数据走廊、滨海中关村科技园、保定中关村创新中心、张北云计算产业基地等一批协同创新平台,中关村海淀园秦皇岛分园已引进 108 家中关村高新技术企业,保定中关村创新中心已签约入驻企业机构 86 家,截至 2016 年年底,中关村企业已在津冀设立分公司 1 903 家、子公司 1 426 家,承德高新区落户中关村合作项目 40 项。

第三,以企业联合创新为导向推进区域创新驱动模式建设。龙信企业大数据检测显示,2014 年以来京津冀三地专利联合申请量和联合授权量均有突飞猛进的增长,尤其是 2014 年,这两项指标分别是 2013 年的

2.6 倍和 2.4 倍。

2016 年 1—10 月,京津冀三地联合专利申请量和授权量分别达到 3 967 件和 2 695 件,分别相当于 2013 年全年的 2.2 倍和 2.4 倍。当前,京津冀三地专利联合申请及联合授权集中分布在基础设施(电力、热力、燃气及水生产和供应业)、科学研究和技术服务业、采矿业、制造业四大行业,其专利联合申请量及联合授权量分别占总量的 83.0% 和 83.2%。

第二节　财税协同新进展

京津冀协同发展是一项关乎我国千年大计的经济战略,主要有三个关键点:发展、协调和共同。发展是各地区经济水平均有所提升,综合实力均能增强;协调是各地区的经济水平和谐发展,优势互补;共同就是各地区相互促进,共同发展,实现共赢。财税政策是其中引导京津冀协同发展的重要措施,通过产业规划、产业基金或积极的财政政策有效地推动产业布局,通过生产要素的合理流动提升落后地区的发展水平。

从 2014 年开启京津冀协同发展进程以来,财税制度创新的机制和模式可以归纳为:一是中央政府主导强力推进的财税制度创新机制与模式,二是北京主导的"双边合作"财税制度创新机制与模式,三是京津冀合作共建的财税制度创新机制与模式,四是河北创新财政资金统筹管理机制与模式。在这四种机制和模式的基础上,中央和京津冀三地政府充分利用国内外债券和资金市场,发行债券和争取国外贷款,加大资金投入。同时创新政府投资方式积极探索市场化运作模式,充分利用财政的杠杆机制,发挥市场力量,推动各类资源要素在京津冀三地的流动,推动了一体化的快速发展。2014 年 7 月国家税务总局召开了京津冀协同发展税收工作领导小组第一次全体会议,建立了税务总局层面的工作机制,京津冀三地签署了《京津冀协同发展税收合作框架协议》,推动了工作交流、征管协同、税收宣传等工作。京津冀在中央政府的领导下,财税制度创新的机制和模式已初步形成。但是目前财税制度创新的机制与模式还需进一步完善,以推动财税制度不断创新,进一步增进三地协同发展效应,提高发展绩效。

伴随国家层面的财税改革,京津冀财税制度创新由政府主导的外生创新模式逐渐向市场推进的内生创新模式转变。京津冀财税制度创新主要体现为以下几种模式。这些模式在时间上同时存在,有所重叠,但是各自都有较为明显的特征。

一是中央政府主导强力推进的财税制度创新机制与模式。囿于京津冀协同发展初期三地政策分割、协调机制不畅的缺陷,中央政府主导强力推进的财税制度创新机制和模式是利用中央政府超脱三地政府利益的独立性及权威性,由中央政府提供京津冀三地政府无力或者在原有体制下无法通过协商提供的京津冀区域性公共产品。这类公共产品主要是费罗尼所界定的无形的制度性公共产品,包括京津冀区域的各类规划纲要和工作协调机制等。

二是北京市主导的"双边合作"财税制度创新机制与模式。北京在京津冀一体化过程中处于龙头地位,以疏解非首都核心功能为"牛鼻子",不断加大对交通、生态、产业协同发展等区域性公共产品供给的财政支持力度,形成了北京主导的"双边合作"财税制度创新机制与模式。

三是京津冀合作共建的财税制度创新机制与模式。随着京津冀协同发展的不断深入,京津冀三地政府突破双边合作模式,通过深度合作,形成了三地合作共建的财税制度创新机制与模式,为区域协同发展提供三地共享的公共产品。

四是河北创新财政资金统筹管理机制与模式。在一定程度上,京津冀协同发展是在中央政府的统一领导下,发挥北京和天津两地的先行优势,带动河北的快速发展,从而缩小河北与京津两地之间的发展差距。中央政府、北京市政府以及天津市政府从财政上给予河北大力支持。河北在获得多方资金支持之后,不断创新财政资金统筹管理机制,提升资金使用绩效,推动河北快速发展。

首先,河北统筹中央和北京及天津两地提供的各类资金,用于大气污染治理共建行动和生态环境建设,努力改善京津冀的大气质量以及生态环境。2014 年,河北围绕京津冀大气污染治理攻坚行动,统筹利用省以上资金 48 亿元,主要用于推广应用新能源汽车、淘汰黄标车、化解钢铁过剩产能等。此外,2014 年,河北还统筹省以上资金 7 405 亿元,用于黑龙港流域 49 个县(市、区)开展地下水超采综合治理试点工作,为华北地区及全国积累相关治理经验进行了有益的探索;当年还统筹省以上资金 1 107 亿元,支持太行山绿化、林业生态补偿、草原生态保护,促进生态环境持续改善。其次,河北统筹各类资金,通过股权转让、贷款贴息、资金注入等多种投融资方式,助力"轨道上的京津冀"建设。据统计,"十二五"时期,河北统筹 3 805 亿元支持曹妃甸区、渤海新区、北戴河新区等产业对接平台建设。为推动京津冀交通互联互通,投入资金124 104亿元实施京津冀交通一体化工程。最后,河北统筹各类资金,推动调整经济结构,稳定经济增长。2016年,河北各级财政和有关部门共筹措资金8 000多亿元,相当于河北一般公共预算收入的近3倍,为稳增长调结构提供了财力支撑。

十八大以来,京津冀财税协同发展取得了一些重要进展,主要是以下几点:

第一,初步形成了有利于京津冀区域性公共产品供给的财税制度创新机制和模式。在党中央和国务院的领导下,三地政府相互协作,初步形成了以下三种京津冀区域性公共产品供给模式:一是中央政府主导供给的模式,二是北京主导的"双边合作"供给模式,三是京津冀三地合作供给的模式。通过区域性公共产品供给模式的创新,在行政管理类区域性公共产品的供给改革方面迈出了较为坚实的步伐;在交通、环境及产业三大领域的区域性公共产品供给方面取得了明显的进展。

第二,探索并建立了有助于区域协同发展的京冀和津冀横向财政转移支付制度。首先,《京津两市对口帮扶河北省张承环京津相关地区工作方案》在保障措施中明确要求,北京对口帮扶资金平均每年不低于5亿元;天津对口帮扶资金平均每年不低于2亿元。其次,《国务院办公厅关于健全生态保护补偿机制的意见》要求推进横向生态保护补偿。研究制定以地方补偿为主、中央财政给予支持的横向生态保护补偿机制办法。重点推动在京津冀水源涵养区等开展跨地区生态保护补偿试点。这些工作方案和制度,为北京和天津向河北进行横向财政转移支付奠定了制度基础。2016年,京津两地在生态治理、扶贫开发等方面对口帮扶河北19亿元。天津与河北建立横向生态补偿机制,为河北补偿资金3亿元,实施重点流域水污染防治和修复、饮用水水源地保护等工程。

第三,河北在整合财政资金提升资金利用效率方面进行了有益的探索。在京津冀协同发展过程中,中央政府及北京、天津两市政府均为河北提供了财政资金支持。这些资金,有来自中央政府的一般性转移支付和专项转移支付,也有来自北京和天津的横向转移支付资金。河北还对相关项目提供了一定规模的配套资金。河北在整合财政资金、提升资金利用效率方面进行了有益的探索。

第四,京津冀协同推进财政投融资体制改革取得了较为明显的突破和进展。面对京津冀协同发展资金需求量巨大、财政资金又相对有限的矛盾,三地政府在中央政府的领导下,在财政投融资体制改革方面进行了有益的探索,取得了明显的突破和进展。首先,通过各级政府投入成立各类产业引导基金,发挥财政"四两拨千斤"的机制作用,推动市场力量参与京津冀区域性公共产品的供给,为划清政府和市场边界,提高财政投资效率创造了条件。据不完全统计,京津冀政府发起成立的基金已达 20 只,基金总规模已经超过 5 600 亿元。其次,通过发行国内外债券,扩大融资规模,节约融资成本。最后,以 PPP 模式,吸引社会资本进入,推动基础设施及公共服务领域投融资体制改革。

第三节　生态协同新进展

第一,环境保护力度不断加大。2015 年 12 月《京津冀协同发展生态环境保护规划》出台,对大气、水、土壤防治和主要污染物排放总量提出具体目标;2016 年 6 月,环境保护部联合三地政府印发《京津冀大气污染防治强化措施(2016—2017 年)》。北京、天津、唐山、保定、廊坊、沧州等率先统一重污染天气预警分级响应标准,并开始运行区域大气污染防治信息共享平台,加大了地区间治理污染尤其是大气污染治理的力度。京津风沙源治理和太行山绿化、三北防护林、沿海防护林等生态建设工程持续推进,京津风沙源治理二期工程完成林业建设 19.7 万亩,京冀生态水源保护林建设工程全面实施,122 万亩张家口坝上地区退化林分改造试点项目全面完成。国家统计局发布的数据显示,2016 年上半年京津冀三地PM 2.5 平均浓度比上年同期分别下降了 17.9%、12.5%和 20.3%。

2017 年 2 月 23 日,习近平总书记在北京考察并发表重要讲话,4 月 1日雄安新区正式设立,标志着京津冀协同发展和非首都功能疏解已经进入更高层次的发展阶段。2014—2017 年,京津冀继续在区域共建、产业协作、交通建设、生态保护、文化创新、市场合作、人才交流、社会保障等领域深化合作,三地联系更加紧密,互动态势日益高涨。生态建设合作更加密切。近年来,三地相继签订了《北方地区大通关建设协作备忘录》《京津风沙源治理工程》等一系列区域合作协议,京津冀生态建设进入全面合作阶段。2016 年 4 月,国务院办公厅发布了《关于健全生态保护补偿机制的意见》,其中明确提出要在京津冀水源涵养地实施生态补偿试点工作。在这一政策的推动下,京津冀生态环境保护资金补偿机制正在形成。

第二,绿色低碳发展不断深化。目前,京津冀绿色低碳发展格局初步形成,三地通力合作推进淘汰落后产能、大力压减燃煤、发展清洁能源、控制工业和扬尘污染等。2016年北京淘汰高排放老旧机动车44万辆,推广纯电动汽车累计达到6.7万辆,第六阶段车用燃油标准制定实施。

第三,生态扶贫工作不断推进。2016年10月,国家发改委等六部委联合印发《京津两市对口帮扶河北省张承环京津相关地区工作方案》,当下京津冀针对生态涵养地的"一对一"对口帮扶工作也顺利开展。2016年12月,京冀双方签署《全面深化京冀对口帮扶合作框架协议》,津冀双方签署《对口帮扶承德市贫困县框架协议》,北京13个区对口帮扶张承保三市16个县(区),天津5个区对口帮扶承德5个县,"十三五"期间计划投入帮扶资金47.68亿元,2016年对张承生态功能区国家级贫困县(区)的帮扶资金达4亿元,比2015年增加33%。

2014—2017年,京津冀继续在区域共建、产业协作、交通建设、生态保护、文化创新、市场合作、人才交流、社会保障等领域深化合作,三地联系更加紧密,互动态势日益高涨。生态保护方面签订的协议具体如表4.1所示。

表4.1 京津冀协同发展生态保护相关协议

类型	协议名称
生态保护	《共同推进京津冀协同发展生态率先突破的框架协议》《京津冀区域环境保护率先突破合作框架协议》《京津冀清洁生产协同发展战略合作协议》《散煤清洁化治理协议》《共同加快张承地区生态环境建设协议》《关于进一步加强环境保护合作的协议》

第四节 资源要素协同新进展

市场一体化是京津冀协同发展过程中的基础,市场一体化进程加快在一定程度上将引致地区产业集聚和专业化发展。近年来,京津冀大力推进市场一体化制度建设,在金融、技术、人才、产权等领域取得了显著的成果。

第一,推进区域金融市场一体化建设。2016年由国家发改委产业协调司、财政部经济建设司、工信部规划司联合召集,京津冀多家单位参与发起设立京津冀产业协同发展投资基金。2016年10月,京津冀协同票据交易中心股份有限公司正式成立。此外,还成立京津冀农村产权交易市场联盟。京津冀开发银行也在酝酿之中,京津冀将统一抵押质押制度,推进支付清算、异地存储、信用担保等业务同城化,降低跨区划的金融交易成本。2018 年 5 月,四大国有银行均成立了金融支持京津冀协同发展领导小组,中国建设银行制定了《金融支持京津冀协同发展工作推进方案》,打破区域界限,统一规划金融服务策略。

第二,推进区域技术市场一体化建设。2015 年 12 月"京津冀技术转移协同创新联盟"成立,通过建设科技成果转化和交易服务共享平台,构建信息共享、标准统一的技术交易服务体系,促进京津冀技术要素资源的自由流动与优化配置。2018 年 3 月,河北省政府正式印发了《河北省技术转移体系建设实施方案》,从顶层设计入手,优化技术转移体系的基础架构、拓展技术转移的通道、完善技术转移的政策环境和支撑保障,促进科技成果的资本化、产业化,为河北转变发展方式、优化经济结构、转换增长动力提供了有力支撑。

第三,推进区域人力资源市场一体化建设。2015 年,京津冀三地人力资源和社会保障局(厅)分别签署了《推动人力资源和社会保障工作协同发展合作协议》和《加强人才工作合作协议》;北京还出台了《关于京津冀三地人力资源市场从业人员资格证书互认有关问题的通知》,为建立统一、规范、灵活的人力资源市场提供了保障。2018 年 4 月,京津冀三地人力社保和质监部门共同发布了人力资源服务京津冀区域协同地方标准,具体包括《人力资源服务规范》和《人力资源服务机构等级划分与评定》,并于 2019 年 8 月 1 日起正式实施。三地分别组建评委会开展等级评定标准实施后,三地人力资源服务机构将通过一系列量化指标打分评级,被赋予 A—5A 的等级。京津冀分别组建人力资源服务机构等级评定委员会,对本区域内人力资源服务机构开展等级评定。评委会由政府相关部门、企事业单位、行业协会专家及代表、人力资源服务和标准化领域专家共同组成,确保具有广泛代表性。

第四,推进区域产权市场一体化建设。2014 年"京津冀产权市场发展联盟"正式成立,2017 年京津冀在该联盟网站披露企业国有产权、实物资产、技术交易等各类项目 4 728 项,成交 3 894 项,成交金额为 1 298.41 亿元。在此框架下,三地产权交易机构共投资设立了 25 个专业交易平台。2018 年 5 月,"京津冀产权市场发展联盟"由北京市产权交易所、天津市产权交易中心、河北省产权交易中心在自愿协商、互利共赢的基础上共同发起设立。联盟的成立,旨在贯彻落实习近平总书记关于京津冀协同发展的重要指示精神,积极响应和参与京津冀区域一体化发展整体规划,抓住契机深化三地产权市场在项目、投资人、会员、资本、市场研究等方面的合作关系,不断提升三地交易平台的市场功能,增加交易品种,扩大交易量,助推各类要素资源突破区域限制,在更大范围实现自由流动和优化配置,推动三地产权市场的协同发展。

本章小结

自《京津冀协同发展规划纲要》提出以来,京津冀协同发展取得了巨大的进步,无论是产业协同、财税政策协同,还是生态协同和人力资本协同,都取得了不小的进展。京津冀出台了一系列的政策措施来支持协同发展,大兴机场、雄安新区、北京城市副中心及天津滨海新区的建成都是为了支持三地的协调发展,避免区域经济的过度不协调。产业协同方面,产业逐渐从北京、天津迁往河北,从而促进河北产业升级;财税协同方面,财税政策改革正在使得三地的政策变得更加统一,从而维护三地政策的公平性、统一性;生态协同方面,京津冀继续在区域共建、产业协作、交通建设、生态保护、文化创新、市场合作、人才交流、社会保障等领域深化合作,促进生态建设的统一保护;人力资本协同方面,三地金融市场、区域经济市场、人力资源市场正在逐渐互通互融。尽管还有很多问题需要改善,京津冀三地协同发展仍朝着好的方向前进。

第二部分

公共服务均等化推进京津冀协同发展

第五章　公共服务均等化推进区域一体化的基础理论

公共服务供给水平的高低不仅直接关系到公众的生活质量,还会影响国家和社会发展进程。在很长一段历史时期内公共服务供给基本由政府来确保提供,并形成垄断供给。随着全球化和市场化进程加快,西方各国自20世纪70年代掀起了新公共管理运动,以调整政府职能定位和重塑公共服务供给模式为核心,将市场化、社会化的理念引入公共服务供给,并在各国实践中得到广泛的运用,打破了政府作为公共服务的单一主体供给模式,促进供给机制的再造与创新。

受到西方管理理念和实践成效影响,我国加快公共服务供给机制改革也更为迫切。一方面,政府由于自身特性,在一些公共服务领域难以提供高效、专业化的公共服务,公共服务供给总量上也难以满足日益增长的公众需求;另一方面,市场力量的强盛、社会组织的成长、公民力量的崛起让政府在公共服务供给上可作的选择增多、可合作的伙伴力量壮大。在此背景下,改进政府供给公共服务方式被提上各级政府议程。

从2000年开始,我国开启供给服务多元化探索,上海、北京、杭州、宁波、南京、青岛、大连、广州等地开始以公共服务外包的方式探索市场化的服务供给,并探索建立了政府购买服务机制、公益创投机制、政府和社会资本合作模式等,有效动员市场与社会力量,尝试构建多层次、多元化的公共服务供给体系。在总结各地实践基础上,国务院首次对公共服务供给机制做出制度安排,于2012年出台《国家基本公共服务体系"十二五"规划》,对供给范围、标准及保障措施予以明确,并要求在原有的供给机制上引入竞争机制,形成多元参与、公平竞争的格局。随后出台《关于政府向社会力量购买服务的指导意见》《政府购买服务管理办法(暂行)》《政府和社会资本合作模式操作指南》等意见规范,积极推进全国公共服务供给的市场化、社会化进程。随着我国全面建成小康社会步伐的加快,公共服务供给规模和水平都将面临更高的要求,必须立足京津冀一体化状态,推动公共服务供给机制的进一步完善,促进供给与公众需求进一步耦合。

第一节　公共服务供给机制对区域一体化推进机制

所谓机制(mechanism),追根溯源,起于希腊文,原指机器的构造、运作之意,引申为有机体的构造、功能、运行及相互关系。美国学者道格拉斯·诺思(Douglass North)指出:"机制是一个社会的博弈规则,或者更规范一点说,它们是一些人为设计、塑造的对社会互动关系的约束,进而构建人们政治、社会及经济领域中交换的驱动体系。"

对于公共服务供给这一系统工程来说,内部的主体结构及其相关关系、相互作用的过程,构成了公共服务供给机制。一般意义上的公共服务供给机制,在运作中,包含需求方、生产方、统筹方三个层面:需求方即产生公共需求,是供给的对象和直接动因,供给最终目标是对需求的满足,包括全体公民、特殊人群、特定区域人群及一些组织机构等;统筹方是对公共服务的供给进行制度设计和机制安排,将需求方的需求打包给生产者,组织生产者生产并提供服务给需求方,并对生产情况进行监督评判,是公共服务流通运转的核心,一般为政府及其延伸机构;服务的生产方直接生产或者直接向消费者提供服务,主要有四个主体,分别为政府机构、市场营利组织、社会组织及公众。流程安排包括需求表达、项目决策、资源汇集、安排生产、反馈评价、考核问责等六个方面,囊括了与公共服务相关的决策机制、生产机制和评估机制。

从理论层面看,对京津冀公共服务供给机制的研究还不够完善,多集中于对供给目标、范围及服务型政府职能的研究,对现有供给机制的批判研究及实例研究较为有限,尚未能跟上快速发展的实践要求。从现实意义看,在当前供给服务体系已基本建立的背景下,在更高层面实现公共服务的有效供给,健全有效运转的供给机制是关键。

第一,有利于提升公共服务供给效能。通过机制的优化,更好地依托市场与社会力量,实现社会资源的最大化利用,通过对供给方向的纠偏、价值理念的回归、供给决策的完善,解决供需不匹配的问题,提高公共服务的效果和水平。

第二,有利于促进政府"善治"。保障公共服务供给是政府的重要职能、有效、最大限度地提供公共服务被视为"善治"的表现。研究能够进一步明确政府自身的职能定位,以及在多元治理格局中的主导地位,对政府如何更好地履职提供借鉴。

第三,有利于提高公众生活质量及幸福感。公众的生活水平受到公共服务供给程度的约束,公众的幸福感获得也在很大程度上通过需求的满足及主体能动的参与过程来实现。完善公共服务供给机制,能够最大限度地调动一切社会资源,更好地满足公众需要,同时,通过动员公众及社会力量参与公共服务供给,实现社会的共治共享。

第二节 国内外公共服务供给机制研究进展

一、国外公共服务供给机制研究

作为公共服务供给的提供方式和保障手段,供给机制的研究一直是学界极为关注的话题。西方对于公共服务供给机制研究时间较早,在20世纪20年代法国学者莱昂·狄骥(2010)和70年代美国学者丹尼尔·贝尔(1989)就对公共服务的概念及政府与公共服务的关系做过论述。自20世纪70年代以来,新公共管理运动掀起了西方各国政府管理变革的浪潮。通过市场竞争机制的引入,提高公共服务质量,改进政府财政压力,改善供给效率,促进了社会组织的发展壮大。这场变革的实质是重新定位政府角色,以及政府向社会的放权。

改革的实践也推动了相关理论的发展和繁荣。随着供给主体的多元化,西方派生了不同的理论研究成果:

第一,政府垄断的服务供给。典型的代表有霍布斯(1985)的国家学说、凯恩斯的国家干预理论及萨缪尔森的公共支出理论。这些理论的共有观点是,国家是公共权力的代表,需要维护社会公众利益。而管制是最好的服务,政府作为代理人身份获得合法授权,制定政策并直接提供公共服务,即政府代理机制。

第二,市场化机制引入。为弥补政府失灵的缺陷,受到新自由主义影响,西方学界兴起了公共服务市场化改革热潮。学者们认为市场具有自动调节的能力,可以实现资源优化配置,利用市场"看不见的手"调解社会生活会优于国家强制干预。出现了萨瓦斯的民营化思想、奥斯本的"先锋派"等,加大对政府工具改革和公共服务模式改革进行研究,打破了政府垄断供给公共服务的模式。盖伊·彼得斯主张以竞标形式引入政府部门的所有工作,并对私人部门开放,能够享有投标机会,以此方式来决定由谁来更好、成本更低地完成这些工作。

第三,社会化机制兴起。伴随社会组织等社会力量的崛起,出现了安东尼·吉登斯的"第三条道路"理论及欧洲社会党人提出的"新治理"模式等。美国学者萨拉蒙在《公共服务中的伙伴现代福利国家中政府与非营利组织的关系》一书探讨了"第三方治理"的概念。第三部门或 NGO 成为部分公共服务的主体,在方式选择上也与前两种机制有所差异。"公众治理"和"公民治理"范式也开始进入研究视野。

第四,多元化机制确立。这一阶段重在研究公共服务供给的多中心制度安排,不同机制可以并行不悖,实现参与主体多元化背景下的协作共商,实现共同的发展目标。美国学者萨瓦斯认为,建立伙伴关系是公共部门创新的核心要素之一,包括社区伙伴(公民与志愿者)、私营部门伙伴、非营利组织伙伴等。这种伙伴关系实际上是各种公共服务提供机制的结合。埃莉诺·奥斯特罗姆等学者提出了"多中心治理"理论,并在实践研究中发现,公共服务供给呈现混合性趋势,呈现多元化的供给趋势。一方面参与主体呈现多元化,互相合作;另一方面,在同一公共服务的供给中,生产和供给机制也可以多元化,以实现最优效果。

二、国内公共服务供给机制研究

国内公共服务供给机制研究起步较晚,很大程度上受到西方新公共管理运动的影响,在政府职能转型和服务型政府建设的实践需要下,于 20 世纪 90 年代开始蓬勃发展起来,并随着公共服务供给多元化的实践发展,研究逐步升温。具体来说,国内学者的研究主要集中在以下几方面:

第一,国外基础理论借鉴。如翻译登哈特夫妇的《新公共服务:服务,而不是掌舵》、萨瓦斯的《民营化与公私部门的伙伴关系》、休·史卓顿的《公共物品、公共企业和公共选择》、埃莉诺·奥斯特罗姆的《公共服务的制度建构》等。通过对供给主体之间的功能分析,对西方公共服务供给的基本理论和制度设计进行介绍。

第二,国外供给机制经验借鉴。如孙德超和孔翔玉(2014)通过对美国县、自治市、学区和专区的公共服务供给机制分析,展现了基于人民主权、自主治理、政治与行政分离理念下的高效供给机制,建议我国地方政府要将基本公共服务均等化作为服务型政府建设目标,为民间社会组织和公众参与服务供给创造制度空间。潘华(2015)通过对美国公共服务体制的改革历程、特征的研究,得出其对我国发展的启示,包括合理划分各级政府供给职责和范围、建立公共服务供给导向的财政支出体系、鼓励引导社会力量参与及健全法律法规和监管机制等。金世斌(2012)介绍了北欧的经验探索,按照事权财权匹配和公共服务效率原则,通过建立和完善府际责任分担、公共财政保障、公私伙伴合作、公众参与提供、服务质量监督等机制,从而有效地满足了公共服务需求。

第三,国内供给机制研究。主要着眼于国内供给机制的变迁、多元化的制度设计及各类供给机制比较等。在引入市场机制方面,毛寿龙(1998)指出:"公共服务市场化对于实现从无限政府走向有限政府的治道变革,是非常重要的。没有这一领域的改革,就不可能实现政府职能的治道变革,也不可能改善公共服务。"在政府职能转变方面,彭万秋和元祥晨(2015)认为传统的科层制难以满足差异化公共需求,基于网络化治理视角,从网络设计、网络连接、责任分担与治理能力等四个方面提出相关的创新路径选择。在多元主体建立方面,尹华和朱明仕(2011)指出现有供给机制缺陷,包括有效供给不足,供给的缺位、越位和错位并存,以及社会组织发育不健全等方面,提出要建立一主多元型的公共服务供给模式,并构建多元主体间互动合作的协调机制。孙建军等(2016)梳理了供给理论从政府供给论到多元供给论再到多中心供给论的发展脉络,提出要选取合适的公共服务供给模式,探索和创新供给方式。

第四,关于具体公共服务或者特定服务人群的供给研究。关于公共服务内容方面,吴红(2005)对城市公共交通供给制度进行剖析,认为中国城市公共交通服务供给制度的显著特征是政府及其公共部门的垄断过度,作为一种准公共商品,政府应该对公共交通提供补贴,并改进价格形成制度。蓝国彬和樊炳有(2010)对体育公共服务供给方式及供给主体变化趋势进行分析,认为该服务由政府唯一主体发展为多主体并存。祁峰(2011)全面论述了非营利组织在居家养老中的角色以及相对优势分析,阐述了完善非营利组织参与居家养老的对策。关于特定人群方面,刘银喜和任梅(2015)分析边疆公共服务供给模式,提出"流动公共服务"概念和其在供给方式和理念层面的创新和其创新价值。对农村公共服务供给方面研究也成果频出,比较有代表性的如何建木(2015)以上海市浦东新区为例,深入分析城乡基本公共服务存在差异的制度性原因,提出服务供给机制对策建议。关于公共服务供给不同层级方面,刘波和崔鹏鹏(2010)对省级政府公共服务供给能力评价因素进行研究,胡远棋(2015)对公共服务供给的街镇政府责任进行探究,分析街镇政府在农村公共服务供给中责任缺失的现状及原因对策分析等。

第五,关于公共服务供给机制的需求导向研究。如吕炜和王伟同(2008)基于公共需求和政府能力视角,发现我国公共服务提供更多的是依据政府能力而非公众需求,提出要建立以公共需求为导向的公共服务提供模式。陈娟(2019)从"国家—社会"关系理论出发,指出公共服务供给主体的"双向互动"特征,认为政府的主动作为和社会的全面参与成为"双向互动"机制下各主体的角色定位。荣华(2009)从社会需求的角度出发,基于北京石景山区开展的抽样调查数据,提出地方政府提供公共服务模式创新的可行方案。陈水生(2014)把公共服务的需求表达机制概括为主体筛选、需求整合、需求识别与需求吸纳等机制,认为"需要将自上而下的公共服务决策与自下而上的需求表达相结合,实现供给决策与需求表达的对接"。

具体到公共服务的具体实践领域,不少研究关注到农村居民或者流动人口公共需求表达缺失的问题,如邓念国和翁胜杨(2012)认为当前农民公共服务需求表达存在无表达、被动表达、表达无效、表达不充分及制度外表达等表达欠缺的问题,加剧了供需矛盾。王蔚和彭庆军(2011)认为缺少有效合理的农村公共服务需求表达机制,应更加注重农民作为农村公共服务需求主体的作用,充分尊重农民个体权利,在此基础上建立多样化需求表达机制。

第三节　我国公共服务供给机制演变

从1978年党的十一届三中全会召开以来,我国公共服务供给机制经历了从国家权力为依托的集中管制阶段到市场化、多元化发展阶段,推动其发展的主要矛盾就是公共服务需求与供给之间的矛盾,即公众对公共产品(服务)日益增长的需求和当前以政府为主导的公共服务供给体系供给相对不足的矛盾。改革开放以来,我国公共服务供给主要经历了以下四个阶段:

一、政府垄断公共服务供给机制阶段（1978—1992年）

自1978年党和国家实行改革开放政策到1992年党的十四大召开之前，这一时期是国家拨乱反正、以经济建设为中心的关键历史时期。十一届三中全会后，国民经济快速发展，科学技术全面恢复，政治、社会、文化等领域也发生巨大变化，综合国力得到显著提高。这一时期的发展，具体带来几方面变化：一是经济方面，计划经济体制被打破，经济学界对商品经济、市场经济理念开始逐步认同并发展至主流观点，公有制为主体、多种所有制并存发展的局面基本确立；二是政治方面，开始缓慢地从管制型政府向管理与服务并重的政府形态转变；三是在公众需求方面，改革带来了公众需求的极大释放，也让社会各阶层的利益格局发生深刻变化，公民除了基本生活需求，对文化、科教、卫生、安全等方面产生了更高层次的需求，对于政府提供公共服务抱有更高期待。

在此背景下，公共服务供给经历长期的发展停滞，亟待提高活力和效率，改革主要着眼于恢复服务管理和部门职能，如推进教育领域恢复高考，在公共卫生部门大力发展全民、集体医疗机构，大大提升文化产品的供给数量和品种等。公共服务覆盖面得以拓展，服务种类也不断增加。

从1985年起，公共事业部门全面推行改革，从组织内部搞活入手促进供给能力提高，新建委托承担公共事业的事业单位。通过政府系统及其作为延伸的事业单位作为公共服务的供给者，在公共服务组织体制、运营机制等方面进行创新，先后发布了关于科教文卫等公共事业领域管理体制改革的政策，比如《中共中央关于教育体制改革的决定》《卫生部关于卫生工作若干政策问题的报告》《国家体委关于体育体制改革的决定》等。

总体上，这一时期公共服务供给体制还沿用了计划经济时代的管理思维和体制机制，政府习惯于对公共管理职能大包大揽，由中央立项、计划分配的形式统一管理和运营。

二、市场机制探索、社会力量引入阶段（1992—2002年）

公共服务供给对于部分服务放松管制，支持公私部门的合作关系，以医疗、住房为首的市场化改革启动。1992年9月，卫生部提出医院要"以工助医""以副补主"。

国务院接连发布城镇及农村医药卫生体制改革的指导意见，这期间医改矛盾增多，强烈呼吁医疗方面的"国退民进"与产权改革，大量民营和外资介入中国医院改制工作。1994 年 7 月,国务院发布《关于深化城镇住房制度改革的决定》,城镇住房由实物福利分配方式改为货币工资分配方式,城镇住房商品化进程启动,也标志着我国全面推进住房市场化改革的确立。

1993 年,国家进行第三次政府机构改革,以事业单位的机构改革和公共服务领域的开放为契机,政府职能进行进一步调整和优化,加快了公共服务管理体制的实质性改革步伐。其中,电力、煤炭、邮电、广电等行业的部委不再保留,部分职能下放到企业,电力、石油、运输等行业通过改组公司制度变为企业,初步建立了政企分开、现代管理、多元化经营的发展方针。

此外,以 1995 年上海开始探索政府购买服务模式即"罗山会馆"作为分水岭,政府在某些领域开始运用市场和社会的力量进行供给,政府在扮演主要供给者的同时还成为供给资源的协调者、供给服务的安排者。

2001 年年底发布的《国家计委关于促进和引导民间投资的若干意见》,在政策上放开市政公用和基础设施市场,特许经营制度继而建立。非公有资本参与公用事业建设在政策支持下全面进入,涉足了包括交通、水、电、气、道路、园林绿化、垃圾处理等几乎全部市政公用领域。政府垄断的局面被打破,以外资、民营、国有为主的多元化投资结构基本形成。

三、政府主导的基本公共服务供给机制阶段(2003—2012 年)

2002 年,党的十六大报告明确提出了转变政府职能的目标要求,将"公共服务"作为政府的四项基本职能之一,提到新的高度。各级政府将公共服务作为重要工作内容,致力于建设服务型政府,在社会事业领域出台系列文件制度,如《教育部关于进一步推进义务教育均衡发展的若干意见》《国务院关于完善企业职工基本养老保险制度的决定》《关于在全国建立农村最低生活保障制度的通知》《国务院关于发展城市社区卫生服务的指导意见》等,全面增强公共服务供给能力。

2006 年,党的十六届六中全会将"基本公共服务均等化"提上政府工作日程,以保民生为重点,加快公共基础设施建设,通过创新供给机制、改进供给方式,促进资源更优化配置,建立全民享有的公共服务体系。这一阶段,用于公共服务的财政支出大幅增加。2007—2011 年,用于教育、社会保障、医疗卫生、住房、文化体育等公共事业方面的财政支出总数近 13 万亿元,年均增长幅度超过 1/4,远高于财政支出增幅。

2012 年,国务院制定印发《国家基本公共服务体系"十二五"规划》,首次通过制度性安排,明确了以政府主导的基本公共服务供给的范围、标准、保障等事宜,为各级政府主导公共服务供给确立了基本依据。至此,我国基本公共服务的制度框架已经初步形成。

四、一主多元的协同化公共服务供给阶段(2013 年至今)

随着社会组织自 2013 年起进入增速发展期,社会组织年度新增量在 2013 年、2014 年分别增长 4.8 万个和 5.3 万个,数倍于以往增长量。社会组织的发展壮大及市场机制的日趋完善,让政府选择合作的主体和合作方式更为协同,一体化机制最为合理。

2013 年党的十八届三中全会明确提出"推广政府购买服务,凡属事务性管理服务,原则上都要引入竞争机制,通过合同、委托等方式向社会购买",并做出政府购买服务的系列制度安排,政府和社会资本合作模式也从中央到各地广泛推开,政府在加大向社会、市场放权力度的同时,大力推进自身改革。国务院总理李克强也在冬季达沃斯论坛等多个场合提出要扩大公共产品和公共服务的供给,是政府分内的职责。政府职责从侧重于基本公共服务供给转向确保供给总量的增加以及供给方式和内容的协同化。

党的十八届五中全会通过的《中共中央关于制定国民经济和社会发展第十三个五年规划的建议》也明确提出,自 2016—2020 年,政府的重要任务是通过共享发展,增加公共服务供给,来实现人民福祉的增加,并对增加公共服务的原则方向、政策重点和提供方式提出了明确要求。公共服务的重点由完善保基本的服务体系向增加供给的协同化的供给体系过渡,一主多元的一体化公共服务供给模式开始确立。恰逢京津冀一体化战略的提出,与公共服务政策的优化方向相互契合,如何开创协同背景下的公共服务供给多样化发展路径,是需要群策群力共同探究的。

第四节　实现京津冀一体化中的公共服务供给政策创新

公共服务供给流程以公众需求为起点,以满足公众需求为重点,依次经过需求表达、项目决策、资源汇集、安排生产、反馈评价、考核问责等六个环节,形成完整闭环。根据京津冀一体化不同环节,公共服务供给机制的概念可进行更新升级,以往的狭义公共服务已不适用,本书针对京津冀发展现状,从产业协同、财政税收、生态环保、人力资本、社会保障等五个方面诠释公共服务供给政策,从机制运行规则方面着手,献礼于京津冀一体化再创新气象。现将供给政策创新的主体思路进行展示,具体措施和创新方法在本书第四章详细叙述。

强化公共服务需求导向在我国公共服务供给改革中,首先需重申供给的需求导向,建立积极需求导向的供给机制,满足公众的需要,而不仅是政府的需要。主要包括需求表达机制、需求识别机制、需求响应机制、需求跟进机制等方面。更需要进一步促进供给主体各归其位。

一、政府机构改革

在京津冀一体化进程中,公共服务供给的改革和政府职能改革具有相辅相成的关系。每一轮机构改革职能调整,带来公共服务供给的飞跃。通过对政府职能的简政放权,实现势能转动能,进一步激活社会治理。而公共服务方式和机制的转变,也会成为撬动政府改革的新支点。公共服务供给机制的改革实质上是政府向社会进行"权力返还",大力推进公众政治参与的过程。一方面,推进政府所扮演的角色由传统的"自给自足型提供者"转变为"购买者"和"监管者",重在为其他公共需求的满足创造条件和制度空间。通过中央向地方放权,对公共服务供给"一刀切"的现象予以修正,能够分类、分步推进形成具有一定梯度的标准分步和区域特色,更好地适应地区经济社会发展状况与当地公众需求,实现既有"底线保障",又促"整体福利增加";通过政府向社会放权,转变政府职能由"划桨手"向"舵手"转变,更侧重于营造有效公平的竞争环境。通过明确需求、制订规划、公开招标、签订合同、监督管理、评估服务、后续跟进,为公众提供更高质量和效率的公共服务产品。另一方面,有效界定政府与市场、社会的边界,建立项目选择机制,坚持动态调整、先易后难、积极稳妥的原则逐步完成职能的转移。关于政府职能的三板块:行政审批等事项服务不可委托,教科文卫体等由事业单位提供保障的服务暂时保留,基于前两者之间的服务都尽可能放权于市场和社会。第三板块职能包括商业性质的服务,如资质认定、行业调查、技术服务、检验检疫检测等;机关履职需要的服务支持,比如法律、课题研究、决策论证、后勤;社会公益服务,比如养老助残、社会救助、矫正、就业服务、矛盾调解、环境维护、文体设施和场所养护与管理等。

二、社会力量培育发展

京津冀一体化需要社会力量的协助,培育社会力量"造血"能力,一是完善政府购买服务机制,拓展购买服务内容,让渡发展空间,把政府购买社会组织服务支出占比作为约束性指标,健全清单管理制度,适当降低资质门槛,扩大体制外机构参与渠道,同时引入专业代理机构,全面实行第三方独立运行,探索政府采购、购买服务、公益创投三种平台衔接的路径和方法,推动购买服务机制标准化、信息化、社会化。二是聚焦重点领域社会组织发展,从公众迫切需求和社会发展客观需要出发,对除法律法规明确需要前置行政审批的社会组织实行直接登记。大力发展服务于改善民生、缓解社会矛盾、促进社会和谐的社会组织,建立社区服务类社会组织培育基金,整合公益创投、专项培育等各方面资金,优先发展养老服务、为小服务、调解治理、便民服务等。三是完善现代社会组织管理机制。"现代"社会组织是全球化、市场化、信息化条件下的重要社会形态。必须建立起政社分开、权责明确、依法自治的现代社会组织体制,建立和完善产权清晰、权责明确、运转协调、制衡有效的法人治理结构,为社会组织发展创造条件。设立专门用于社会组织的运营结构调整、管理优化和人才队伍建设的资金。适当增加社会组织代表人士参政议政的能力和渠道,政府部门与社会组织沟通协调机制,提高社会组织对公共事务的参与度。

三、加强协同运转,着力打造"三地平台"

建立基于供给统筹方的京津冀政策制定平台,由政府相关综合性部门组织,建立宏观指导协调工作联席会议制度,负责统筹公共服务供给改革整体工作推进,研究制定相关法规、改革规划、指导意见、服务流程、服务标准等。还需要完善供给生产方的实施运行。在公共资源交易中心,新设公共服务供给中心,作为公共服务供给工作的具体组织实施机构。在具体操作上,充分运用行政服务中心云计算平台,同步开设公共服务网上交易平台,实现交易两方主体通过在线发布公告、远程报名投标,实现统一进场交易、统一平台运行、统一信息发布、统一专家抽取、统一检查监管。除此之外,打造社会资源对接平台。关于公共资源对接平台的打造在数字化时代应作为社会领域的基础设施进行建立,有效实现人与人、人与组织、需求与供给的联结,盘活社会资源,完成社会资源的充分利用和整合。平台重点包括信息收集系统及需求对接系统。

四、构建扁平化供给体系,实现资源下沉

从现有的京津冀公共服务供给实践可看出,同一城市不同区域对于公共服务的需求都有不同,主城区与郊县对服务的需求类别和程度有明显差别。具体到一个街道、一个社区的共有需求也各有侧重。因此公共服务的供给应该尽可能由基层组织或者基层单位来决策或者提供决策信息。这种转变在发达国家比较明显,如美国等联邦制国家伴随明显的中央向地方职能转移。一方面,由中央制定基本公共服务体系的规划、标准,对托底性公共服务进行统一保障有其存在的必要性,同时也应突出基层政府作用,将部分服务内容向地方及基层政府转移,服务决策权限下放。通过在市级层面特色化的公共服务打造,更好地吸引人才流入,让能满足其偏好的人群通过"用脚投票"选择前来定居,带来的人群集聚效应又能强化优质服务的供给,这种效应在京津冀将更为显著。

本章小结

公共服务供给水平关系国家和个人,在很长一段历史时期公共服务供给基本由政府来确保提供,并形成垄断供给。随着全球化和市场化进程加快,西方各国自 20 世纪 70 年代以来,新公共管理运动掀起了西方各国政府管理变革的浪潮。通过市场竞争机制引入,提高公共服务质量,改进政府财政压力,改善供给效率,促进了社会组织的发展壮大。这场变革的实质是重新定位政府角色,以及政府向社会的放权。受到西方新公共管理运动的影响,国内公共服务供给机制研究及实践于 20 世纪 90 年代开始蓬勃发展并逐步升温。

在中国实践中,从 1978 年党的十一届三中全会召开以来,我国公共服务供给机制经历了从国家权力为依托的集中管制阶段到市场化、多元化发展阶段。从 2000 年开始,我国开启供给服务多元化探索,上海、北京、杭州、宁波、南京、青岛、大连、广州等地开始以公共服务外包的方式探索市场化的服务供给,并探索建立了政府购买服务机制、公益创投机制、政府和社会资本合作模式等,有效动员市场与社会力量,尝试构建多层次、多元化的公共服务供给体系。

在总结理论及各地实践基础上,国务院先后出台了一系列措施为公

共服务供给机制做出制度安排,积极推进全国公共服务供给的市场化、社会化进程。随着我国全面建成小康社会步伐的加快,公共服务供给规模和水平都将面临更高的要求,必须立足京津冀一体化状态,推动公共服务供给机制的进一步完善,强化公共服务需求导向,促进供给与公众需求进一步耦合。

第六章 京津冀协同发展中公共服务均等化的测度

京津冀区域经济社会协同发展是目的,京津冀区域基本公共服务政策是途径。通过 2005—2016 京津冀整体和内部经济发展分析,明显可以看出京津冀经济发展不平衡,京津经济发展较快,冀经济发展与京津的差距较大,经济空间差异会成为京津冀区域经济协同发展的"绊脚石",首先要消除或减弱京津冀区域内的经济不均衡性。

京津冀内部基本公共服务是指建立在一定社会共识的基础上,根据经济社会的发展阶段和总体水平,提高人民的生活水平和生活质量,保障人民生活的基本条件和基本环境。

第一节 京津冀公共服务均等化的历史与现状

京津冀协同发展是国家的一个重大战略,摸清京津冀协同发展的现状、问题及其进展趋势,可以为落实规划、监控进程、实现目标等提供客观依据。在推进京津冀协同发展过程中,政府的政策引导和推动作用是市场不能替代的。在市场经济条件下,政府的作用主要体现在规划制订、政策调控、运行监测和法律保障等方面,而政府调控的依据和前提在于能准确地把握现状、了解进程。政府需要从数据整合、信息共享、协同监测入手,构建京津冀协同发展的监测指标体系,为监测京津冀协同发展进程和衡量发展目标提供科学依据。京津冀协同发展所面对的问题具有复杂多样性和相互联系性,因而需要采用指标体系来进行监测和研究。本章将京津冀作为一个整体,对其综合发展水平进行测度与分析,得出一些初步判断和结论。

20 世纪 80 年代,国家首次提出"环渤海经济圈规划","九五"时期,河北提出了"两环开放带动战略"(环京津、环渤海),但是基本上停留在战略概念层面上,在具体合作的内涵、方式等方面没有实质性进展。2001年10月,建设部组织评审通过了清华大学两院院士吴良镛主持完成的"京津冀北城乡空间发展规划研究",即大北京规划。2004年2月国家发改委召集京津冀的发展和改革部门的负责人召开了京津冀地区经济发展战略研讨会,共同分析了面临的形势和存在的主要问题,商讨加快发展的对策和建议。随着京津冀一体化趋势的日益明朗,京津有了新的城市定位,如北京确定的产业发展方向是高新技术产业、现代制造业和现代服务业;天津重点发展省水、省能、原材料消耗少的技术密集型产业和新兴产业。京津已进入由工业化中期向工业化后期转变的阶段,产业升级势在必行,技术密集型产业将逐渐取代劳动和资本密集型产业的主角地位,第三产业也势必超过第二产业。北京第三产业增加值已超过第二产业增加值的两倍,天津二者也已接近持平。"京津冀协同发展战略"已经提出了十年有余,习近平总书记多次强调京津冀协同发展的必要性和重要性,并对其发展方向做出了指示,强调京津冀在协同发展的过程中要实现基础设施相互连通、产业发展相互补充、公共服务共享建设等,这指明了京津冀协同发展的重要方向和措施。其中资源要素对接对流和公共服务共享建设两点重要指示不仅指明了京津冀协同发展方向,同时指出了当前京津冀协同发展的关键问题,即公共服务政策差距问题和资源配置失衡问题,这是制约京津冀协同发展的关键因素所在。就目前来看,京津冀经济和社会发展的不均衡问题十分显著,北京和天津有着大量的公共服务资源,经济和社会发展快速,河北则存在人力资源、技术资源、产业政策资源等资源流失的问题,难以实现与北京和天津的协同发展,环京津贫困带问题十分严重。京津冀发展失衡的原因是多方面的,从制度方面来看,其与政府公共服务政策差距密不可分,与公共服务资源配置失衡也是密不可分的。

基本公共服务均等化的内涵:实现基本公共服务均等化,是党的十七大做出的重大战略决策。推进基本公共服务均等化是经济、社会又好又快发展的必然要求,是加快城乡统筹步伐和缩小区域发展差距的直接动力,是实现人的全面发展和构建和谐社会的重要支撑,也是完善公共财政体制的重要目标之一。只有在明晰基本公共服务均等化内涵的基础上,才能保证均等化目标制定的理性和可持续性,才能保证河北基本公共服务均等化发展的理性和健康。

　　基本公共服务均等化是指"基于公平正义原则和经济社会发展水平，政府将城乡之间、区域之间和群体之间的非均衡控制在社会能够容忍的范围内，以保障全体国民不论民族、种族、性别、身份、贫富、职业等都能均衡地享有公共资源和发展成果，最大限度地满足公民的基本需求"。而且均等化的实现应当具有以下特征：① 新的政治阶层出现。随着城乡一体化的发展，均等化的实现必将会促进一个新的政治阶层的出现，这个阶层初期可能游离于城乡之间，但最终会作为独立的阶层而出现，这是值得注意的。② 均等化的结果具有不可预料性和不可逆转性。随着均等化的发展，其结果尽管有可预期性，但也充满不可预料性，绝对不可盲目，而且均等化的发展具有不可逆转性，必须增加前瞻性。③ 进一步促进社会阶层分化，将呈现阶层多元性。这些阶层尽管可能处于掌控之中，但对其中潜在的负面效应必须有充分的评估。④ 基层组织建设将进一步朝"地方精英化"的方向发展。这种发展由于利益分布的不均衡，很可能使一些地方精英眼界不开阔、注重地方利益，甚至可能被地方家族等非政治集团所控制。⑤ 均等化的发展必将促进经济发展态势的多元化。在发展均等化过程中，必须照顾农村特情，在经济政策、法律保障等方面有所侧重。

　　目前，京津冀一体化已上升到国家发展战略，这既给河北的均等化发展提供了难得机遇，也提出了严峻考验。相对于京津两地，河北虽然劣势较为明显，但借助京津冀一体化的良好契机实现均等化发展也并非无章可循。

　　首先，制定均等化目标必须理性，要具有可持续性。十八届三中全会决定提出，要推进城乡要素平等交换和公共资源均衡配置。因此，均等化目标的实现必须以生产要素等在城乡之间的合理流动为基础，切实防止因城乡资源占有的不对等而出现非理性发展。由于京津冀经济社会及文化态势的不同，制定统一的均等化目标显然是不可能的。但由于京津冀地缘相近、人缘相亲、人文相通，目标如果制定得不理性，势必引起社会心理的不均衡，造成人员为追求更高目标的无序流动。同时，目标制定必须具有可持续性，计发展红利更多、更快地惠及百姓，以满足民众的期待心理。

　　其次，均等化目标应该突出地域特点。习近平同志强调指出，"文化是城市的灵魂"。均等化目标的制定必须特色鲜明，充分考虑到地域特点，如充分考虑该地的历史沿革、自然条件、产业基础及经济形态，并通过建立多元发展机制，科学确定均等化目标，以保障基本服务均等化有序进行。

再次,均等化目标必须有充分的法律保障和政策引导机制。在大力倡导依法治国的今天,如果没有充分的法律保障和政策引导机制,再好的均等化目标设计也难以持久。因此,在京津冀一体化发展中,必须就均等化目标的实现制定充分的法律构架,以减少不必要的社会利益冲突,实现均衡协调发展。

最后,均等化目标的实现必须为民间资本进入建立恰当通道,并与国家的相关措施实行对接,在互利、互惠、公平、均衡的基础上,减少政府进入的强制度。如此既能有效发挥民间积极性,又能减少社会矛盾冲突,使民间资本成为均等化目标实现中的"减压器""透气阀"。而且,民营资本介入的方式可以多样化,既可以实行政府购买机制运作,也可以实行利益均沾机制,还可以实行 PPP 模式运营。总之,均等化目标的实现离不开民营资本的介入,当然,京津冀一体化发展也为民营资本提供了更大更宽广的舞台。

第二节　京津冀公共服务均等化水平评价指标体系的构建

一、基本公共服务的内涵及构成要素

基本公共服务是指为保持经济社会稳定、维护基本社会正义、增强社会凝集力、保护个人最基本的生存权和发展权而建立在一定社会认同基础上,立足于本区域经济社会发展阶段和总体水平,向全体社会成员提供的一种公共服务,不因社会成员地位、年龄和地域的不同而有所差别。不难看出,基本公共服务必须最终实现全社会的均等,但基本公共服务均等化是与经济和社会发展水平密切相关的,由于各区域所处的经济社会发展阶段不同,基本公共服务的内容是有差别的,但政策指向却是一致的,即最终实现人的全面发展。

目前学术界在基本公共服务的构成要素上存在较大分歧,但多数学者认为当前阶段实现基本公共服务均等化应该是城乡居民最关心、最迫切的需求,建立社会安全网、保障全体社会成员基本生存权和发展权必须提供均等化的公共服务。本书综合全新的五大发展理念,从凝聚力、辐射力、驱动力、创新力和支撑力五个方面构建基本公共服务评价指标体系。

二、评价指标选取的原则

我们把京津冀作为一个有机整体,通过设定各种相互联系的指标来分析和测度京津冀基本公共服务各个方面相互依存和相互制约的关系,从而对京津冀的发展现状做出基本的判断。本研究在构建指标体系的基础上,尝试性地进行了指数研究。运用指数来测定社会经济现象的总动态,分析社会经济现象总变动中各因素变动的影响程度。在构建指标体系过程中,我们遵循了以下原则。

1. 坚持创新、协调、绿色、开放、共享五大发展理念

要用全新的发展理念及相关标准和指标来监测京津冀协同发展的全过程。我们构建的指标体系是按照五大发展理念,选取能反映创新力、协同度、绿色生态、辐射力和凝聚力等的各项指标,对京津冀基本公共服务发展进程进行全面监测。按照创新发展理念,设置创新力这一综合指标加以衡量,具体指标包括新增专利数、新增商标注册数、三项专利数、高新技术企业数占企业总数比例等。按照协同发展理念,设置城乡协同、城际协同和城域协同三大范畴的指标加以衡量。按照绿色发展理念,设置凝聚力这一综合指标加以测度,具体指标包括建成区绿化覆盖率、人均道路面积、万人拥有公交车数量等。按照开放发展理念,设置辐射力这一综合指标加以衡量,具体指标包括技术市场成交额、进出口总额、货物周转量、对外投资额、利用外资额等。按照共享发展理念,设置凝聚力这一综合指标进行测度,具体指标包括每百人公共图书馆藏书、城镇人均可支配收入占人均 GDP 比例、参加基本养老保险占比、在岗职工平均工资水平、每万人拥有医院床位数、人口平均受教育年限、普通高等学校在校学生数占比等。

2. 坚持问题导向与目标导向相结合

京津冀协同发展战略的实施,既是问题导向,又是目标导向,即从解决突出问题入手(如“大城市病”、区域差距悬殊、资源生态环境超载等),通过探索新机制、新模式、新路径,最终实现京津冀协同发展的战略目标。因此,在构建监测指标体系时,首先要从监测问题入手,既要监测已有问题解决的进展及程度,又要通过运行监测,及时发现新问题和发展短板,为政府的政策调控和规划引导提供决策依据。同时,还要注重衡量京津

冀区域的总体目标、京津冀三地定位目标及一些重点领域目标的实现程度。需要设置一些目标性指标，如反映支撑力的 GDP 占全国的比例、反映发展水平的人均 GDP、反映科技创新力和辐射带动力的相关指标，以衡量京津冀建成世界级城市群、引领和支撑全国经济社会发展新引擎两大目标的实现程度。

3. 坚持统计数据分析与大数据分析相结合

统计指标具有规范性、代表性、稳定性和综合性，便于进行长期性、跟踪性、趋势性研究和跨区际的横向比较研究。而大数据拥有海量信息具有客观性、及时性、鲜活性、多样性等特征。运用大数据分析，可以发现一些用传统统计手段难以发现的重要现象和问题，是统计指标的重要补充，可以避免因主观评价可能对评价结果产生的影响。由于京津冀基本公共服务发展是一个包括交通、产业、生态、城镇、公共服务等全方位、多层次、长期性的协同过程，所以，我们要构建的监测指标体系，既需要以规范性、稳定性、可比性、综合性的统计指标为基础，又需要以客观性、鲜活性、及时性的大数据为补充。在实际操作中，本研究的发展指数和生态文明指数多采用统计指标；而企业发展指数，多采用大数据来进行测度。

4. 坚持纵向分析和长期监测、结构分析和综合监测相结合

监测平台的一个重要职能就是监测运行、把握动向、揭示趋势。通过监测，发现一些相对稳定的、长期的影响因素，可以前瞻性地预测京津冀基本公共服务发展的基本趋势，为政府做出重大战略性决策提供客观依据。同时又要注重结构分析和综合监测，如在发展指数分析中，采用了支撑力、驱动力、创新力、凝聚力、辐射力五大结构性指标从不同方面进行测度，从而有利于发现短板，为政府采取有效措施提供依据。

三、评价指标的分析框架

本研究基于衡量定位目标、监测协同进程、测度承载状况的考虑，构建京津冀基本公共服务均等化发展指标体系，重点研究发展指数，包括支撑力、驱动力、创新力、凝聚力和辐射力五个方面。其中，支撑力是指一个城市或地区的综合实力和发展水平，它决定一个城市或地区在国家经济格局中的地位。我们主要采用了人口总量、经济总量（增长量）、三次产业结构（及变化）、GDP 占全国的比例、人均 GDP 等方面的指标来反映和衡

量区域的总体实力、发展水平及在全国经济发展中的地位。驱动力是指一个城市或区域发展的主要动力,主要采用投资、消费、进出口等相关的指标来衡量。创新力是指一个城市或区域的创造力和经济活力,主要采用了科技创新能力、政府效率、企业活力、社会活力等方面的指标来衡量。凝聚力是指一个城市或地区集聚优质资源的综合环境和吸引程度,主要采用生活富裕度、社会包容度、交通便捷度、公共服务度、环境优美度等方面的指标来衡量。辐射力是指一个城市或地区对周边地区乃至全国的影响力和功能作用,主要采用技术市场成交额、对外经济合同额、货物周转量、旅客周转量等指标来衡量。这"五力"相互关联、相互支持。驱动力和创新力对支撑力起着强化和支持作用,支撑力对辐射力起到影响和支持作用,而凝聚力又会促进创新力和驱动力的提升。这"五力"共同支持"发展"这个核心,最终服务于城市或区域居民福祉的提升(见图 6.1)。

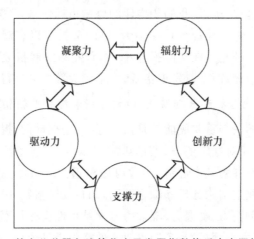

图 6.1　基本公共服务均等化水平发展指数体系内在逻辑关系

第三节　京津冀公共服务均等化水平的测度

一、指标体系构建

本书构建了由支撑力、驱动力、创新力、凝聚力和辐射力"五力"组成的综合发展指标体系。该指标体系根据测度范围的不同,又分为京津冀发展指标体系(省市级),其中一级指标分为支撑力、驱动力、创新力、凝聚

力和辐射力五个维度,二级指标共计 30 个。其具体测度指标如表 6.1
所示。

表 6.1　京津冀基本公共服务均等化发展指标体系(省市级)

一级指标	二级指标	指标解释
支撑力	GDP 总量(亿元)	指按市场价格计算的京津冀所有常住单位在一定时期内生产活动的最终成果
	人均 GDP(元)	指京津冀三地在核算期内(通常为一年)实现的生产总值与所属范围内的常住人口的比值
	地方一般预算财政收入(亿元)	包括税收收入、社会保险基金收入、非税收入、贷款转贷回收本金收入和转移性收入
	城镇化率(%)	指京津冀三地城镇人口占常住人口的比例
	地区 GDP 占全国的比例(%)	指京津冀三地的地区 GDP 占全国 GDP 的比例
驱动力	全社会固定资产投资总额(亿元)	以货币表现的建造和购置固定资产活动的工作量,是反映固定资产投资规模、速度、比例关系和使用方向的一项指标
	社会消费品零售总额(亿元)	指批发和零售业、住宿和餐饮业及其他行业直接售给城乡居民和社会集团的消费品零售额
	外贸进出口总额(万美元)	指京津冀三地进出口数量,是衡量一国或一地区对外贸易状况的重要经济指标
	实际利用外资总额(万美元)	指批准的合同外资金额的实际执行数,外国投资者根据批准外商投资企业的合同(章程)的规定实际缴付的出资额和企业投资总额内外国投资者以自己的境外自有资金实际直接向企业提供的贷款
	知识密集型企业数量占比(%)	指京津冀三地金融、商务租赁、信息及软件、科学研发企业占三地企业数量的比例

（续表）

一级指标	二级指标	指标解释
创新力	每万人发明专利授权量（件）	指京津冀三地平均每万人常住人口拥有的发明专利数量
	当年新设立企业数（家）	指京津冀三地年末新增企业数量
	新增商标注册数量（个）	指京津冀三地年末新增商标注册数量
	研发经费支出占全省（市）GDP 比例（%）	指京津冀三地研发经费支出占地区 GDP 的比例
凝聚力	每百人公共图书馆藏书（册）	指常住人口中每百人拥有图书馆已编目的古籍、图书、期刊和报纸的合订本、小册子、手稿及缩微制品、录像带、录音带、光盘等视听文献资料数量
	城镇人均可支配收入占人均 GDP 比例（%）	指反映居民家庭全部现金收入能用于安排家庭日常生活的那部分收入占人均 GDP 的比例
	城镇职工参加基本养老保险占比（%）	指报告期末按照法律、法规和有关政策规定参加城镇基本养老保险并在社保经办机构已建立缴费记录档案的职工人数和离休、退休、退职人员的人数占常住人口的比例
	在岗职工平均工资水平（元）	指各单位在一定时期内直接支付给本单位在岗职工的劳动报酬总额。包括计时工资、计件工资、奖金、津贴和补贴、加班加点工资和其他工资
	人均道路面积（平方米）	指京津冀三地经过铺筑的路面宽度在 35 米以上（含 35 米）的道路，包括高级、次高级道路和普通道路与三地常住人口的比值
	万人拥有公交车辆（辆）	指常住人口中每万人拥有城市公共交通企业可参加营运的全部车辆数
	每千人拥有执业医师数（人）	指常住人口中每千人拥有的医师数量
	每千人拥有医疗机构床位数（张）	指常住人口每千人拥有各级各类医院本年 10 月底的固定实有床位（非编制床位）
	教育经费占财政支出比例（%）	指政府教育事务支出占财政支出的比例
	建成区绿化覆盖率（%）	指城市建成区用于绿化的乔灌木和多年生草本植物的垂直投影面积

（续表）

一级指标	二级指标	指标解释
辐射力	技术市场成交额（亿元）	指登记合同成交总额中,明确规定属于技术交易的金额,即从合同成交总额中扣除所提供的设备、仪器、零部件、原材料等非技术性费用后实际技术交易额
	货物周转量（亿吨·公里）	指一定时期内,运输部门实际运送的货物吨数和它的运输距离的乘积
	旅客周转量（亿人·公里）	它是反映交通部门一定时期内旅客运输工作量的指标,指旅客人数与运送距离的乘积
	金融机构存款余额（亿元）	指居民个人和企业在银行的存款额
	金融机构贷款余额（亿元）	指居民个人和企业在银行的贷款额
	入境游客数（万人次）	指报告期内来中国观光、度假、探亲访友、就医疗养、购物、参与会议或从事经济、文化、体育、宗教活动的外国人、港澳同胞等游客数（即入境旅游人数）,统计时,入境游客按每入境一次统计1人次计算

注:数据为 2004—2013 年京津冀总体的值。

资料来源:《中国城市统计年鉴》《河北经济年鉴》和龙信数据有限公司。

二、研究方法及测度结果

根据熵值法计算原理,分别测算出 2006—2015 年京津冀三地单项及综合得分,并将各项得分及综合得分进行排序,具体如表 6.2、图 6.2 所示。

表 6.2　京津冀基本公共服务均等化水平发展指数及单项综合得分

年份	地区	支撑力	驱动力	凝聚力	辐射力	创新力	综合得分
2006	北京	87.4354	94.3505	98.3971	67.4003	100.0000	83.7579
	天津	55.2556	44.4121	51.1228	28.8957	32.9638	36.9510
	河北	66.5154	43.4052	25.2245	36.8766	20.8832	34.6443
2007	北京	87.0672	92.8516	97.3537	67.9205	100.0000	83.9302
	天津	52.8036	42.2871	51.4465	30.8289	32.0109	37.2257
	河北	67.2278	47.7935	26.8554	34.2470	19.8690	34.0470

（续表）

年份	地区	支撑力	驱动力	凝聚力	辐射力	创新力	综合得分
2008	北京	86.1948	88.7336	97.2558	79.3325	100.0000	88.9715
	天津	56.7531	41.4766	52.1779	22.1686	33.5397	35.0056
	河北	66.5947	43.9584	27.7970	36.4875	20.7038	34.6687
2009	北京	89.5015	84.9468	96.9593	77.1932	100.0000	87.6024
	天津	62.0666	43.7311	50.2051	31.9641	33.0309	38.9706
	河北	65.0931	43.6212	29.3647	31.6781	24.0719	33.6287
2010	北京	88.6823	83.0492	96.7814	77.9777	100.0000	87.3925
	天津	66.6013	44.9590	49.2951	30.1909	35.9672	39.2037
	河北	66.8452	42.0134	29.9905	33.1201	22.0591	33.6788
2011	北京	85.7664	82.6334	96.3085	79.1498	100.0000	87.2817
	天津	67.7123	46.2866	49.0141	26.8260	37.2663	37.9675
	河北	68.6557	40.0402	28.6781	35.5512	22.1945	34.2131
2012	北京	85.6045	81.8837	95.9578	78.2153	100.0000	86.8178
	天津	71.6602	41.3766	49.6424	24.0961	38.2814	36.7633
	河北	68.6221	47.7222	29.5237	37.8481	23.2127	36.5586
2013	北京	86.8238	79.7250	95.0326	71.3200	99.9483	82.8870
	天津	74.6708	47.4302	51.7968	18.3550	38.7952	34.8895
	河北	67.1867	42.2910	29.8116	41.9989	28.5343	38.5688
2014	北京	89.1952	74.3338	87.3022	70.7562	100.0000	80.6036
	天津	77.7324	43.5264	57.5912	19.3734	34.8405	34.9873
	河北	64.4658	57.1055	41.7640	42.8291	25.7117	42.4888
2015	北京	92.8834	74.6829	86.7988	75.8704	100.0000	83.4082
	天津	77.8784	52.9565	56.4987	15.9156	30.9649	33.3292
	河北	61.6206	48.2427	42.9811	46.0945	20.5512	41.0404

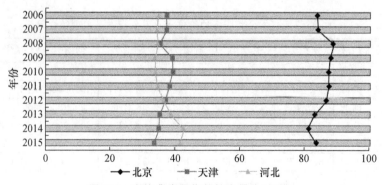

图 6.2　京津冀发展指数综合得分（规模）

所选指标中规模指标较多,河北的规模与体量明显大于京津两地,因此我们对上述指标体系进行处理,除以三地常住人口数,由规模指标转化为人均指标。结果如表 6.3、图 6.3 所示。

表 6.3 京津冀基本公共服务均等化发展指数单项及综合得分(人均)

年份	地区	支撑力	驱动力	凝聚力	辐射力	创新力	综合得分
2006	北京	94.7917	92.7511	98.3971	69.5791	100.0000	85.3212
	天津	61.7011	72.2433	51.1228	31.1753	32.9638	43.7459
	河北	34.9881	13.7009	25.2245	33.4411	20.8832	26.6680
2007	北京	94.5383	88.9522	97.3537	70.0946	100.0000	84.9493
	天津	59.8464	70.4010	51.4465	33.4615	32.0109	44.1050
	河北	35.4742	15.9956	26.8554	31.1694	19.8690	26.0584
2008	北京	94.2377	84.0593	97.2558	80.9772	100.0000	89.0525
	天津	63.1582	69.0084	52.1779	26.1890	33.5397	42.5709
	河北	35.2615	13.1191	27.7970	32.8116	20.7038	26.0416
2009	北京	95.8709	78.8155	96.9593	79.0170	100.0000	87.1238
	天津	68.5931	70.9993	50.2051	35.8365	33.0309	46.8337
	河北	34.3791	12.8166	29.3647	28.8238	24.0719	25.2368
2010	北京	95.6752	74.9788	96.7814	79.7167	100.0000	86.3280
	天津	74.1877	70.7108	49.2951	34.4371	35.9672	47.3198
	河北	36.0285	12.6067	29.9905	30.4136	22.0591	25.4948
2011	北京	94.2516	72.9181	96.3085	80.6356	100.0000	85.8548
	天津	76.1936	71.0919	49.0141	30.6143	37.2663	45.9773
	河北	36.9185	12.5946	28.6781	32.8666	22.1945	26.4072
2012	北京	94.1673	74.5430	95.9578	79.8296	100.0000	85.8857
	天津	80.3545	67.6586	49.6424	28.4066	38.2814	45.0650
	河北	37.5719	17.9312	29.5237	35.1429	23.2127	28.6638
2013	北京	94.7888	72.5887	95.0326	73.1840	99.9483	82.3247
	天津	83.3271	72.5404	51.7968	22.4137	38.7952	43.2479
	河北	36.6068	13.5233	29.8116	39.4311	28.5343	30.8657
2014	北京	95.9168	72.2234	87.3022	72.5245	100.0000	80.9447
	天津	85.8032	68.7510	57.5912	22.5660	34.8405	42.7746
	河北	34.8039	21.7865	41.7640	40.0421	25.7117	33.7976
2015	北京	97.4934	74.0340	86.7988	77.7648	100.0000	83.8742
	天津	83.3780	76.3798	56.4987	15.4442	30.9649	38.9732
	河北	32.7454	14.0034	42.9811	37.8719	20.5512	30.8097

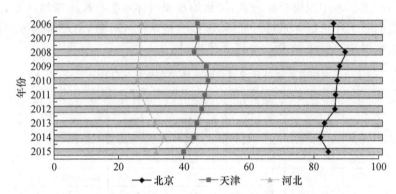

图 6.3 京津冀基本公共服务均等化发展指数综合得分（人均）

本章小结

京津冀协同发展是国家的一个重大战略,摸清京津冀协同发展的现状、问题及其进展趋势,可以为落实规划、监控进程、实现目标等提供客观依据。

就目前来看,京津冀地区经济和社会发展的不均衡问题十分显著,北京和天津有着大量的公共服务资源,经济和社会发展十分快速,而河北则存在着人力资源、技术资源、产业政策资源等资源流失的问题,难以实现与北京和天津的协同发展,环京津贫困带问题十分严重。京津冀发展失衡的原因是多方面的,从制度方面来看,其与政府公共服务政策差距密不可分,与公共服务资源配置失衡也是密不可分的。

基本公共服务均等化的内涵是实现基本公共服务均等化,是党的十七大做出的重大战略决策。目前,京津冀一体化已上升到国家发展战略,这既给河北的均等化发展提供了难得机遇,也提出了严峻考验。河北可以通过制定均等化目标,借助京津冀一体化的良好契机实现均等化发展。这些目标必须是理性的、可持续的、突出地域特点的、有充分的法律保障和政策引导机制的,这些目标的实现必须为民间资本进入建立恰当通道,并与国家的相关措施实行对接。

本研究基于衡量定位目标、监测协同进程、测度承载状况的考虑,构建京津冀基本公共服务均等化发展指标体系。

　　从发展指数综合得分来看,无论是规模还是人均指标,北京都远高于天津、河北。这充分体现了北京作为首都和京津冀地区核心城市的发展实力以及与天津和河北处于不同的发展阶段,因此更加凸显了北京在京津冀地区中的核心地位。

第七章　京津冀协同发展中公共服务均等化的评价

第一节　京津冀协同发展中公共服务均等化总体评价

从发展指数综合得分来看,无论是规模还是人均,北京都远高于天津、河北。具体而言:北京的综合得分为 80 分以上,天津为 30—40 分,河北为 30—45 分,这充分体现了北京作为首都和京津冀核心城市的发展实力及与天津和河北处于不同的发展阶段,因此更加凸显了北京在京津冀中的核心地位。从规模视角来看,2015 年河北的发展指数综合得分(41.0404)高于天津的(33.3292)(见图 7.1)。

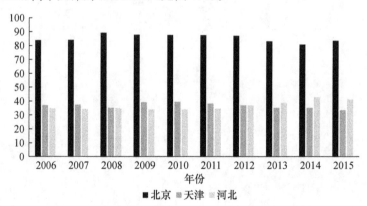

图 7.1　京津冀协同发展中公共服务均等化综合得分

但是从人均视角来看,2015 年天津和河北的发展指数综合得分分别为 38.9732 和 30.8097(见表 6.3),天津的得分远高于河北的,自 2010 年以来河北总体上呈递增趋势,与天津的差距在逐步缩小(见图 6.3)。进一步对比京津冀的人均综合得分可以发现,2014 年之前,天津一直保持较高的人均综合得分增长率,2014 年以后,天津和河北的人均综合得分都呈现下降趋势,只有北京逆势上升,仍保持综合得分的稳步提升。[①]

第二节 京津冀协同发展中公共服务均等化的维度评价

一、从支撑力来看——北京实力最强,天津增长迅猛

就支撑力指数得分而言,天津的上升态势十分明显。就规模的角度而言,京津冀三地处于不同的层级,但差距不大,2015 年支撑力指数得分:北京为 92.8834 分,天津为 77.8784 分,河北为 61.6206 分(见表 6.2),如图 7.2 所示;但从人均视角看,天津远高于河北,2015 年北京为 97.4934 分,天津为 83.3780 分,河北仅为 32.7454 分(见表 6.3)。

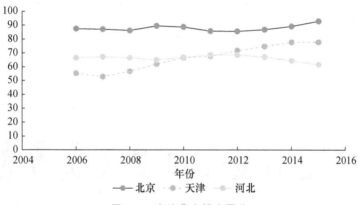

图 7.2 京津冀支撑力得分

支撑力作为一级指标,其受到很多二级指标的影响(见表 6.1),具体有 GDP、人均 GDP、财政收入、城镇化率及地区 GDP 占全国比例等因素。现逐一进行分析。

1. GDP

从 GDP 来看,河北凭借其丰富的土地资源和人力资源等生产要素,在京津冀三地中处于领先地位,其次为北京,最后是天津(见表 7.1 和图 7.3)。

---

① 戚晓旭、何晶彦、冯军宁:《京津冀协同发展指标体系及相关建议》,《宏观经济管理》2017 年第 9 期。

表 7.1　京津冀 GDP　　　　　　　　　　单位:亿元

年份	北京	天津	河北
2006	8 312.60	4 518.94	11 550.39
2007	10 071.90	5 320.68	13 705.36
2008	11 392.00	6 811.52	16 127.82
2009	12 419.00	7 627.52	17 369.60
2010	14 441.60	9 357.64	20 549.05
2011	16 627.90	11 480.32	24 717.28
2012	18 350.10	13 110.87	26 806.75
2013	20 330.10	14 689.94	28 703.35
2014	21 944.10	16 002.98	29 704.09
2015	23 685.70	16 837.86	30 112.32

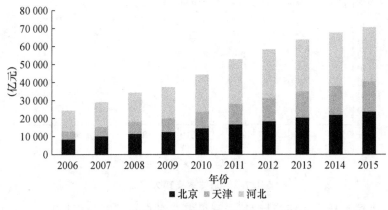

图 7.3　京津冀 GDP

2. 人均 GDP

进一步考虑人均 GDP,即京津冀在核算期间内的 GDP 与其所属范围内常住人口的比值,可以发现:河北巨大的 GDP 体量很大程度上来自其大量的劳动力,人均 GDP 远低于北京和天津,2015 年北京和天津的人均 GDP 分别为 109 100.415 元和 108 842.017 元,相比之下,河北人均 GDP 仅为 40 555.313 元,北京和天津的人均 GDP 是河北的 2 倍有余(见表 7.2 和图 7.4)。

表 7.2　京津冀人均 GDP　　　　　　　　单位:元

年份	北京	天津	河北
2006	51 921.299	42 036.651	16 744.549
2007	60 094.869	47 719.103	19 739.824
2008	64 325.240	57 921.088	23 076.005
2009	66 768.817	62 113.355	24 693.773
2010	73 606.524	72 037.259	28 564.151
2011	82 357.108	84 725.609	34 135.175
2012	88 690.672	92 787.474	36 782.039
2013	96 123.404	99 795.788	39 142.711
2014	101 970.725	105 490.969	40 227.641
2015	109 100.415	108 842.017	40 555.313

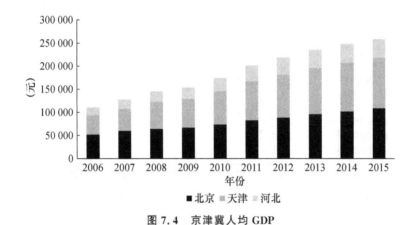

图 7.4　京津冀人均 GDP

3. 财政收入

从财政收入的角度来看,北京与河北的财政收入相差无几,自 2013
年开始出现差距,而天津的财政收入较前面二者就存在一定差距,2015
年北京、天津和河北的财政收入分别为 47 238 600 万元、26 671 100 万元
和 40 651 100 万元(见表 7.3 和图 7.5)。

表 7.3　京津冀财政收入　　　　　　　　单位:万元

年份	北京	天津	河北
2006	11 172 000	9 263 300	12 234 600
2007	14 926 400	12 046 500	15 289 200
2008	18 373 235	14 900 600	18 240 000
2009	20 268 100	18 092 800	20 207 700
2010	23 539 300	10 688 100	24 090 000
2011	30 063 000	14 551 300	30 175 900
2012	33 149 300	17 600 200	34 792 600
2013	36 611 100	20 790 700	36 524 000
2014	40 271 600	23 903 500	37 645 600
2015	47 238 600	26 671 100	40 651 100

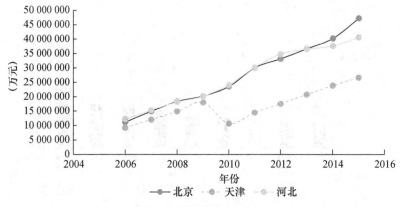

图 7.5　京津冀财政收入

4. 城镇化率

城镇化率是一个国家或地区经济社会发展的重要标志,也是其城市管理和组织水平的体现。北京作为首都,城镇化率达到 86.50% 左右,已经进入了高度城镇化阶段。天津和河北也保持较高的城镇化率增长速度,城镇化率在 2016 年分别达到了 82.93% 和 53.32%。但可以明显看出,河北与北京、天津在城镇化率这一方面仍有较大差距(见表 7.4 和图 7.6)。

表 7.4　京津冀城镇化率　　　　　　　　　　　单位:%

年份	北京	天津	河北
2005	83.62	75.11	37.69
2006	84.33	75.73	38.77
2007	84.50	76.31	40.25
2008	84.90	77.23	41.90
2009	85.00	78.01	43.74
2010	85.96	79.55	44.50
2011	86.20	80.50	45.60
2012	86.20	81.55	46.80
2013	86.30	82.01	48.12
2014	86.35	82.27	49.33
2015	86.50	82.64	51.33
2016	86.50	82.93	53.32

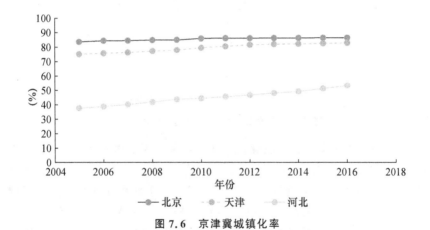

图 7.6　京津冀城镇化率

通过将支撑力的二级指标汇总并求得各自权重后,可以得出京津冀各自在二级指标中的表现力:北京在城镇化率、财政收入和人均 GDP 中表现都十分突出,河北则在 GDP 指标中具有比较优势,而天津在城镇化率和人均 GDP 中具有突出表现(见表 7.5 和图 7.7)。

<table>

| 表 7.5 京津冀支撑力二级指标 | | | 单位:% |
</table>

二级指标	北京	天津	河北
GDP	33.53	23.84	42.63
人均 GDP	42.21	42.11	15.69
财政收入	41.23	23.28	35.48
城镇化率	38.83	37.23	23.94

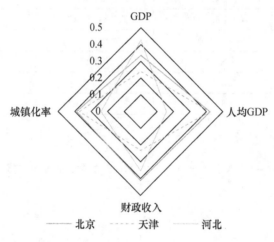

图 7.7 京津冀支撑力二级指标影响汇总

从支撑力指数(人均)变化趋势看,天津正在迅速崛起,河北波动平稳。天津的人均支撑力指数近年来增长很快,从 2006 年的 61.7011 上升到 2015 年的 83.3780,增幅达到 35.13%,远高于北京和河北。与京津两地的快速发展相比,河北的支撑力指数水平一直维持在 30—40,呈现稳定的波动趋势,反映了支撑河北未来发展的基本动力仍需挖掘和有进一步发展的潜力(见图 7.8)。

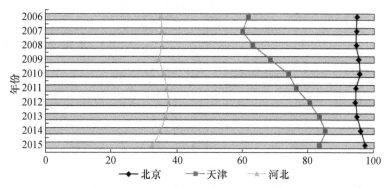

图 7.8　京津冀支撑力指数及其变化(人均)

二、从驱动力来看——北京处于领先地位但增速下降,河北与京津差距较大

从驱动力指数得分来看,北京要比天津和河北高得多。从规模视角看,2015 年驱动力指数得分情况分别为:北京 74.6829,天津 52.9565,河北 48.2427(见表 6.2);从人均视角看,天津略高于北京,但河北与京津差距较大,2015 年北京人均驱动力指数得分为 74.0340,天津得分为 76.3798,河北得分为 14.0034(见表 6.3)。

驱动力指标可以进一步细分为全社会固定资产投资总额、社会消费品零售总额、外贸进出口总额、实际利用外资总额及知识密集型企业数量占比等二级指标,为了深入了解京津冀在驱动力指标上产生的差异,现逐一对上述二级指标进行分析。

1. 全社会固定资产投资总额

全社会固定资产投资是以货币形式表现的建造和购置固定资产活动的工作量及与此有关的费用的总称。固定资产投资额是经济增长的重要动力来源之一,也是扩大社会生产规模、发展国民经济的重要手段。全社会固定资产投资资金来自国家预算内资金、国内贷款、利用外资、自筹资金和其他的资金来源等。京津冀全社会固定资产投资总额如表 7.6 和图7.9 所示。

表 7.6　京津冀全社会固定资产投资总额　　　　单位:亿元

年份	北京	天津	河北
2006	3 296.3757	1 820.5160	5 470.2356
2007	3 907.1967	2 353.1494	6 884.6817
2008	3 814.7000	3 389.8000	8 866.6000
2009	4 616.9000	4 738.2000	12 269.8000
2010	5 403.0000	6 278.1000	15 083.4000
2011	5 578.9300	7 067.6700	16 389.3300
2012	6 112.3700	7 934.7800	19 661.2800
2013	6 847.0572	9 130.2486	23 194.2296
2014	6 924.2346	10 518.1890	26 671.9214
2015	7 495.9934	11 831.9889	29 448.2706
2016	7 943.8925	12 779.3878	31 750.0152
2017	8 370.4360	11 288.9189	33 406.8021

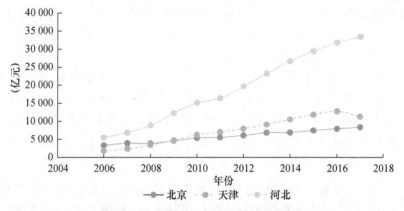

图 7.9　京津冀全社会固定资产投资总额

　　从图 7.9 可以看出,河北全社会固定资产投资总额遥遥领先,而自
2009 年以后天津也超越北京,并有逐年拉开差距的趋势。投资会带来地
区经济发展的活力,考虑到近年来北京疏解非首都功能,北京全社会固定
资产投资总额的下降一部分是由产业转移和产业升级的过渡阶段所
导致。

2. 社会消费品零售总额

根据国家统计局的相关定义,社会消费品零售总额是指企业(单位)通过交易售给个人、社会集团非生产、非经营用的实物商品金额,以及提供餐饮服务所取得的收入金额。尽管有观点认为社会消费品零售总额并不能准确全面反映全社会消费情况,但可以在一定程度上反映全社会消费的变化和全貌。京津冀社会消费品零售总额如表 7.7 和图 7.10 所示。

表 7.7　京津冀社会消费品零售总额　　　　　　单位:亿元

年份	北京	天津	河北
2006	3 295.3000	1 383.1000	3 435.7000
2007	3 835.2000	1 650.6000	4 053.8000
2008	4 645.5000	2 078.7000	4 991.1000
2009	5 387.4596	2 430.8300	5 764.9000
2010	6 340.3000	2 902.5500	6 821.8000
2011	7 222.2000	3 395.0600	8 035.5000
2012	8 123.5000	3 921.4286	9 254.0346
2013	8 872.1000	4 470.4286	10 516.7472
2014	9 638.0000	4 738.6543	11 820.4578
2015	10 338.0000	5 257.2800	12 990.7000
2016	11 005.1000	5 635.8100	14 364.7000
2017	11 575.4000	5 729.6700	15 907.6000

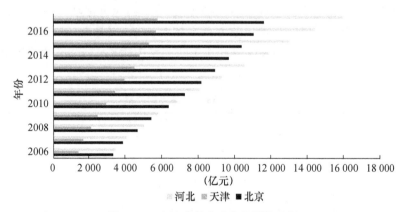

图 7.10　京津冀社会消费品零售总额

从图 7.10 可以直观地发现,河北的社会消费品零售总额遥遥领先于北京和天津,就 2017 年的数据来看,河北、天津和北京的社会消费品零售总额分别为 15 907.60 亿元、5 729.67 亿元和 11 575.40 亿元。

通过对比分析社会消费品零售总额同比变化(见图 7.11),京津冀的增速都是处于逐年下降的趋势,这与我国近年的消费结构升级有一定关系,致使企业活力有所下降,地区经济面临下行压力。而值得注意的是,河北的消费增速从 2015 年以后有逆势增长的趋势。

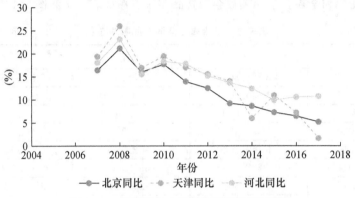

图 7.11　京津冀社会消费品零售总额同比

3. 外贸进出口总额

根据罗伯特逊和诺克斯的"发动机"理论,对外贸易会在各国之间产生特殊的纽带作用,将对外贸易产生的动态效应——减少生产成本和促进规模效应,传递到其他国家,根据凯恩斯的宏观经济学理论,在乘数效应下,对外贸易可以使得国民收入成倍增长,对外贸易是"三驾马车"之一,通过度量对外贸易额可以很好地观察驱动力指标。京津冀外贸进出口总额如表 7.8 和图 7.12 所示。

表 7.8　京津冀外贸进出口总额　　　　　　　　　　单位:万美元

年份	北京	天津	河北
2006	12 020 000	3 103 300	569 688
2007	14 407 337	3 338 900	852 200
2008	21 426 000	3 831 000	1 438 900
2009	16 640 000	3 395 900	1 411 300
2010	24 594 000	4 468 400	1 936 100
2011	33 047 000	5 889 300	2 502 000

（续表）

年份	北京	天津	河北
2012	34 827 000	6 730 900	2 094 400
2013	36 586 000	11 510 100	2 392 000
2014	35 330 640	8 131 574	2 416 946
2015	26 494 583	6 316 404	1 854 284
2016	23 019 000	5 837 000	1 605 000

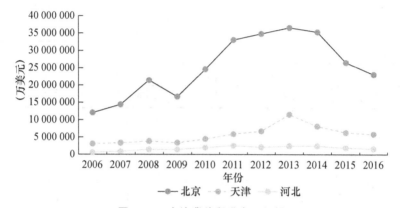

图 7.12　京津冀外贸进出口总额

不难发现，除 2008 年全球金融危机期间及 2013 年之后，京津冀三地的进出口贸易总额都保持逐年上升趋势，考虑近年来中美贸易摩擦持续发酵、美国政府的贸易保护政策和关税壁垒等贸易保护主义抬头，不排除未来进出口总额有进一步下降的可能。对京津冀三地进行比较分析，可以发现：2013—2016 年，北京进出口总额下降幅度较大，绝对量达到 13 567 000 万美元，天津和河北进出口总额降幅分别为 5 673 100 万美元和 787 000 万美元，京津冀三地相对降幅分别达到 37％、49％和 33％。

4. 实际利用外资总额

京津冀在推进协同发展的过程中，面临产业升级、结构转变等问题，深入了解外资投入情况有利于全面分析城市发展主要动力、影响京津冀经济发展方式转变的因素，从长期剖析未来经济发展动力源泉。京津冀实际利用外资总额如表 7.9 和图 7.13 所示。

表 7.9　京津冀实际利用外资总额　　　　单位:万美元

年份	北京	天津	河北
2006	455 191	413 077	201 434
2007	506 572	527 776	241 621
2008	608 172	741 978	341 868
2009	612 094	901 985	359 824
2010	636 358	1 084 872	383 074
2011	705 447	1 305 602	468 095
2012	804 160	1 501 633	580 486
2013	852 418	1 682 897	644 720
2014	904 000	1 886 700	637 000
2015	1 300 000	2 113 400	618 000
2016	1 303 000	2 320 309	735 000

图 7.13　京津冀实际利用外资总额

　　受外商投资青睐的莫过于天津,在这其中,引资项目规模扩大、外资企业增资活跃及第三产业占比大幅提高成为重要特点,外商投资企业良好营商环境和未来发展良好预期是外商投资积极性不断提升的主要原因。相比之下,北京与河北的实际利用外资总额虽然也逐年增加,但增势较缓,未来仍有进一步提升的空间。

进一步考察京津冀实际利用外商投资额的同比变化趋势(见图7.14),2015年是个分水岭,自此之后,北京的外商投资额同比变化率大幅下降,天津的也有小幅缩水,而河北迎来了外资的"春天",转负为正,从2015年的 -3% 变化为2016年的20%。由于我国近年来提出要疏解非首都功能,转移非核心产业,促进北京和天津产业升级,同时,雄安新区的设立使得河北具有许多外资税收优势和未来良好的发展预期,因此,可以预见未来河北的外商投资额会进一步上升,外企活跃度进一步增加。

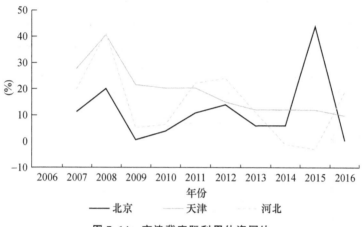

图7.14　京津冀实际利用外资同比

5. 知识密集型企业数量占比

知识密集型企业是一个地区科技发展水平的表现之一,是科技、教育和经济实力等多种因素综合发展的产物,可以看出一个地区未来经济发展的趋势和发展动力。京津冀知识密集型企业数量占比如表7.10和图7.15所示。

表 7.10　京津冀知识密集型企业数量占比　　　　　　　　单位:%

年份	北京	天津	河北
2006	51.66	32.57	15.77
2007	52.46	31.94	15.61
2008	49.93	34.17	15.90

（续表）

年份	北京	天津	河北
2009	47.09	35.54	17.36
2010	46.78	34.65	18.58
2011	45.95	30.99	23.07
2012	42.70	32.98	24.33
2013	41.80	31.27	26.94
2014	41.41	29.99	28.60
2015	39.67	29.13	31.20
2016	40.54	27.18	32.28

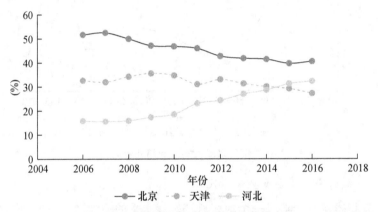

图 7.15 京津冀知识密集型企业数量占比

如图 7.15 所示,知识密集型企业在京津冀地区的分布趋近合理化,即随着时间的推移,京津冀三地的知识密集型企业数量逐步接近并趋同。值得注意的是,北京、天津呈逐年减少的态势,而河北的占比不断增多,于 2015 年超过天津(河北为 633 家,天津为 592 家)。高科技企业的增多意味着未来河北的发展将具有更多内生动力。

通过将京津冀三地在驱动力指标中的五大二级指标的影响力汇总(见表 6.2 和图 7.16),可以直观地看出 2015 年三地在五大方面的各自的优势和掣肘之处:北京驱动力为 74.6829,远高于天津的 52.9565、河北的 48.2427,如此巨大的差距主要来自外贸进出口方面,另外北京在知识密集型企业数量方面也处于优势明显地位;天津则在实际利用外资方面表现突出,在外贸进出口方面表现也尚可,而社会消费品零售和知识密集型企业数量方面较差的表现是其总体得分不高的主要原因,因此开发自身优势、增强自身实力是天津未来的关键所在;河北则在社会消费品零售方面遥遥领先,知识密集型企业的数量也较高,驱动力指数得分低的原因主要是其在实际利用外资和外贸进出口方面仍有提升的空间,因此河北需要从对外经济入手,增强经济发展活力,降低门槛,放宽市场准入吸引外资,进一步提振经济发展动力。

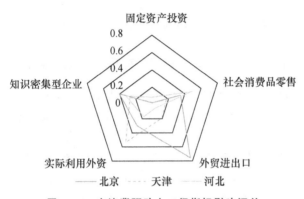

图 7.16　京津冀驱动力二级指标影响汇总

　从驱动力指数(人均)变化趋势看,2006—2015 年北京驱动力指数呈现持续下降趋势,2013 年北京和天津的驱动力得分几乎相同。到 2015 年,天津得分已超过北京,河北驱动力得分仍保持在 10—20 水平区间,起步低、变化区间较小。随着北京非首都功能疏解进程的深入,北京的新旧动能转换,正处于由投资驱动、消费驱动向创新驱动转换的重大机遇期,因此驱动力指数进入短期下降的过渡期。目前,天津、河北仍以投资和出口等传统驱动力为主,主要受钢铁化工、汽车装备、航空航天等现代制造业的大项目投资驱动,但也正在向创新驱动转变,三地均处于新旧驱动力更替的"换挡期"(见图 7.17)。

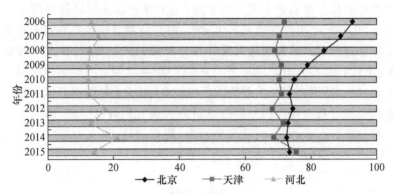

图 7.17　京津冀驱动力指数及其变化（人均）

三、从创新力来看——北京创新优势明显,津冀创新力有所提升

从创新力指数总体水平上看,2015 年北京创新力得分为 100.0000,远高于天津(30.9649)和河北(20.5512)(见表 6.3)。天津和河北的创新力指数在 2013 年之前总体呈上升态势,天津的创新力指数从 2006 年的 32.9638 快速增长到 2013 年的 38.7952;河北的创新力指数起点低、增速快,从 2006 年的 20.8832 快速增长到 2013 年的 28.5343,但近两年天津和河北创新力指数均呈下降趋势。目前北京作为创新中心的地位稳固,天津和河北的创新力与北京还有较大差距。

创新力指标可以进一步细分为每万人发明专利授权量(件)、当年新设立企业数(家)、新增商标注册数量(个)、研发经费支出占全省(市)GDP比例(%)等二级指标。为了深入了解京津冀在创新力指标上产生的差异,现逐一对上述二级指标进行分析如下。

1.每万人发明专利授权量

发明专利是一种无形的知识财产,能通过工业生产和制造转化为现实财富。每万人发明专利授权量是国际通用指标,本书特指京津冀三地平均每万人常住人口拥有的发明专利数量,能很好地体现三地创新力水平与经济发展活力。通过数据对比可以发现:北京在三地中每万人发明专利授权量遥遥领先,2017 年,北京为 49.29 件,彰显了北京作为首都的科研实力和市场应用水平;天津为 26.78 件;而河北仅为 4.51 件,与北京相差 10 倍有余。作为参照,2015 年全国每万人发明专利授权量平均为 6.30 件,同期河北为4.06件,表明河北仍处于全国平均水平之下,有较大发展空间。"创新是引领发展的第一动力",河北应大力倡导自主创新精神,以科技创新助力经济发展。京津冀每万人发明专利授权量如表7.11和图7.18所示。

表 7.11 京津冀每万人发明专利授权量 单位:件

年份	北京	天津	河北
2006	7.02	3.87	0.60
2007	8.92	5.01	0.77
2008	10.02	5.63	0.79
2009	12.32	5.88	0.97
2010	17.08	8.47	1.40
2011	20.25	10.32	6.24
2012	24.41	—	8.54
2013	29.63	16.89	10.07
2014	34.69	—	2.73
2015	—	—	4.06
2016	—	—	4.26
2017	49.29	26.78	4.51

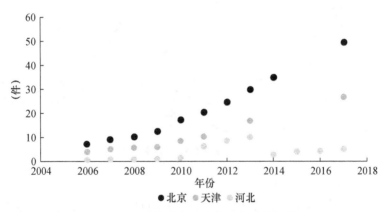

图 7.18 京津冀每万人发明专利授权量

2. 当年新设立企业数

一个地区的新增企业数量能够代表该地区经济持续健康发展的力量,通过对比分析可以发现:北京在 2014 年以前,新增企业数一直保持大幅增长态势,而自 2014 年之后该地区新增企业数开始递减,这与北京产业升级、地区产业结构调整乃至疏解北京非首都功能的国家战略有关。与此相对应的是,天津与河北的新增企业数一直保持高速增长的势头,尤其是自 2014 年之后,新增企业数增速进一步增长,这与承接北京产业转移、地区劳动力和资源优势不无关系。未来,随着产业结构的进一步调整,相信河北和天津的新增企业数会进一步增加(见表 7.12 和图 7.19)。

表 7.12　京津冀新设立企业数　　　　　　　　单位:家

年份	北京	天津	河北
2011	6 999	17 026	18 008
2012	13 252	21 153	25 756
2013	85 150	22 484	47 260
2014	119 073	30 127	62 977
2015	43 856	56 764	99 125
2016	6 528	65 554	123 173

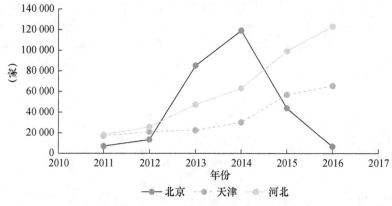

图 7.19　京津冀新设立企业数

3. 新增商标注册数量

商标,作为一种无形资产,是企业重要的自主产权,是推动企业和国家/地区发展的重要经济推动力和战略性资源,能够在一定程度上代表一个国家/地区的整体经济发展实力和未来发展潜力。通过对京津冀三地的新增注册商标数对比分析可以发现:三地的新增注册商标数都处于逐年递增的态势,尤其是 2012 年之前北京和天津的新增注册商标数呈现井喷式增长,其中,2012 年北京同比增长了 85.12%,天津同比增长了 229.82%。近年来,三地新增注册商标数逐渐稳定,各自稳定在一定的区间内(见表 7.13 和图 7.20)。

表 7.13　京津冀新增注册商标数　　　　　　　　　单位:个

年份	北京	天津	河北
2009	4 905	1 293	3 076
2010	7 478	3 010	3 274
2011	10 906	3 994	7 034
2012	20 189	13 173	7 841
2013	19 210	16 302	9 171
2014	19 916	16 832	9 929
2015	20 024	16 721	10 396

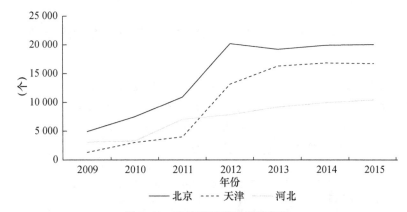

图 7.20　京津冀新增注册商标数

总体而言,北京凭借其国家政治与文化中心地位,在新增注册商标数方面表现优异,天津涨幅最大,这与天津(滨海新区)的注册优惠政策,较为完善的商标培养、发展、服务和保护的工作机制及奖励机制密不可分。河北的新增注册商标数较少,这意味着河北企业的产业附加值和产品知名度较低,未来有较大提升空间。

通过对京津冀三地创新力的二级指标影响力进行汇总(见图7.21),可以直观地发现三地在二级指标上各自的优势和未来亟须完善之处:北京在专利和注册商标数量方面表现优异,这说明北京在创新力上得到高分主要是由于其企业质量,而非新增企业的数量取胜,这与北京产业升级与产业转移和创新驱动的发展模式密切相关;河北创新力得分较低,表明河北未来需在提升企业质量上多下功夫,一味提升企业数量并非最好的策略;天津总体表现中规中矩,未来提升创新力的突破口也许可以参考北京,重在质量而非数量。

图 7.21　京津冀创新力二级指标影响汇总

四、从凝聚力来看——北京呈下降态势,天津平稳上升,河北明显不足

从人均视角来看,2015 年北京凝聚力指数得分(86.7988)远高于天津和河北的得分(56.4987 和 42.9811),但在 2006—2015 年,北京与天津的凝聚力呈现平稳发展态势,略有小幅波动,河北凝聚力有所提高,但与北京、天津相比仍有较大差距(见图 7.22)。

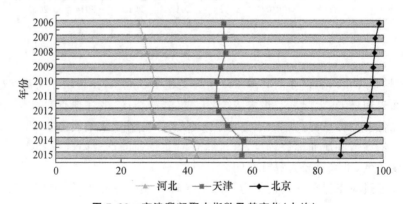

图 7.22　京津冀凝聚力指数及其变化(人均)

凝聚力指标可以进一步细分为每百人公共图书馆藏书、城镇人均可支配收入占人均 GDP 比例、在岗职工平均工资水平、人均道路面积、万人拥有公交车辆、每千人拥有执业医师数、每千人拥有医疗机构床位数、教育经费占财政支出比例、建成区绿化覆盖率等二级指标,为了深入了解京津冀在凝聚力指标上产生的差异,现逐一对上述二级指标进行分析如下。

1. 每百人公共图书馆藏书

公共图书馆承担着社会文化和教育作用,是居民和广大结束校园教育的民众不断提升知识技能的场所,一个地区藏书量是其福利水平和公共设施的完备性的体现。通过表 7.14 和图 7.23 可以看出:北京的每百人公共图书馆藏书量远超天津和河北,2016 年北京为 286.65 册,天津为 115.62 册,而河北仅为 27.30 册,同期全国平均水平约为 70.00 册。可见,河北在公共藏书量和藏书种类方面需要进一步提升,背后折射的是购书经费不足、专业人才缺乏等问题,需要从制度和财政经费上入手,从而服务更多的人群,保障公民文化权益、提升全民素质、提升城市文化品味,达到塑造城市人文精神的目的。

表 7.14　京津冀每百人公共图书馆藏书　　　　　　　单位:册

年份	北京	天津	河北
2006	235.85	87.91	19.59
2007	235.08	92.38	20.79
2008	231.51	94.13	20.75
2009	234.84	97.07	18.10
2010	235.12	96.84	22.39
2011	250.07	99.96	97.51
2012	268.54	103.96	26.89
2013	251.35	100.14	26.88
2014	260.27	105.34	28.50
2015	273.74	109.70	29.63
2016	286.65	115.62	27.30

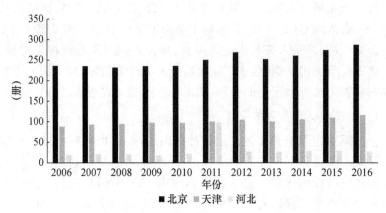

图 7.23　京津冀每百人公共图书馆藏书

2. 城镇人均可支配收入占人均 GDP 比例

城镇人均可支配收入占人均 GDP 比例指居民家庭全部现金收入能用于安排家庭日常生活的那部分收入占人均 GDP 的比例。GDP 主要包括政府、企业和居民三方面的收入,该指标越高,表明该地区居民收入的部分越高,人均 GDP 越能反映该地区的平均生活水平,体现资源分配更加公平、有效。从表 7.15 和图 7.24 可知,河北的这一比例最高,天津最低,北京居于二者之间,这说明相对而言,天津的资源分配更加不合理,人民的生活福利水平并不如其人均 GDP 显示的处于高位。未来,天津应该进一步提高城镇人均可支配收入,着力减少税收、增加政府转移支付等。

表 7.15　京津冀城镇人均可支配收入占人均 GDP 比例　　　　单位:%

年份	北京	天津	河北
2006	43.34	36.72	65.00
2007	40.89	37.17	62.49
2008	42.92	36.10	61.26
2009	45.82	37.66	63.46
2010	45.17	36.91	60.17
2011	45.46	35.11	57.37
2012	46.99	35.36	59.50
2013	47.83	35.62	61.65

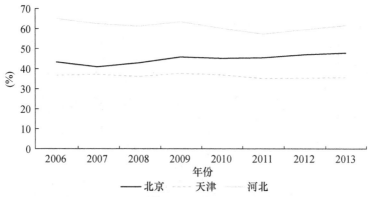

图 7.24　京津冀城镇人均可支配收入占人均 GDP 比例

3. 在岗职工平均工资水平

在岗职工平均工资水平是衡量地区收入水平的最基本指标。如表 7.16 和图 7.25 所示,京津冀三地的在岗职工平均工资水平都呈现逐年增长的态势,三地的工资增长率也基本保持在同一水平,但可以看到,随着时间的推移,2016 年京津冀三地的工资差距(北京高出河北 65 762 元)远超过 2006 年工资差距(北京高出河北 23 527 元),这说明京津冀三地的工资差距正在逐步拉大,未来这种趋势有进一步加大的趋势。

表 7.16　京津冀在岗职工平均工资　　　　　　　单位:元

年份	北京	天津	河北
2006	40 117	28 683	16 590
2007	46 508	34 938	19 911
2008	56 328	41 748	24 756
2009	58 140	44 992	28 383
2010	65 683	52 963	32 306
2011	75 835	55 636	36 166
2012	85 306	65 398	39 542
2013	93 960	68 820	42 532
2014	103 400	73 839	46 239
2015	113 073	84 187	52 409
2016	122 749	87 806	56 987

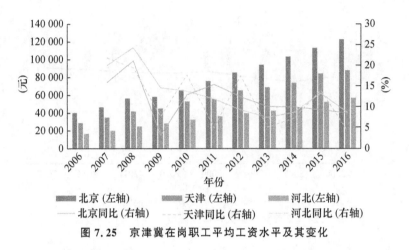

图 7.25 京津冀在岗职工平均工资水平及其变化

4. 人均道路面积

人均道路面积又称"人均道路占有率",以城市道路总面积与城市人口总数之比表示,最能反映一个城市的交通拥挤程度。如表 7.17 和图 7.26 所示,河北最低,天津最高,即河北的交通拥挤程度最低,天津的拥挤程度最高,北京居中。考虑到近年来,各地尤其是二线城市的"人才大战"等吸引人才流入的政策,天津、河北等拥堵程度可能会进一步加大,北京由于其高昂的生活费用及严格的户籍门槛,未来几年的拥挤程度将会保持在一定水平波动。

单位:平方米

表 7.17 京津冀人均道路面积

年份	北京	天津	河北
2006	4.53	7.38	2.60
2007	4.55	6.97	2.87
2008	5.05	7.82	3.07
2009	4.93	6.81	3.33
2010	4.79	7.05	3.70
2011	4.54	7.75	3.89
2012	6.53	8.22	3.95
2013	6.56	8.45	4.07
2014	6.43	8.66	4.08
2015	6.59	9.06	4.25
2016	6.59	9.26	4.45

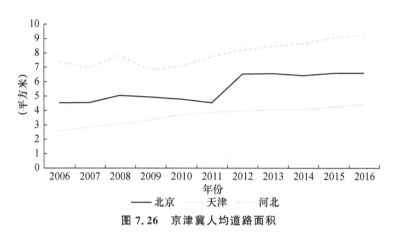

图 7.26　京津冀人均道路面积

5．每千人拥有执业医师数、医疗机构床数

执业医师指《医师执业证》"级别"为"执业医师"且实际从事医疗、预防保健工作的人员，不包括实际从事管理工作的执业医师。执业医师类别分为临床、中医、口腔和公共卫生四类①，是衡量地区医疗水平的指标之一，将该指标与地区常住人口数相比，即可得到该地区每千人职业医师数；每千人医疗机构床位数是指医院、卫生院床位数与该地区常住人口的比值。根据报道，2018 年全国平均每千人职业医师数为 2.40 人，值本文即将完成之际，相关数据仍未具体公布，因此无法获知京津冀三地 2018年最新数据，但值得注意的是，北京在每千人医疗机构床位数指标上也处于遥遥领先的地位。京津冀 2006—2016 年医疗资源情况如表 7.18 和图7.27、图 7.28 所示。

表 7.18　京津冀医疗资源

年份	每千人医疗机构床位数（张）			每千人执业医师数（人）		
	北京	天津	河北	北京	天津	河北
2006	4.91	3.62	2.38	3.31	2.10	1.18
2007	4.79	3.56	2.60	3.28	2.13	1.21
2008	4.63	3.50	2.83	3.33	2.02	1.23
2009	4.56	3.41	3.04	3.35	2.08	1.35
2010	4.38	3.39	3.20	3.15	2.04	1.41

①　中华人民共和国统计局。

（续表）

年份	每千人医疗机构床位数（张）			每千人执业医师数（人）		
	北京	天津	河北	北京	天津	河北
2011	4.34	3.30	3.43	3.24	2.02	1.44
2012	4.48	3.46	3.66	3.37	2.00	1.51
2013	5.45	3.60	3.90	3.43	2.01	1.59
2014	4.78	3.92	4.06	3.50	2.04	1.64
2015	4.82	4.04	4.31	3.70	2.17	1.73
2016	5.06	3.95	4.52	3.88	2.27	1.84

图 7.27　京津冀每千人执业医师数

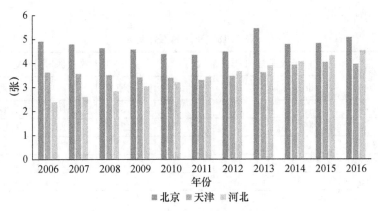

图 7.28　京津冀每千人医疗机构床位数

当下，随着经济的发展和人民生活水平的提高，人们对于健康问题及医疗资源更加看重,北京强大的医疗资源保证了居民的健康生活,有利于吸引人才流入及提升北京凝聚力;河北的医疗资源则较为匮乏,需吸引专业医疗人才和队伍,打破医疗卫生资源配置不均和卫生系统效率低下的问题,未来仍有较大提升空间。

6. 教育经费占财政支出的比例

教育经费是指地方财政部门的财政预算中实际用于教育的费用,而其占地方总财政支出的比例度量了该地区对于教育的重视程度和支持水平。从表7.19和图7.29可以看出,近年来,京津冀对于教育经费占财政支出的比例逐年趋于稳定,在15%—20%的范围内波动。当然,考察绝对指标更有助于全方位了解事物,通过调查2006—2015年京津冀三地的教育经费可知:在2006年,北京的教育经费分别是天津和河北的3.532倍和1.608倍,该指标于2015年变化为1.720倍和1.007倍,这表明从教育投入上来看,三地投入总量的差距在逐渐缩减。进一步加入学生总人数因素,即考虑人均教育投入,北京巨大的教育优势和资源就显示出来,进而导致地区间贫富差距和人才流动加剧等问题,这些差别短期内难以改变,未来期待国家层面的资源分配机制的改革。

表 7.19　京津冀教育经费占财政支出的比例　　　　　　　单位:%

年份	北京	天津	河北
2006	37.03	27.25	27.53
2007	19.72	24.58	29.23
2008	20.81	15.62	23.78
2009	20.22	14.33	24.16
2010	19.48	18.11	21.79
2011	18.90	16.64	20.49
2012	20.01	19.49	21.02
2013	16.56	22.74	23.65
2014	13.99	19.76	22.02
2015	19.02	19.57	19.28

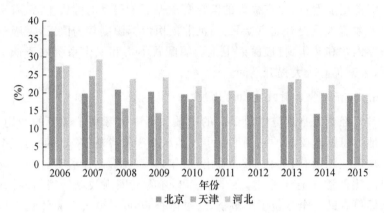

图 7.29 京津冀教育经费占财政支出的比例

7. 建成区绿化覆盖率

党的十八大提出了"大力推进生态文明建设"的战略决策,在党的十九大报告中又指出,要加快生态文明体制改革,建设美丽中国。可见,生态文明是我国的一项重要战略,关系人民生活健康水平和幸福水平。表7.20 和图 7.30 给出了全国和京津冀三地平均建成区绿化覆盖率的数据,城市建成区绿化覆盖率是衡量城市环境质量和居民生活福利水平的重要指标。可以发现:北京的建成区覆盖率最低,甚至没有达到全国平均水平,但是呈现逐年上升趋势,并接近全国平均水平,随着北京城市规划文件的进一步出台,绿化覆盖率会进一步提升;相比之下,天津的建成区绿化覆盖率最高,且上升趋势明显,这与当地的政策(《天津市城市绿化条例》)及当地"津派园林特色"的城市定位有较大关系;河北则略高于全国平均,表现中规中矩。

表 7.20　京津冀建成区绿化覆盖率　　　　　　　单位:%

年份	中国	北京	天津	河北
2006	35.10	37.00	44.40	35.60
2007	35.30	37.50	36.20	36.50
2008	37.40	——	37.20	38.70
2009	38.20	30.30	47.70	40.00
2010	38.60	32.10	——	42.70
2011	39.20	34.50	45.60	42.07

（续表）

年份	中国	北京	天津	河北
2012	39.60	34.88	46.20	40.98
2013	39.70	34.93	47.10	41.20
2014	40.20	34.93	47.40	41.93
2015	40.10	36.38	48.40	41.15
2016	40.30	37.22	48.40	40.80

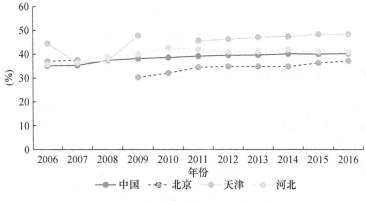

图 7.30　京津冀建成区绿化覆盖率

通过将以上分析的二级指标影响力汇总（见图 7.31），可以直观地看出京津冀在凝聚力指标方面得分的深层次原因：北京的优势主要来自其大量的藏书水平、在岗职工平均工资水平和高质量的医疗水平。藏书背后代表的是其对于城市文化品位的把握和塑造，以及对于人民文化权益的保护；而工资水平高是因为北京的人力资本回报率较高，根据宏观经济学，这意味着北京劳动力的劳动生产率较高；丰富的医疗资源也为北京在凝聚力方面得到高分助力良多。天津的优势主要来自建成区绿化水平和人均道路面积，这意味着天津在城市规划方面有着独特的定位和发展理念，规划较好，宜居水平也较高。河北优势项较少，只有城镇人均可支配收入占人均 GDP 比例指标表现较佳，但该相对指标并不能绝对反映人民收入水平和福利水平等，未来河北在城市规划、教育、医疗等方面仍有较大空间，潜力较大。

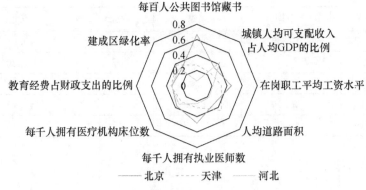

图 7.31　京津冀凝聚力二级指标影响汇总

五、从辐射力来看——北京辐射力最强,河北快速上升,天津有待提升

从规模视角来看辐射力,河北高于天津,2015 年北京辐射力指数得分为 75.8704,天津为 15.9156,河北为 46.0945(见图 7.32);从人均视角来看辐射力,2015 年北京辐射力指数得分为 77.7648,河北为 37.8719,天津为 15.4442。北京的辐射力不仅远高于天津、河北,而且稳步上升,反映了北京作为区域"核心"的地位,辐射作用突出。从辐射力(人均)指数变化趋势看,河北的辐射力迅速上升,而天津自 2009 年以来显著下降(见图 7.33),反映了天津的辐射作用和影响力与其作为区域中心城市的地位不相称,辐射力有待提升。

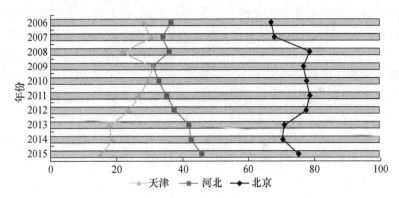

图 7.32　京津冀辐射力指数及其变化(规模)

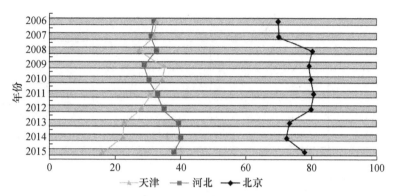

图 7.33　京津冀辐射力指数及其变化(人均)

辐射力指标可以进一步细分为技术市场成交额、货物周转量、旅客周转量、金融机构存款余额、金融机构贷款余额、入境游客数等二级指标。为了深入了解京津冀地区在辐射力指标上产生的差异,现逐一对上述二级指标进行分析。

1. 技术市场成交额

技术市场成交额是指登记合同成交总额中,明确规定属于技术交易的金额,即从合同成交总额中扣除所提供的设备、仪器、零部件、原材料等非技术性费用后的实际技术交易额。该指标能有效地度量科技成果转化效果和知识产权交易服务平台效力。从表 7.21 和图 7.34 中可以发现,河北的技术市场成交额最高,2016 年为 32 887 338 万元,同期北京和天津分别为 19 633 537 万元和 9 476 309 万元。值得注意的是,在 2014 年之前,天津的成交额一直是高于北京的,但 2015 年以来出现下滑的态势。未来天津应该大力培养技术经纪人队伍,解决科技成果转化的难点、痛点,形成成熟的线上线下相结合的科技成果转移转化服务体系,全力促进科技成果转化,为经济增长助力。

表 7.21　京津冀技术市场成交额　　　　　　　单位:万元

年份	北京	天津	河北
2008	9 748 899	13 021 809	21 477 409
2009	9 587 897	16 950 260	23 860 329
2010	13 361 048	24 140 635	28 569 446
2011	12 644 635	23 694 625	30 269 347

（续表）

年份	北京	天津	河北
2012	14 758 912	18 055 824	32 690 641
2013	16 825 906	22 353 534	31 320 274
2014	17 269 172	13 134 276	32 185 013
2015	17 682 427	5 055 366	21 511 702
2016	19 633 537	9 476 309	32 887 338

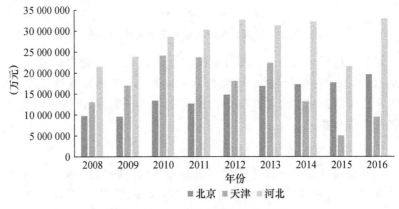

图 7.34 京津冀技术市场成交额

2. 货物周转量

货物周转量是指在一定时期内,由各种运输方式实际完成的运量和运距复合计算的货物总运输量。该指标综合反映一定时期内国民经济各部门对货物运输的需要及运输部门为社会提供的货物运输工作总量。[1]从表 7.22 和图 7.35 中可以看出,北京的货物周转量一直处于低位,2009年之前保持在 500 亿吨·公里左右,2011 年迎来了 94.6% 的增速达到999.6 亿吨·公里,然后从 2014 年一直开始回落,到 2017 年达到 700.3亿吨·公里的水平。在 2011 年及之前,天津都是保持远高于河北和天津的货物周转量,自 2011 年之后河北开始急剧上升,同期天津则不断缩减,2013 年的同比变化率为 −60.51%,2017 年为 −15.73%,而河北基本保持在 10% 的增速水平稳步增长。

---

① 王文元、夏伯忠:《新编会计大辞典》,辽宁人民出版社 1991 年版。

表 7.22　京津冀货物周转量　　　　单位:亿吨·公里

年份	北京	天津	河北
2006	423.1	12 184.0	5 157.4
2007	449.0	15 221.0	5 507.0
2008	454.2	14 479.0	5 209.0
2009	441.2	10 102.0	5 981.6
2010	513.7	9 859.0	7 673.1
2011	999.6	10 337.3	9 840.5
2012	1 001.1	7 844.1	10 844.8
2013	1 051.1	3 097.4	12 003.8
2014	1 036.7	3 602.4	12 968.8
2015	901.4	2 519.2	12 024.9
2016	825.0	2 302.0	12 339.3
2017	700.3	1 939.9	13 383.6

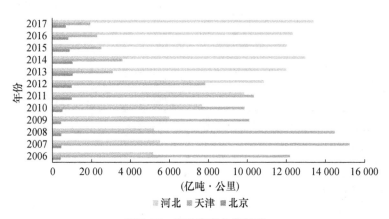

图 7.35　京津冀货物周转量

河北作为我国的文物大省,又是京畿要地,铁路、公路货物周转量居全国领先水平。2013 年京津冀一体化上升为国家战略,河北省住建厅发布《河北省城镇体系规划(2016—2030 年)》,明确将河北打造成"两翼、四区、五带、多点"的城市空间新格局,其交通枢纽的作用也更加得到加强。

3. 旅客周转量

旅客周转量反映交通部门一定时期内旅客运输工作量的指标,是指旅客人数与运送距离的乘积。通过表 7.23 和图 7.36 可以直观地发现,北京在 2017 年出现了大幅增长(同比变化率达到 665.43%),进一步查询数据可以发现,主要是民航客运量的大幅增长(1 786.61 亿人次·公里)。而天津和河北各自维持在 200—300 亿人次·公里和 1 200—1 300亿人次·公里。

表 7.23　京津冀旅客周转量　　　　单位:亿人次·公里

年份	北京	天津	河北
2006	825.45	163.41	1 068.57
2007	960.35	183.80	1 165.28
2008	1 042.00	196.12	1 236.65
2009	1 146.48	297.66	1 043.30
2010	1 399.54	323.12	1 172.86
2011	412.33	285.10	1 306.58
2012	421.16	314.66	1 369.20
2013	254.04	267.09	1 434.76
2014	273.93	246.74	1 276.66
2015	279.43	252.30	1 213.21
2016	268.49	262.05	1 238.12
2017	2 055.10	527.86	1 282.70

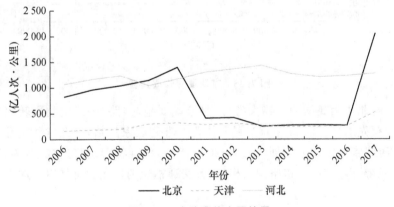

图 7.36　京津冀旅客周转量

4. 金融机构存款余额

金融机构存款余额是指居民个人和企业在银行的存款额,反映该地区的储蓄率水平和对资金的吸附能力,也是衡量地区民富的重要指标。根据投资储蓄恒等式,储蓄的多少直接影响投资额的大小,长期来看,根据新古典经济学,会影响该地区发展潜力和经济增长及长期的福利水平。从表7.24和图7.37中可以直观地看出,北京的存款余额最高,河北次之,天津相对来说最低。而从人均来看,北京人均存款(12.9万元)也是位列全国第一,同时从增速来看,北京也高于天津和河北,可以预见,未来三地的存款余额差距会进一步加大。

表 7.24 京津冀金融机构存款余额 单位:万元

年份	北京	天津	河北
2014	—	—	—
2013	879 906 000	226 846 000	—
2012	778 760 000	196 756 800	—
2011	698 838 733	171 975 100	295 637 700
2010	644 539 000	164 993 000	260 990 000
2009	569 601 000	138 871 100	225 024 000
2008	439 810 000	99 541 600	178 447 000
2007	377 000 000	82 421 000	144 742 800
2006	337 930 000	65 319 400	126 758 600

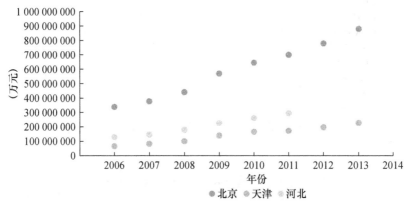

图 7.37 京津冀金融机构存款余额

5. 金融机构贷款余额

随着金融调控的加码和金融去杠杆的深化,金融机构贷款增速有所下滑,但近年来开始回升,根据中国人民银行《2018 年金融机构贷款投向统计报告》,北京、天津企业中长期贷款增速提高,小微企业贷款增长较快,工业和服务业中长期贷款增速上升,表明我国的供给侧改革持续发力,三地经济正在转向高质量发展。京津冀 2006—2014 年金融机构贷款情况如表 7.25 和图 7.38 所示。

表 7.25　京津冀金融机构贷款余额　　　　　　　　　　单位:万元

年份	北京	天津	河北
2006	181 320 000	51 069 400	74 801 900
2007	198 620 000	65 440 000	84 864 800
2008	230 110 000	76 891 200	95 067 400
2009	310 529 000	111 522 000	132 841 100
2010	295 638 000	137 741 000	157 557 400
2011	317 912 900	152 421 700	181 439 900
2012	345 179 846	173 920 600	—
2013	404 639 000	194 533 000	—
2014	454 587 000	217 160 000	275 938 000

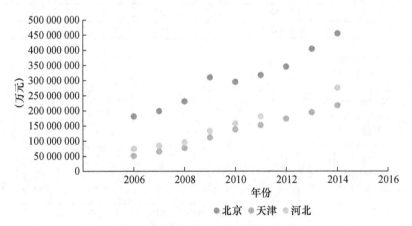

图 7.38　京津冀金融机构贷款余额

6. 入境游客数

入境游客包括入境旅游者和入境一日游游客。入境游客数是衡量一个国家或地区旅游业综合实力与国际竞争水平的基础指标。近年来由于受到旅游产业综合发展带动,以及签证便利化、国际航线加密、免退税业务落地、系列旅游年活动开展等正面因素的积极拉动,入境旅游市场实现了持续稳定增长,市场结构已显露优化趋势,国际旅游顺差进一步扩大,未来入境旅游市场将进一步扩大。京津冀三地中,北京自 2011 年之后,入境游客数逐渐小幅缩减,河北和天津则在小幅增加,2016 年京津冀三地分别为 416.53 万人、82.43 万人、147.59 万人(见表 7.26 和图7.39)。

表 7.26 京津冀入境游客数　　　　　　　　　　　　单位:万人

年份	北京	天津	河北
2006	390.30	88.10	72.48
2007	435.50	103.23	81.76
2008	379.00	122.04	75.02
2009	412.50	141.02	84.22
2010	490.10	166.07	97.74
2011	520.40	73.06	114.14
2012	500.90	73.75	129.32
2013	450.10	75.86	133.76
2014	427.50	76.63	132.86
2015	419.96	78.48	138.18
2016	416.53	82.43	147.59

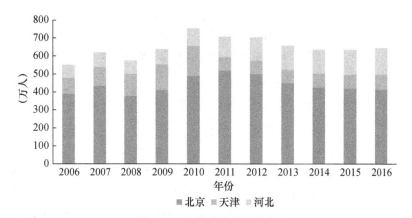

图 7.39 京津冀入境游客数

通过将以上分析的二级指标影响力汇总(见图 7.40),可以直观地看出京津冀在辐射力指标方面得分的深层次原因:北京在入境游客数、存贷款余额及旅客周转量方面表现优异,其影响力分别达到 64.42%、47.97%、59.91% 和 53.16%,这与北京旅游城市的特征密不可分,也解释了北京在辐射力方面得分最高。河北则在货物周转量和技术市场成交额上影响力较高,分别达到 83.52% 和 53.05%,具体来看:2017 年河北技术合同总签订量增长 60%,输出技术合同同比增长 14.63%,吸纳技术合同同比增长 16.61%,而在全省成交的技术合同中,新能源与高效节能、农业和先进制造三个领域合同位居成交额前三。同时,相关政策和特殊的地理优势也赋予了河北货运强大的增长动力。天津在各项指标中表现欠佳,这也解释了为什么其在辐射力指标中得分最低,未来天津需在旅游、货运等方面挖掘自身潜力,提升辐射影响力。

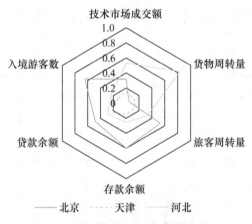

图 7.40 京津冀辐射力二级指标影响汇总

第三节 京津冀协同发展中公共服务均等化的空间评价

随着京津冀三地一批重大改革创新工程和试点示范工程的全面实施,京津冀协同发展取得显著进展。一是有序推进北京非首都功能疏解。非首都功能疏解是手段,区域协调发展是目标,北京应该优先疏解既能减轻自身压力又能带动周边发展的功能和项目(文魁,2014)。截至 2016 年年底,共有 350 家北京低端交易市场迁至天津和河北,北京产业正在与天津、河北有序对接,一般公共服务业的疏解工作持续开展。二是交通、生态、产业三大重点领域率先突破取得积极进展,如"四纵四横一环"的交通骨架、张承地区生态保护与修复、重点企业与合作平台在河北落户等。三是重点领域改革创新加快推进,如投资京津冀城际铁路、突破医疗保险转移接续和异地就医服务障碍、北京自主创新相关试点改革向津冀有条件的园区溢出等。四是三地逐步打破行政区划壁垒,整体性增强,逐步形成北京以着力构建"高精尖"的产业结构和服务业为主体的经济结构(魏丽华,2016),天津以创新引领转型发展并密切与京冀合作,河北以化解优势富余产能、推进结构调整、强化创新驱动来培育形成新的增长点。根据本研究指数(人均)的测度结果,自 2013 年以来,三地的各项指数得分呈现较为明显的变化态势。这说明京津冀协同发展进程明显加快,协同发展取得诸多成效,三地在协同发展中表现出各自的优势和特点。[1]

1. 北京:非首都功能疏解成效显著,成为三地创新发展的核心

自 2013 年以来,北京的各项指数变化明显,综合发展水平进一步提升。首先,发展指数综合得分(人均)从 2013 年的 82.3247 上升到 2015 年的 83.8742,支撑力指数得分从 2013 年的 94.7888 上升到 2015 年的 97.4934,经济实力连续得到提升。其次,非首都功能疏解进展尤为突出。凝聚力指数得分(人均)从 2013 年的 95.0326 骤降至 2015 年的 86.7988,辐射力指数得分(人均)由 2013 年的 73.1840 上升到 2015 年的 77.7648。最后,北京的全社会固定资产投资增速呈下降态势,现代服务业和战略新兴产业的产值占比不断上升。同时,近年来北京的创新力指数与津冀相比始终保持绝对优势,已经成为支撑三地创新发展的核心驱动力。

2. 天津:驱动方式正处于转型升级阶段,凝聚力明显提升

近年来,天津的 GDP 增速达到 9% 左右,经济保持了相对较高的增长速度,优势在于驱动力与凝聚力。在驱动力方面,驱动力指数得分(人均)从 2013 年的 72.5404 增长到了 2015 年的 76.3798;在凝聚力方面,凝聚力指数得分(人均)从 2013 年的 51.7968 增长到了 2015 年的 56.4987。目前来看,天津经济发展仍以大项目投资为主,驱动方式与创新驱动的要

---

[1] 戚晓旭、何晶彦、冯军宁:《京津冀协同发展指标体系及相关建议》,《宏观经济管理》2017年第 9 期。

求还存在差距。随着京津冀协同发展与非首都功能疏解,北京以中关村园区为代表的高新技术园区在天津的布局,在一定程度上带动了天津发展方式的转型升级。另外,北京"控增量,调存量"的疏解策略使得部分人才尤其是应届毕业生出现外溢现象,加之天津的公共服务水平、基础设施建设和城镇居民收入的改善使得天津的凝聚力得到明显提升。

3. 河北:驱动力得到改善,创新力是短板

河北的驱动力指数得分(人均)从 2013 年的 13.5233 增长到 2014 年的 21.7865,到了 2015 年有所下降,为 14.0034;凝聚力指数得分(人均)从 2013 年的 29.8116 增长到了 2014 年的 41.7640,2015 年又增长到了42.9811。这说明京津冀协同发展战略提出以来,巨大的政策效应使得河北作为非首都功能主要承接地的驱动力和凝聚力得到很大提升,但非首都功能疏解目前尚缺乏完善的配套政策,导致河北在驱动力和凝聚力方面出现一定程度的反复。河北的创新力与京津相比严重不足,这可能与河北现有的以重化工业为主的资源密集型产业结构有关。

对于河北省而言,无论是在理论研究还是在实务中,大多认为河北应正视自身资源劣势,实现与北京和天津两地的互补式发展,本质上来讲,这种定位和发展方向是对服务资源政策的一种妥协,这种发展方式并没有切中问题本源,会进一步拉大河北与北京和天津两地的差距。从根源上来看,公共服务政策差距是导致京津冀三地发展失衡的重要制度原因,这造成了河北地区大量人才的流失,因此,如何消除京津冀三地公共服务政策差距是实现其协同发展的关键所在。[①]

本章小结

本研究基于衡量定位目标、监测协同进程、测度承载状况的考虑,构建京津冀基本公共服务均等化发展指标体系,重点研究发展指数,包括支撑力、驱动力、创新力、凝聚力和辐射力五个维度。

从支撑力来看,北京实力最强,天津增长迅猛;从驱动力来看,北京处于领先地位但增速下降,河北与京津差距较大;从创新力来看,北京创新优势明显,津冀创新力有所提升;从凝聚力来看,北京呈下降态势,天津平

---

① 王梦甜:《公共服务政策差距对京津冀协同发展的制约机制探讨》,《经济管理者》2016年第 24 期。

稳上升,河北明显不足;从辐射力来看,北京辐射力最强,河北快速上升,天津有待提升。

随着党中央、国务院和京津冀三地一批重大改革创新工程和试点示范工程的全面实施,京津冀协同发展取得显著进展,协同发展取得诸多成效,三地在协同发展中表现出了各自的优势和特点:北京——非首都功能疏解成效显著,成为三地创新发展的核心;天津——驱动方式正处于转型升级阶段,凝聚力明显提升;河北——驱动力得到改善,创新力是短板。

第八章 京津冀协同发展中公共服务区域差距的制约机制

上一章对京津冀的公共服务的总体指标,以及从评价公共服务均等化的支撑力、驱动力、创新力、凝聚力和辐射力五个方面对京津冀公共服务的均等化进行了详细的分析与描述,本章将从产业、财税、生态和人力资本四个方面对京津冀协同发展中公共服务区域差距的制约机制进行探讨与研究。

第一节 京津冀协同发展中公共服务区域 差距的产业制约机制

产业的升级与对接是带动区域经济协同发展的重要纽带。随着京津冀一体化趋势的逐渐加深,三者的城市定位也逐渐明晰,如北京、天津必然是向工业化后期逐渐转变,知识密集型和资金密集型产业将逐渐占主导,河北主要解决优势过剩产能,并对北京、天津的高科技成果进行转换和产业化生产。

在实践中,北京和天津的知识密集型企业占比逐年下降,分别从2006年的51.66%和32.57%下降到2016年的40.54%和27.18%,而同期河北的知识密集型企业占比从15.77%上升到32.28%,比例超过天津,与北京的差距逐渐缩小。其次2006—2016年三地第三产业GDP贡献率均大幅上升,第二产业占比逐渐下降,其中河北的第二产业GDP贡献率下降最为明显,第二产业对河北GDP的贡献率在2016年仅为29.3%,低于同期天津的43.2%,北京、天津工业产值占比下降的同时河北并未能完全承接其产业转移(见图8.1)。京津冀的产业布局实施程度有限,目前制约京津冀产业一体化的主要原因在于以下两个方面。

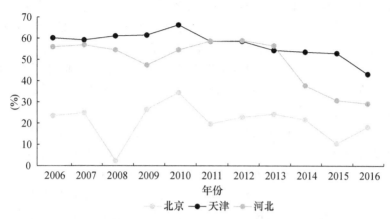

图 8.1　京津冀第二产业 GDP 贡献率

1. 产业链对接有限,上下游产业协同性不强

对于环抱京津二市的河北本应在地理上对接京津产业具有天然的优势,却一直无法发挥该优势,其主要的原因在于:一是行政区划分将京津冀切割成了三个"片段",形成了区域行政壁垒,阻碍京津冀产业链的形成,各级政府长期扮演着矛盾双重角色,一方面作为京津冀一体化的主要推动力量,促进三地产业合作、互帮互助;另一方面各地政府"官本位"思想严重,各级政府之间的联系不足,均以发展各自的 GDP 为主,而忽视了区域整体产业的发展。二是企业"大而全"的经营格局进一步阻碍了产业链的形成,京津冀聚集了大量的国企,是国内国有资本占比最高的区域之一,而国企本身追求"大而全",自成体系,这使得其余本产业区域内的其他企业难以形成专业、标准和配套化的分工协作体系。相比而言,长三角、珠三角的民企居多,民企常常都选择整合自身资源全力去发展主业,与周边区域能更好地共生与互补,形成高效的产业链条。同时北京和天津的产业结构非常类似,经济竞争的动机强烈而开展互补合作的动机很低,两者均为直辖市,相距 137 公里,呈现独有的"双子星座"态势,加上两者行政体制分割造成了利益冲突,由此带来区域经济主体之间的协调较少、竞争多于合作、区域壁垒,两者之间没有摆正关系,导致产业结构严重趋同。

目前京津冀三地进行了大量产业协作和项目对接工作,但在对接深度上还急需加强,远未实现一体化的产业分工协作体系,产业链上下游体系还没有形成有效啮合。对于优势产业、支柱产业的对接,河北近年最主要的产业是钢铁工业、装备制造业、石化工业、食品工业、纺织服装业、建材工业、医药工业,其支柱行业与京津的对接深度不足。其次京津两个城市各种产业发展快,产业定位较高,但是河北的产业定位却较低,区域内产业链残缺造成了产业间的传递落差较大,甚至形成了产业"悬崖",而不像长三角与珠三角区域之间产业链落差不大、衔接较好,可以形成完善的产业链,助推区域发展。

对于河北,产业转移也并非完全无害,一方面,有的产业是受到京津环保政策的限制而转移到河北,如果河北不严加管制,可能会吸引一批污染环境的企业,这种产业虽然短期来看增加了就业,拉动了 GDP,但从长远来看是以牺牲环境为代价,是得不偿失的;另一方面,京津转移的产业多数是劳动密集型产业,技术含量较低,这些企业往往工资成本在生产成本中占比较大,而河北政府如果为了吸引这些企业直接投资,采取低价出让土地和过度减免税收等政策,可能会引起国家利益的流失,并且当优惠取消时企业可能会考虑迁移到其他条件更优惠的地方。因此必须认识到产业转移的局限性,河北不能简单地成为京津的产业基地和加工基地,而应该接受先进的、科技含量高的产业辐射,做好对于高科技研究成果的转换和标准化生产。

2. 税收政策差异影响京津冀产业布局

我国税权相对集中,各地拥有不同的税收优惠政策。各地税源竞争方面的"马太效应"长期存在,富有地区出台更多税收优惠政策争取税源,而贫困地区为了短期税收收入制定的税收优惠政策反而力度较差。虽然近年来,《国务院关于清理规范税收等优惠政策的通知》和《国务院关于税收等优惠政策相关事项的通知》等相关文件相继下发用来规范各地税收优惠政策,但长期以来形成的违规税收政策,因为多年财税体制积弊,清理起来较为困难。2016 年 6 月,工信部会同北京市人民政府、天津市人民政府、河北省人民政府共同制定了《京津冀产业转移指南》,对三地产业进行布局,协同产业布局成为京津冀协同发展的核心内容。为了保证产业转移实施就必须梳理三地的税收优惠政策,调整现有的税收结构,填平京津的"税收洼地",如果三地税收优惠力度依然保持京津冀依次递减,那么河北产业结构调整的区位优势将不会出现。

第二节　京津冀协同发展中公共服务区域差距的财税制约机制

　　财政政策主要通过税收、补贴、赤字和国债等方式来调节经济的运行,不仅是政府进行反经济周期调节的工具,更是配置资源、公平分配和促进社会公平的主要手段。而京津冀由于政府之间相对独立,政府各项政策更倾向于本地经济的发展,这也长期制约了京津冀公共服务均等化的发展。

一、区域政策法规的缺位与冲突,缺乏横向财政转移支付机制

　　京津冀基本公共服务均等化建设中缺乏统筹化的法律法规引导,使得三地公民享有公共服务差异较大,公共服务在管理体制、支持政策、建设标准、设施容量和质量等方面不能有效地衔接。虽然中央层面上已经发布了《京津冀协同发展规划纲要》,但在地方层面上,由于公共服务与财政收入水平、人才配置等方面息息相关,三地难以出台有针对性的政策文件,区域政策法规缺失,这会导致以下问题:一是会导致生产制度的空白,使京津冀三地公共服务程序和标准不清晰、不统一,严重影响区域间的对接,对资源要素自由流动具有较大限制作用;二是区域政策法规缺失会导致三地政府在推动公共服务均衡化方面缺少依据和手段,难以确保公共服务协同发展相关工作的有效落实;三是地方法律法规的缺失严重影响公共服务政策的权威性,难以对政府等公共服务供给主体形成激励和约束。

　　一般国家通常按照"效率出自市场,公平经由政府"的逻辑界定政府的公共职责,而我国改革开放以来为了尽快改变经济落后的面貌,加快各地经济发展,鼓励各地发展自身经济的积极性,实行了连续多年的效率导向型财政体制。在处理公平和效率关系的财政体制选择上,秉承的是"效率优先、兼顾公平"的指导思想,突出财政体制中的竞争和效率导向。这种效率导向型的财政体制对我国的发展是功不可没的,但也忽视了地方合作问题,拉大了地方财政经济的差距,且地方间缺乏横向财政转移支付机制。具体到京津冀,三地之间财源和财政收入的竞争还有别于一般地方竞争的特殊性,实质上是一种存在京津对河北的不平等的利益争夺。

北京作为"龙头"城市对津冀辐射作用强,但聚合作用却明显不足。在过去的发展中,上海对长三角、香港与深圳对珠三角都产生了正拉动效应,而北京对于津冀确是负拉动效应,大量资源与资金绕过津冀落地于北京,过度集中在北京城六区,却没有反哺区域经济,资源要素在北京形成集聚后,没有发挥辐射作用,因此形成了环首都贫困带。京津冀的财政经济发展差距也是河北服务京津长期输送资源而得不到相应利益补偿的结果。河北长期输送给京津的水资源制约了本来就处于水资源匮乏状态的当地经济的发展,而未得到足够的利益补偿;长期承担保护京津周边生态环境任务及相应财政支出的责任,均未得到相应的利益补偿,还挤占了河北经济性、民生性的财政支出。这极大地影响了河北的经济发展与民生的改善,也未得到京津的横向转移支付,而中央到地方的转移支付只能部分实现地区间的财政均衡,对于缩小区域间的差距作用微乎其微。

二、财税体制不合理,各级政府事权和财权不统一

我国长期以来的财税体制的不合理也是制约京津冀公共服务一体化的重要原因。首先,在分灶吃饭的财政体制下,地方政府主要负担各自的公共服务供给,北京、天津具有资源叠加和功能多样化的优势,其经济发展快速,在公共服务供给过程中也能够获得充足的财政支持。而对于河北来说,受制于缓慢的经济发展和薄弱的资源等不利因素,难以保证公共服务的有效支出,以 2017 年为例,京津冀的人均财政收入(地方公共财政预算收入/当地常住人口)分别为 2.50 万元、1.48 万元、0.52 万元,三地人均公共财政存在巨大落差,天津和河北分别仅为北京的 59.2% 和 20.8%。其次,对于公共服务缺乏重视,在 GDP 导向下,地方政府面临巨大的经济增长压力,过分关注经济建设而轻视了公共服务,在公共服务过程中会影响 GDP 增长而加重财务负担,从而导致地方财政政策往往不重视公共服务。最后,跨区域投资税收分配制度进一步拉大了京津冀的财政差距。随着总部经济的快速发展,跨区域投资税收分配法律法规的不完善使得在财税分配时存在倾向于照顾总部机构所在地地税利益而轻视分支机构投资所在地地税利益的现象。北京集中了大量经济总部机构,在首都产业向外围疏散的过程中,财政经济相对落后的河北在接纳分支机构落户本地的同时,分支机构的税收还会不断地流向财政经济富裕的北京,进一步加大了区域间的财政差距。在北京产业不断向外围腹地疏散的大背景下,虽然京津冀达成了多层次的跨区投资的税收分享机制,即便是最有利

于分支机构所在地税收分享50％的办法也与属地征收全部流转税、优先征企业所得税的一般原则相差甚远。如果不能改变这种局面，客观上仍然会存在京津剥夺河北的财政利益，拉大地区间财政差距，损害京津冀平等获取公共资源权利的不合理现象。

同时我国各级政府在事权和财权方面均存在不相称的现象。我国中央和地方对基本公共服务支出分担比例严重失衡，中央拥有大部分财权但对于基本公共服务承担的责任较少。地方政府则相反，缺乏足够财权却承担大部分公共服务的供给，这就造成了中央和地方的事权与财权的不匹配。严重的责权不统一增加了地方基本公共服务供给的难度，影响了地方间公共服务的均等化水平。这种财政分权的体制也会造成基本公共供给的不足，客观上造成区域公共服务供给不均。京津冀同样面临这样的问题，三地公共服务各成体系，供给标准不统一，且三地横向转移支付制度不健全，加剧了区域、城乡间的公共服务均等化的困难，京津经济发展水平较高且作为直辖市又有较多的权力优势，这就导致了京津的公共服务供给明显好于河北的。

三、政绩考核制度的偏差，公共服务供给方式单一

GDP导向的绩效考核体系一直存在，地方政府的公共服务职能不凸显，近年来，各地加快服务性政府建设，探索服务型政府的考核制度。然而，受到政府之间绩效考核体系难以建立和权责不清等问题影响，当前政府政绩考核制度仍然是GDP主导，严重抑制了政府公共服务职能的形式，同时这种考核制度没有考虑地区之间的功能定位差异，导致地方政府更加青睐于争取项目来促进经济的发展，而不是从区域整体的角度出发，从而使得京津冀无序竞争加剧，难以实现协调发展。此外，地方政府绩效考核大多主要参考地方经济社会发展水平及财政状况，而缺乏公共服务均等化等评价指标与评价标准相关的评估政策，对于公共服务供给没有总体的布局和目标，也未建立公共服务共建共享的机制，地区之间的衔接和流转较为缺乏。京津冀仍未建立完善的区域公共服务均等化的绩效评估体系、公众评价体系及相应的行政问责制等，对于地方政府缺乏激励和约束。

同时京津冀公共服务供给单一，缺乏市场化供给。长期以来我国公共服务基本是政府主导，政府集决策者、提供者和监督者于一身，但对于公众的需求偏好了解并不深。这种单一供给模式与治理的机制会引起上

级决策同基层执行、集中供给同多元化需求的矛盾,削弱公共服务均等化理念,还可能导致基本公共服务总体不足与局部浪费并存的局面。此外,该模式排斥社会的其他组织与市场力量的接入,影响基本公共服务多元化。政府单一供给公共服务容易忽略公众偏好,也可能因缺乏竞争机制而降低公共服务供给的效率和质量,而价格机制为核心的市场也不能使公共服务生产与供给达到最优,市场提供公共服务供给可能出现市场失灵。目前京津冀的公共服务供给仍较单一,市场化水平不足,而区域经济社会多元化的发展趋势较为明显,公众公共服务需求增加,必然产生不同的需求层次与偏好差异,加剧均等化需求整合难度,对政府能力提出了更高要求。

第三节　京津冀协同发展中公共服务区域差距的生态制约机制

生态环境保护是生态文明建设的核心,然而过去几十年快速的城市化进程给京津冀地区的生态环境造成了巨大的压力,严重制约了区域的可持续发展,生态环境保护也已经成为"京津冀协同发展"率先突破的领域,目前京津冀地区合作生态补偿实践存在诸多问题和难点。

一、缺乏完善的生态环境补偿机制

我国长期以来在生态环境补偿方面的法律制度与具体操作的法律法规建设滞后,虽然有许多省市试点,但是缺乏相关的法律保障,市场发育不健全,生态补偿机制还不是很完善,补偿缺乏动态的调整机制。多年来,河北张家口和承德地区尽其所能为京津提供水资源,但上下游之间现有的生态补偿机制仍不健全,补偿标准未按照市场化方式进行科学的计算,上下游的矛盾不断加大。如北京按照 550 元/亩的标准进行"稻改旱"补偿河北地区农民的收益损失,但仍然低于直接种植水稻收益,损害了农民的利益,部分农民因此出现了政策性返贫的现象。又比如上游地区人造林的成本已经攀升到 800—1 500 元/亩,但国家的补助只有 300 元/亩。国家对集体林、国有林年补助标准分别为 10 元/亩、5 元/亩,而北京的补偿标准为 20 元/亩。补偿标准的不一致加剧了上下游之间生态保护和经济发展的矛盾。

同时,补偿未能形成长效机制,随意性较强。水资源的保护和生态的建设是一个长期的综合系统性工程,张家口和承德对京津两地水资源安全的保障做出的牺牲也是长期的,虽然京津过去对河北做出了许多援助性的补偿,但是这些补偿都不是以水资源补偿的名义做出的,而是以其他项目来体现的,这些项目多属于临时性动议,不能弥补河北所承受的损失,同时这些援助并不固定,未能形成长效机制。

二、缺乏统一完善的法律制度环境和有效的协调与合作组织机制

京津冀跨区环境合作治理方面缺乏法律依据已经成为三地相关部门合作治理时的主要障碍之一。到目前为止,我国法律涉及地方政府间合作的规则与条款非常少,尚无完整的法律来对区域环境治理进行规定,我国法律对涉及的省际合作条款,尤其是对省(市)横向地方政府间的合作法律条例几乎空白,相关规定只是在不同法律法规中提到,且仅仅是规范各级政府在治理区域公共事务中所扮演的角色。我国在这方面法律法规立法中往往只注重实体法立法,缺乏程序法,引用到实际问题时往往不具有可操作性,导致地方政府间无法合作。以目前最严重的水污染跨区治理为例,目前只能依据的法律是《中华人民共和国水污染防治法》,该法第十条规定要建立跨行政区的机构防止水污染,但这种规定仅仅是原则上的,而不具有可操作性。这就会导致地方政府合作治理跨区问题上动力不足,一旦合作不成功就找不到相关法律法规解决问题。因此目前跨区域的合作还基本是靠政府间的承诺或者协议来维持,是一种非制度的合作机制,缺乏对地方政府合作进展状况的有效监督和制约机制,使得跨区域环境污染问题无法得到有力保障。

跨区域的环境治理有效合作不仅需要制度环境配合,还需要合作实施的相关组织者进行协调。而当前京津冀跨区域环境合作组织确实明显,表现在缺乏制度化的机制与组织。目前的地方政府环境合作多停留在会议层面,基本上靠当地官员合作推动,缺乏制度化机制与组织;同时缺乏权威的政府协调机构。虽然在逐步推行分权化改革,但在多数公共事务管理方面横向政府间互动较少,起实质作用的仍是垂直的纵向政府运作机制,尽管针对重要地区设置了统一管理机构,但这些管理机构权威性受到质疑。即使可以从全局出发,但是这样的机构缺乏行政与经济的干涉权利,往往能做的仅仅是调查研究和协调工作,无法统一指挥,做到全局规划与管理。

三、区域间政府协调机制缺失，政策信息不对称

在京津冀生态环境治理政策协调上，各行政区表现出内驱力普遍不足，驱动力度不一。在治理理念方面，"官本位"思想较为普遍，区域利益和权利代内不公平比较严重，缺乏区域整体意识和公共产品合作共建意识，缺乏"商本位"下的市场推动机制，只顾追求短期的效应导致较弱的可持续发展，过度注重 GDP 增长，而不注重生态的保护，存在较强的"搭便车"心理；在面对区域环境问题方面，京津冀三地政府治理心态是应对型、运动式的，甚至需要中央政府直接干预才会共同行动。在利益平衡方面，"理性经济人"思想普遍存在于地方政府，利益是政策协调的驱动力，也是政策协调的目的。由于区域环境治理会影响到京津冀三地财政税收，三地政府积极性并不高。尤其是在区域大气污染治理政策协调方面，三地政府"共荣性利益"较弱，存在利益诉求不一致的状况。例如，2014 年环保部公布京津冀钢铁企业治理名单中，京津冀的数量分别为 0 家、17 家和 379 家。河北在执行大气治理时利益会很大程度受损，而京津的驱动力则不强，如果缺乏完善的大气治理污染补偿机制，利益因素将对京津冀生态治理的主动性产生巨大影响。

公共政策问题从形成与认定到备选方案设计与筛选，再到公共政策合法化都需要大量信息作为支撑。然而各地政府组织可能为了自身利益，出于对官员自身政绩、地方利益和责任的规避等考虑可能形成利益博弈，为了获得博弈优势可能会实施政策信息屏蔽或者封锁等行为，最终导致政策协调时的信息不对称。对信息的获取途径来说，京津冀未能形成一致的环境信息公布机制，且具体的细节公布也有所隐蔽，出现信息不对称情形。以大气污染为例，尽管京津冀三地都实现了国家与地区间的实时数据传输，但地区间横向数据分享较少，彼此无法准确得知各地排位状况和治理的力度，"搭便车"现象严重，进而无法突破"公地悲剧"困境，区域政府间政策的协调失去了意义，最终导致京津冀区域的大气污染问题始终得不到有效解决。另外，三地政府出于自身和地方利益考虑，导致有效的政策制定信息无法充分地流动，"信息孤岛"现象较为明显，导致各地制定的政策也呈现碎片化特征。作为区域性公共问题，如果整个政策的制定过程缺乏必要沟通与协调，碎片化的格局可能导致制定出的政策不协调，最终不利于京津冀的生态治理整体性要求。

第四节 京津冀协同发展中公共服务区域
差距的人力资本制约机制

人才是推动区域发展的重要力量,能够给区域经济发展注入更多活力,带来更多的发展机遇。目前京津冀的人才极不平衡,京津高质量的公共服务供给不断吸引河北的人才流向京津两地,2016 年京津冀本科以上人口占比分别为 32.9%、19.5%、6.57%,北京的人才"虹吸效应"非常明显。

一、公共教育资源配置不均,教育发展水平差距显著

在教育资源方面,2014 年京津冀每百万人拥有的普通高校数量分别为 4.14 所、3.29 所、1.57 所,三地的高校资源差距明显,导致人才的培养差距较大;在小学生与中学生的师资占比方面差距同样较为明显,2015年京津冀平均每个小学老师教育的学生数分别为 14.35 人、14.98 人、17.59 人,中学老师这一比例分别为 8.62 人、9.92 人和 13.58 人,对于小学、中学和大学的教育资源京津冀都表现出了较大的差距。对于公共教育支出方面,人均教育经费差异显著,2014 年河北人均教育经费为 1 462.9元,低于 2 398.5 元的国家平均水平,而同期北京和天津分别为 5 044.5 元、4 063.6 元。且河北的教育经费占财政支出的比例还在不断下降,从 2006年的 27.53% 下降到 2015 年的 19.28%,对于教育的重视程度和支持水平不断下降。在教育经费的占比中,2015 京津冀财政性教育经费占教育经费的比例分别为 69%、78%、96%,河北的教育经费绝大多数来自财政支出,教育经费差距可能会进一步引起三地教育资源差距的增加;而在三地教育质量方面差距更为明显,北京拥有 8 所世界一流大学建设高校,21所一流学科建设高校;天津有 2 所世界一流大学建设高校,3 所一流学科建设高校;而河北目前世界一流大学建设高校数为 0,一流学科建设高校的数量仅为 1 所,且办学地点还在天津。同时河北在教育理念和教学方式方面也较为落后,北京与天津更注重综合教育模式,注重学生综合素质的提升。在高考难度方面,2017 年京津冀三地的高考参考人数分别为6.06 万人、5.7 万人和 43.62 万人,一本录取率为 30.50%、24.10%、14.55%,985 高校录取率为 4.29%、5.81% 和 1.49%,京津考生的竞争

压力明显小于河北,教育资源分布极度不均衡(见表 8.1)。

表 8.1　京津冀教育资源状况

项目	北京	天津	河北	年份
每百万人拥有普通高校数(所)	4.14	3.29	1.57	2014
小学师生比(老师=1)	14.35	14.98	17.59	2015
中学师生比(老师=1)	8.62	9.92	13.58	2015
财政性教育经费占教育经费比例(%)	69	78	96	2015
人均教育经费(元/年)	5044.5	4063.6	1462.9	2014
世界一流大学建设高校(所)	8	2	0	2017
一流学科建设高校(所)	21	3	1	2017
高考人数(万人)	6.06	5.7	43.62	2017
一本录取率(%)	30.50	24.10	14.55	2017
985 高校录取率(%)	4.29	5.81	1.49	2017

因此,无论是在教育资源、教育经费支出还是教育质量方面,京津冀之间都存在巨大的落差,从而加大各地人力资本的差距;优秀的教育资源、教育质量及更低的高考竞争难度又会吸引人才集聚京津,形成"马太效应",加剧了公共服务供需"紧平衡"状态,阻碍教育资源在京津冀的跨区流动与有效衔接。

二、公共服务差距与户籍制度阻碍人才流动

人才培养差距导致京津冀地区人力资本差距较为明显且有逐渐扩大的趋势,公共服务差距也是引起京津冀人力资本差距的重要因素。2015年京津冀三地基本公共服务均等化发展指数综合得分(人均)分别为83.8742、38.9732、30.8097,差距十分明显,而在具体的公共服务方面,三地医疗、养老方面的差距也十分明显。

2017 年京津冀的人均财政收入(地方公共财政预算收入/当地常住人口)分别为 2.50 万元、1.48 万元、0.52 万元,三地人均公共财政存在巨大落差,天津和河北分别为北京的 59.3% 和 29.0%。财政收入也是地方提供公共服务的根本,较大的财政收入差距也是导致公共服务供给差距的因素之一。对于医疗资源,2016 年京津冀每千人医疗机构床位分别为5.06 张、3.95 张、4.52 张,每千人职业医师数分别为 3.88 个、2.27 个、

1.84 个;对于医疗质量而言,2016 年京津冀每万人拥有三级医院数量分别为 3.2 家、2.9 家和 0.9 家,2015 年医疗机构医疗卫生机构急诊病死率分别为 0.07%、0.08%、0.18%,而三地居民医疗保险的人均保费分别为 1381 元、804 元和 464 元;在养老公共服务方面差异悬殊,2015 年,京津冀每千人社会服务事业费分别为 102.3 万元、49.1 万元和 24.3 万元,天津和河北分别为北京的 48.0% 和 23.8%(见表 8.2)。

表 8.2　京津冀公共服务状况

项目	北京	天津	河北	年份
人均财政收入(万元)	2.50	1.48	0.52	2017
每千人医疗机构床位(张)	5.06	3.95	4.52	2016
每千人职业医师数(人)	3.88	2.27	1.84	2016
每万人拥有三级医院(家)	3.2	2.9	0.9	2016
医疗卫生机构急诊病死率(%)	0.07	0.08	0.18	2015
城镇居民医疗保险人均保费(元)	1381	804	464	2015
每千人社会服务事业费(万元)	102.3	49.7	24.3	2015

　　三地在医疗和养老方面都存在较大差距,且京津冀作为三个独立的社会经济体系,在其发展过程中为了满足当地社会经济发展的需要,在基本公共服务领域都制定了各自的地方性法规,以自身利益最大化为出发点的制度壁垒会使教育、医疗、养老、社会保险等公共服务在地区间的自由流动受到阻碍,从而也会阻碍人才在京津冀的流动。另外出于追求自身福利性,河北和天津的居民肯定会选择社会性公共服务资源相对更丰富的北京,也会引起河北和天津的人才流失。而人口压力的加大会促使北京限制人口落户,从而又进一步引起河北和天津的高端人才流向北京。

　　同时户籍附加福利损害了公平服务的公平性,阻碍了人才流动。户籍在我国常常是附加福利,被当作地方政府保护主义的工具。在京津冀这种附加的福利更明显,差异也更显著,这种差异也阻碍了基本公共服务均等化的发展。户籍制度的存在使得京津冀三地公民在医疗、教育、就业等方面存在严重不平等,而京津户籍所带来的附加福利是历史原因及政府强制力所带来的,而不是靠辛勤劳动得来的。这些附加福利导致了京津冀之间社会经济文化差距逐渐加大,阻碍了京津冀公共服务均等化进程。户籍制度对于人才也非常不公,户籍福利大多是靠政府财政补贴取

得的经济福利、靠政府强制力取得的社会和政治福利。京籍人口与非京
籍人口承载利益不平等,非京籍人口为北京的发展做出巨大贡献的同时
却难以取得户籍,难以享受与京籍人口同等的待遇。

公共服务的差距也会导致北京的人才不愿意到河北和天津工作。这
可能会出现产业转移的同时人才不能转移、产业结构优化升级的同时人
才结构不能升级的问题,不仅会阻碍京津冀人才一体化战略的实施,而且
会使得产业转移、结构优化的效果降低,最终成为影响京津冀协同发展的
重要因素。

本章小结

本章从产业、财税、生态和人力资本四个角度探讨了京津冀公共服务
差距的制约机制。在产业方面,京津冀产业链的对接有限、上下游产业间
的协同性不强及优惠税收的差异对京津冀的产业布局产生了一定的影
响;在财税方面,区域政策法规的缺失和冲突,横向财政转移机制的缺失、
财税体制的不合理性及各地事权与财权的不统一、政绩考核制度的偏差
等对京津冀财政的差距和公共服务的供给产生了重大影响;在生态环境
方面,完善的生态环境补偿机制的缺失、统一完善的法律制度环境和有效
的协调与合作组织的缺乏、区域间政府协调机制的缺失导致京津冀的生
态环境治理一直得不到较大的改善,进一步限制了京津冀公共服务的均
等化;同时公共教育资源配置、公共服务的差距与户籍制度的存在也阻碍
了京津冀间人才的流动,形成"马太效应"。这些问题的存在如果得不到
及时解决,京津冀公共服务均等化将长期受限,因此需要从不同的角度提
出创新性的解决办法才能够逐步实现京津冀公共服务的均等化。

第三部分

京津冀协同发展中公共服务政策供给机制的创新

第九章　京津冀产业协同机制

第一节　京津冀产业协同机制创新的政策背景

2014年至今，京津冀产业协作取得了显著进展，园区（或基地）对产业的承接能力显著提升，交通等基础设施条件大为改观，但就产业协作现状而言，河北经济发展相对滞后，因而产业协作主要是以"非首都功能"承接为主，加之北京的优势地位极为突出，因而京冀之间的产业协作成为三地产业协作的"主角"。

"一带一路"倡议和京津冀协同发展战略的推出，将京津冀三地的贸易紧密联系起来，增强了区域产业的整体竞争力，有利于发挥各地区的产业优势，更有利于利用境外资源和国际影响力，促进京津冀协同发展，推动各地优势产能的国际合作进程。这也是中国对外开放的重要平台，以首都为核心的京津冀世界级城市群建设是与强国战略相适应、应对复杂国内外形势的重要举措。如何通过协调对外开放提升京津冀的国际影响力，使京津冀成为信息流、技术流、商业流、人才流、物流合一的世界级枢纽，将对中国在目前全球经济体系中的主导权与话语权产生直接影响（见表9.1）。

表 9.1　2017 年以来京津冀产业协同现状

城市	产业协作	园区建设	运输物流网络体系
北京	推进曹妃甸首钢京唐二期等重大项目建设；支持中关村与天津、河北的协作共建；加强生物医药和汽车制造等领域与河北的合作	推进天津滨海—中关村科技园区的建设工作；推进曹妃甸协同发展示范区等合作园区的建设工作；引导绿色产业项目向张承生态功能区布局；推进张北云计算产业基地等园区建设工作	依托京台、京港澳等高速公路，京津、京唐等城际铁路，北京地铁平谷线，实现与津冀的互联互通

（续表）

城市	产业协作	园区建设	运输物流网络体系
天津	吸纳北京创新资源和优势产业；打造京津国家级创新主轴；与河北共建高端产业发展带	深化部市、院市合作，共建一批研发机构和创新平台，推进天津滨海—中关村科技园、未来科技城京津合作示范区、国家大学创新园区等建设工作	依托京滨、京唐等城际铁路；重点推进津石等高速的建设工作，打造京津冀一小时通勤圈
石家庄	与中关村共建集成电路产业基地；推动大唐电信等合作项目竣工投产；积极承接京津装备制造、电子信息、生物医药、轻工食品等产业转移	与京津合作共建一批产业技术创新和科技成果孵化转化基地；与京津知名院校、科研机构和企业，推动京津冀"产学研"联盟良好发展	依托京石等城际铁路及京昆、石家庄绕城等高速公路，实现与京津及本省各地级市的互联互通
保定	与京津在文化、教育、卫生等领域展开广泛合作；推动汽车、新能源等重点产业的合作	依托重点优势领域组建产业技术创新联盟；加快推进徐水大王店汽车产业园等产业基地的建设工作；努力将白洋淀科技城建设成为国家自主创新示范区、京津冀创新成果转化基地、世界级的科技创新产业平台；推进白沟"京津冀现代智慧商贸物流产城融合示范区"的建设工作；与京津知名院校、科研机构合作共建产业创新中心	依托京石高铁、津保等城际铁路及京港澳、张石等高速公路，打造京津保地区一小时交通圈
唐山	与北京新能源环卫汽车等产业进行合作	与北京合作共建曹妃甸协同发展示范区；与天津合作共建津冀（芦台—汉沽）协同发展示范区	依托京唐等城际铁路实现与京津的密切联系
承德	深化与京津在新能源、文化旅游、健康养老、教育医疗、商贸物流等领域的合作	推进京津绿色有机食品直供地、中国北方最大的食用菌生产销售集散地和河北省燕山中药材经济核心示范区等建设工作；围绕建设"国家绿色大数据中心"，依托中关村大数据产业联盟，以中国电子信息生态科技城及承德高新区大数据产业园为平台，加快打造"六大基地"	依托津承铁路、承平等高速公路和北京城际公交（丰宁、滦平、兴隆三县）实现与京津的密切联系

（续表）

城市	产业协作	园区建设	运输物流网络体系
廊坊	与京津签订战略合作协议，推进交通、产业、生态等领域的务实合作；推进永清国际服装城的建设工作；积极承接京东华北订单处理中心、微软游戏创新中心、中国社科院考古基地等高端转移项目	推进石保廊全面创新改革试验和京南科技成果转化试验区的建设工作；与高校及科研院所合作共建重大科技项目中孵化等基地；推进中关村软件园廊坊创新中心等合作项目；加快中国（河北）博士后成果转化基地和全国智能机器人创新联盟京津冀总部的建设工作；加快建设科技研发创新成果转化引领区、战略性新兴产业和现代服务业聚集区、京津冀全面创新改革试验区、北京非首都功能集中承载地	依托京廊通勤铁路、京唐等城际铁路；京沪、津保高铁；密涿等高速公路；北京地铁平谷线，加强与京津两地及河北其他地级市之间的密切联系
沧州	深化与京津科研院所合作，共建产业园区和科技成果孵化基地，打造承接京津科技资源转移、转化的集聚区	推进汽车产业园、激光产业园、生物医药园、通用航空城和再制造产业基地等园区的建设工作	—
衡水	以交通、生态环保、产业三个领域为突破口，精准承接非首都功能疏解；吸引威克多制衣等京津企业在本地落户；与北京秋实食品、红螺食品进行项目合作	推动"蓝火计划"衡水基地和北京、天津两个众创空间的建设工作；支持承接全国纺织产业转移试点园区的未来发展；重点抓好衡德综合物流园、衡东物流园、新发地农副产品物流园、安平内陆港等物流园区和工业新区、滨湖新区两大承接京津产业转移平台	构建高铁、城际、轨道、高速、航空等互联互通交通网络，构建京津冀区域核心都市的二小时、一小时交通圈
邢台	—	推动威县与顺义、沙河与房山、市开发区与通州合作共建园区	—
邯郸	积极开展"走进百家央企"活动；完成新兴凌云（央企）碳酸氢钠项目的整体外迁工作；与京津两地在教育、医疗、旅游等多领域的合作不断深入推进	推动中科院邯郸科技园和冀津循环经济示范区的建设工作；打造京津先进制造业转移承接地、食品工业扩能首选地、优质医疗教育资源合作优选地和旅游目的地	—

（续表）

城市	产业协作	园区建设	运输物流网络体系
秦皇岛	在农业方面与北京顺鑫集团实现多领域合作；积极承接首都经营性服务机构和首都金融机构、区域总部等功能转移；重点承接京津高端技术人才、高新技术产业孵化和成果转化功能；谋划建设天津自贸区功能分区，强化与北京物流企业合作	推进现代物流结算中心、临港物流基地和现代物流产业承接平台的建设工作；支持中关村—秦皇岛分园的未来发展；依托现有软件产业研发基础，建设京津冀服务外包基地；打造京津冀滨海高端商务区和对外开放新平台；打造京津农产品交易功能承接和供应平台；推进中科院技术成果转化基地等项目的建设工作	努力实现京秦"一小时通达"；促进秦皇岛港与"三北"腹地的互联互通；依托承秦铁路、高铁、京秦高速二通道及北戴河新区支线等项目，实现与京津、冀中南的密切联系
张家口	推进北京华电中科LED等重大项目的建设工作；加强与北京医疗机构的合作，打造高端健康产业的集聚区；与京津科研院所和高等院校建立紧密联系	推进京张奥物流产业园区和空港物流园区的建设工作；推进中关村昌平园怀来分园、福田汽车产业城、怀来航空航天基地等重大合作项目；推进哈工大科技产业园、怀来航天产业园、中关村—张北云计算产业园建设	加快推进张承二期、京新三期等高速公路的建设工作，实现与京津及河北其他各地级市的互联互通

　　除了已经推出的地区性协同政策，雄安新区的成立也是京津冀一体化进程中的重大历史性战略决策。雄安新区是继深圳经济特区和上海浦东新区之后又一具有改革意义的新区，是千年大计、国家大事。我们不仅要认识到这一历史性战略选择的重大作用，而且要充分理解雄安新区建设对于促进京津冀协调发展的重大意义。雄安新区位于北京、天津和石家庄的地理中心。其中，北京是我国的政治中心、文化中心、国际交流中心和科技创新中心；天津是我国北方最大的对外贸易口岸和自由贸易区，外向型经济高度发达；石家庄则是河北省外向型经济的核心区域。雄安新区的对外开放及由雄安带动的京津冀协同开放，将对整个北方地区的辐射、扩散和对外开放具有重要意义。

　　中央政府已明确指出，雄安新区是京津冀三地协同发展的开发开放先行区。我们应充分利用雄安新区"平地崛起"的特点，将雄安新区建设成为京津冀吸引国际人才、金融开放、利用外资、国际合作的先行区。通过雄安新区管理模式的创新，推动形成与国际投资贸易通行规则接轨的制度创新体系,构建更高层次的开放通道,拓展更宽领域的开放合作,打造更高层次的开放平台,为京津冀地区的进一步开放与发展起到重要的支点作用。

国家"京津冀协同发展"重大政策的启动,以及雄安新区建设带来的积极影响,将极大地释放京津冀作为我国重要经济增长点的巨大潜力。为了打破"一亩三分地"的固有思维模式和行政区划分的壁垒,国务院在2014年成立了京津冀协同发展领导小组。领导小组将在京津冀产业协同发展过程中发挥统筹协调作用,从国家层面对京津冀区域发展进行顶层设计,并给予财政体制、投融资体制、市场开放、要素流动等方面的政策支持,将为京津冀产业协同发展提供坚实的制度保障。改革开放以来,我国经济建设取得了世界级的成就,然而"东强西弱、南快北慢"的格局依然存在,同引领中国改革开放的珠三角、长三角相比,京津冀发展相对缓慢,对外开放水平低是一个重要的原因。李克强总理提出将天津建成中国投资和贸易便利化综合改革创新区,这将成为京津冀三地调整产业结构、转型升级的战略机遇。

第二节　京津冀产业协同机制创新的研究现状

一、京津冀产业协同发展阶段研究

京津冀产业协作从宏观尺度上到目前大致经历了三个阶段:第Ⅰ阶段即改革开放以前,京津冀的产业协作是以中央政府为主导的,企业是中央计划指令的被动承担者;第Ⅱ阶段即从改革开放到20世纪90年代,中央政府开始逐步放权让利,承认微观主体的利益诉求,极大地调动了地方政府发展地方经济的积极性,也因此地方政府逐步代替中央政府成为产业协作的推动主体;第Ⅲ阶段即20世纪90年代以来,随着社会主义市场经济体制的逐步确立和完善,区域之间的联系日益密切,初步形成了以政府为主导,辅之以市场的产业协作局面。未来京津冀产业协作要着眼于消除行政干预对产业的影响,充分激发市场机制的主动性,逐步完成向第Ⅳ阶段的转变,形成以市场为主导,辅之以政府的产业协作主导模式(见图9.1)。

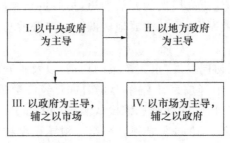

图 9.1　京津冀产业模式演变

二、京津冀产业协同的产业链研究

1. 产业链分工

当前的产业分工是以产业链上下游关联为基础实现的,破解京津冀产业协作这一难题的突破口就是构建京津冀内部产业链网络体系,在产业链的作用下实现产业协作。就产业链协作而言,最基础的协作是区域内的纵向协作,即产业链的上游和下游协作;在此之上就是区域内部的横向产业链协作,即通过桥梁产业将区域内部两类不相关的产业链串联在一起;更为高级的就是区际的横向产业链协作,使不同地区的产业链彼此相互作用;最为高级的就是产业链网模式,连通区际的产业链条,从而实现区际的最佳协作模式。

承接产业转移的路径是基于区域产业基础条件和区域要素禀赋状况两个纬度进行分析的。对于第 I 类区域而言,区际的产业链条借助具有连通作用的桥梁企业,可以在不同区域进行延伸与拓展;对于第 II 类区域而言,尤其是欠发达地区中最具潜力的区域,通过将关键节点企业嵌入产业链网络之中,参与区际更大范围的产业分工;对于第 III 类区域而言,尤其是欠发达地区中的欠发达地区,仅凭借自身的发展很难有所改观,因而只能根据其自身的比较优势去承接发达地区丧失比较优势的产业集群;对于第 IV 类区域而言,其要素禀赋虽好但缺乏产业承接基础,因而导致产业链延伸困难,因此可以通过引进关键节点企业迅速在承接地区内部形成产业链,如果关键节点企业还具备产业链边缘性质,那么更加有利于与其他地区的产业链串联,进而有助于解决当地产业基础差的问题(见表 9.2)。

表 9.2　产业链空间动态演化方法

演化模式	产业形态	主要内容
区域内纵向延伸模式	点发散形态	使产业链从一个企业内部转向区域内的企业之间（唐浩和蒋永穆，2008）
	线连接形态	接通分散在不同区域的产业链功能环节，使产业链趋于完整（张辉，2006）
区域内横向拓展模式	线连接形态	通过某一新的产业链或者产业链片段将区域内两条本来没有交集的产业链"连"在一起，从而形成一种产业共生关系（程李梅等，2013）
区域间横向拓展模式	线连接形态	由于存在某种关系（比如互补性），而使得不同区域的不同产业链发生"连接"，进而形成新的市场需求的产业融合现象（白永秀和惠宁，2003）
产业链网模式	网结构形态	由于原产业链中某一占据特定价值段的节点企业不断聚集，从而形成新的产业链，也就是"产业链蘖生"现象，从母产业的视角看，在产业链的价值段纵向上形成互补关系，横向上形成替代（李想和芮明杰，2008）

2. 产业转移

一个区域的经济活动不可能是均衡分布的，因而产业协作也仅仅会集中于某些城市而不是所有城市。京津冀产业协作当前主要是以产业转移为主，因而对于产业转移的时间问题应当给予一定的重视。北京向河北转移的企业大体可分为以下两类：一是生产效率低的产业，这类产业会自然向欠发达地区转移，完全可以凭借市场的力量予以解决；二是可以在北京生存但与北京城市发展战略并不相符的企业，也就是"非首都功能"。这类产业一旦转移到河北，由于本身较高的技术生产率会在短时间内挤占大量的市场份额，使本来有盈利空间的河北企业出现亏损甚至是破产，使得产业转移不仅无益于河北本地的经济发展，反而使其变得更加困难。对于此类产业转移应尽量实现"技术先行"，避免"企业先行"，即有规划、分批次转移。转型升级的阵痛期必定还是要经历的，通过低效率企业的破产或高效率企业的重组，从微观基础层面实现企业劳动生产力水平的提升，缩小京津冀内部的技术水平差距，实现京津冀产业协作的良性循环。对于京津冀产业协作而言，从长远来看，重要的是三地的共赢，而不是零和游戏（见图 9.2）。

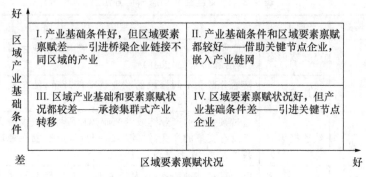

图 9.2　产业转移路径分析

就京津冀产业协作而言,优先发展具有潜力的城市无疑是最有效率的,同时河北各地级市也应积极承接京津两地的"智力输出",加大教育科研投入,主动获取最新技术,形成外部承接产业转移、内部提升科技研发水平的"内外兼修"发展模式,助推京津冀产业协作。当前京津冀地级及以上城市间产生了较为密切的产业互动关系(见图 9.3)。

3. 产业集群

京津冀地区的产业集群数量远少于长三角、珠三角地区,即京津冀产业发展的集群程度明显不足,因而要把产业集群化作为推进京津冀产业协作的重要突破口。必须注意产业集群不是产业扎堆,集群内部的产业应当是彼此相互关联的,把无关的产业放在一起不仅无助于产业规模经济的溢出,反而还会对其他产业产生消极作用。总体而言,京津冀产业协作重点是产业链之间的分工和产业集群。

4. 合作共建产业园区

从国内外经验看,多主体合作共建产业园区是缩小产业层次落差、推动产业发展的重要方式。当前看,京津冀三地提出了"2＋4＋N"共建园区和区域,是当前和未来聚焦推动的重点区域。近年来诸多承接平台探索形成了宝贵经验、取得了新突破,亟须提炼可复制可推广的经验模式,为进一步创新机制和完善政策提供决策支撑。比如,利益分享机制方面,探索中关村海淀园秦皇岛分园实施了"442"利益共享模式,探索了京津冀产业转移对接企业税收收入分享机制;共建共管方面,中关村管委会与天津滨海共同成立天津滨海—中关村科技园领导小组,探索了共建共管共享协同机制;产业协同方面,沧州渤海新区生物医药产业园创新实施北京

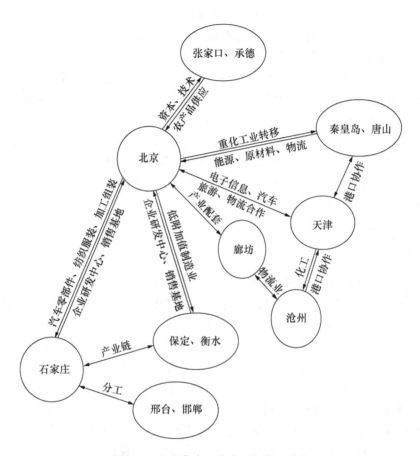

图 9.3　京津冀产业的分工与合作关系

药企异地延伸监管政策,探索"企业在河北、监管属北京"的跨区域管理
体制。

第三节　京津冀产业协同机制创新的具体路径

1. 统筹京津冀城市群各层级城市的功能定位,建立产业分工协作发
展体系

从长三角城市群的经验看,其产业分工协作体系是支撑一体化发展
的关键,区域内的产业发展呈现梯度发展态势,最高层次是中心城市上

海,与第二层次城市相比有明显优势,特别是第三产业发展极为突出,主要进行四个中心的建设。次级层次包括苏州、无锡、杭州、宁波、南京等城市,该区域与上海联系紧密,综合经济实力较强,也是长江三角洲的重要组成部分,主要发展高新技术产业和现代服务业,是长三角城市群的支柱和产业持续发展的重要载体区域。边缘层次的城市包括绍兴、南通、嘉兴、镇江等,区位和资源优势明显,便于承接中心区域的产业转移,发展以资源加工型和劳动密集型为主体的产业密集带。

对于京津冀而言,构建以首都为核心的世界级城市群是促进产业分工协作的基础,在明确各城市功能定位的前提下,明确各层级城市的产业定位,正是目前破解产业一体化发展的关键。

2. 明确并细化目标,促进各级政府准确把握阶段性发展平衡转化策略

从短期来看,京津冀协同发展战略的目标是,通过产业转移和产业协同发展来缓解北京市面临的"大城市病"问题;而从长期来看,京津冀协同发展战略的根本目标是,通过建立政策互动机制、资源共享机制、市场开放机制这协同创新三大机制,通过构建创新资源平台、创新攻关平台、创新成果平台这三大类协同创新平台,通过开展先行先试政策推广试点、产业转型升级试点、生态文明建设先行试点、科技金融创新试点,建设京津冀的创新共同体系、形成区域协同创新中心,通过对落实创新驱动发展的"成功示范区"的全面建设,最终在中国的北方区域打造一个具有全球影响力和辐射力的"新型经济增长极"及京津冀"世界级城市群"。① 因此,基于这种认识,为了落实和实施京津冀协同发展战略规划,必须加强和突出改革思路和操作手段的阶段性变化的顶层设计思路,准确把握京津冀短期和长期阶段性发展目标的平衡和及时转换,逐步由缓解北京"大城市病"的阶段性目标,逐步全面转向打造具有全球影响力和辐射力的"新型经济增长极"及京津冀"世界级城市群"的根本目标。

---

① 张杰:《京津冀产业协同发展的问题、原因与对策》,引自《京津冀发展报告(2018)》,社会科学文献出版社 2018 年版。

3. 利用雄安契机,全面加快推进京津冀产业协同发展战略的布局和实施

雄安新区国家战略的出台,不仅是进一步推进京津冀协同发展战略的重要推动力,也是加快京津冀产业协同发展的重要突破口。目前,在中央和各级政府的统筹安排与强有力的推动下,京津冀协同发展战略在各方面都取得了显著的成效。然而,在战略推进和实践实施的过程中,也暴露了许多突出的制度性障碍,必须以重大突破、重大改革的全新思路进行规划,布局和谋划进一步推动京津冀产业协同发展战略的关键突破口。

中央部署的雄安新区及针对雄安新区提出的七项重点发展任务,就是要准确识别当前困扰京津冀产业协同发展战略全面推进的"瓶颈"问题,并抓好进一步推进京津冀产业协同发展战略的"牛鼻子"关键点。具体的实施路径是:雄安新区与北京产业融合的发展方向,应优先考虑创新链的前后端环节的对接、基础创新和应用创新的对接、高端高新产业的创新链和产业链的对接,从而成为京津冀区域的应用创新产业创新中心、高端高新制造中心、现代高端服务中心,成为绿色制造、先进制造、智能制造和高端高新制造一体化发展的综合创新示范区和发展引领区,成为中国建设创新型现代化国家的心脏地带之一。

要融合雄安新区与天津(包括天津滨海新区和天津自贸区)的产业发展方向,应优先考虑市场一体化和新一轮对外开放的实施。客观地说,雄安新区与天津滨海新区、天津自由贸易区的产业竞争乃至产业替代关系在短期内是无法避免的,也是无法克服的。鉴于这种困境,我们应该有一个全新发展理念,将蛋糕一起做大,而不是把自己局限在狭隘的竞争思维中。要把雄安新区与河北其他地区结合起来,必须优先发展创新链的产业化、创新链的匹配制造和总部经济的生产基地,同时要培育高端行动者、制度和政府软环境的高层建构。从本质上讲,雄安新区应成为引领和激励河北市场和体制等软环境彻底改革及提升的示范区,成为加快河北各级官员思想解放、梳理法制体系、提升管理能力,以及加快技术工人和工程师培养体系建设的示范区。

4. 政体改革与创新,探索并实施各级政府统一的"权力清单""责任清单"

通过总结和提炼各自主创新示范、自由贸易区和保税区的经验,加

快探索北京市政府"权表"和"负表"的行政体制改革模式的实施。全面落实依法治国、执政为民的总体战略,完善各级政府"权力"一览表、"责任"一览表。率先实施和深化京津冀行政审批制度改革,全面规范政府行政审批权限和行动。各级加快建立创新政策协调审查机制和调查评价制度,全面推进京津冀统一"五证合一,一照一码"登记制度改革。完善京津冀一体化业务服务机制,贯穿于电子登记审计服务全过程,继续深化试点改革和政策经验提炼,创新政府治理机制。加快京津冀各级政府职能由研发管理向创新服务的全面转变。全面转变经济结构转型升级方向,整合科技、经济、工业、金融、专业科研机构等部门的管理职能,加强总体布局。通过以上各方面的综合改革,充分发挥"四位一体"高层设计、全面推广、全面协调和监督实施的作用。通过扭转和制约政府行政权力在微观经济中的不合理干预,打破困扰京津冀经济可持续发展的政企合谋发展模式。依靠大幅降低制度性交易成本的综合性改革,最终将逐步实现制度供给的均等化,从而激发京津冀企业家创新活力的全面爆发。

5. 推进"先行区"全面建设,确立和加快市场一体化为导向的自贸区改革

加快京津冀市场一体化的总体改革,突破体制性障碍,营造公平竞争的市场环境,促进资源市场配置的决定性作用,发挥根本性带动作用。建立健全公平竞争审查机制、增加阻碍京津冀创新创业、滥用市场支配地位等不合法的垄断协议和竞争行为的研究和处理。积极运用市场准入强制机制,完善生产环节和市场准入的有关标准,率先形成统一、权威、公开、透明的京津冀市场准入标准体系,全面消除京津冀创新资源、人力资本、金融资金和知识产权等关键要素的流动与配置。要克服制度障碍,消除制约新技术、新产品、新商业模式发展的不合理准入壁垒,加快产品市场一体化建设。尤其是加快要素市场一体化建设,应作为改革的重中之重,从而更好地激发京津冀创新驱动发展的动力。建立和推广京津冀知识产权法院巡回审理制度,加强知识产权综合保护服务体系,加快知识产权保护步伐。创新和改革行政执法、司法审判、仲裁规制等多渠道保护模式。

6. 加强各层官员的交流,加快三地各级政府的行政执行能力和专业能力均等化进程

目前,京津冀已经在一定程度上实施了京津冀政府官员任用行动计划。与北京和天津相比,河北政府官员的专业能力和政策执行能力、河北省政府管理体制的效率与河北省政府管理体制的"断层型"差距突出。这在一定程度上具有缓解作用。但是,与加快京津冀产业协调发展、构建行政执行能力和专业能力均等化的创新型社区体系的总体要求相比,还存在较大差距。面对这种发展困境,当前改革的重要突破是继续扩大京津冀各级公务员更替交流制度的规模,以加快和实现行政执法与职业均等化。特别是与创新机制、产业发展和市场一体化建设密切相关的专业政府部门,应加强京津冀官员更替和交换体系的规模。针对京津冀地级重点政府机构,甚至县级和市级政府机构,适当扩大公务员更替和交换制度的规模。建议采用双向的官方更换和交换机制,一方面要加强北京对河北、天津的官员更替和交换,另一方面要积极开展河北与北京、天津官员的交流。

7. 以重点产业承接平台为重点,聚焦推动一批共建产业园区加快发展

合作共建产业园区为重点的发展模式,是促进产业分工体系建立的重要方式。目前,京津冀明确提出了"2+4+N"重点产业承接转移平台。下一步要聚集各方力量,形成产业园区共建共享的模式。

首先,要加强承接平台的统筹规划和差异化管理。由于承接平台众多、布局分散、定位趋同、配套不足等问题,承接平台还存在一定的同质化竞争现象。为此,津冀两地政府亟须为有序承接北京转移产业做好顶层设计,通过顶层设计、统筹协调、分类指导、监督落实,有序承接北京企业和功能转移。

其次,要引导市场力量,调动市场主体的积极性和创造性,形成一批产业园区合作共建新模式。比如,科技成果研发—转化—应用的梯次合作模式、总部—制造基地模式、与北京中关村园区等功能区合作共建模式、北京企业和津冀企业通过股份合作建设模式等。以科技成果研发—转化—应用的梯次合作模式为例,利用北京丰富的高校、科研院所、实验室和技术创新中心等创新载体资源,促进技术成果在河北和天津转化

应用。

最后,要建立京津冀重点产业承接平台财税共享和产值分计等配套政策机制。深化研究重点承接平台的利益分享机制。以税收分享机制为例,聚焦税收分享方面,制定疏解和承接项目认定细则。探索设立京津冀税收协调机构,制定三地税收分享基本政策,推进三地税收政策的试点和推广,监督三地税收协同政策落实,协调三地重大税收争议,推进京津冀税收协调立法。设立税收分享缓冲期,京津冀涉及大量产业转移,为了保护原产业所在地政府既得财力不受大幅影响,就需要给政府转型预留过渡期。从企业转移当年算起,可考虑在一定年限内设立缓冲期,转入地政府应给转出地政府部分税收,具体税收分享的额度应由转入地和转出地根据实际情况商议。制定总部经济和分公司税收分享政策,考虑产业重新布局带来的企业总部和分支机构变化引发的税收分配问题,试点调整分支机构税收征收政策,注册在北京的企业,如果在津冀有分公司,则相应的税收分享按边际税收贡献进行分配。除了分公司,鼓励在京企业的津冀分支机构变更为独立法人,为分支机构所在地带来更多税收。完善园区合作税收分享政策,推广中关村海淀园秦皇岛分园经验,鼓励企业税收地方留成部分可由河北与北京园区进行分成。再以产值分计为例,积极争取国家支持,打破 GDP 统计中的属地原则,探索构建跨区域园区体系下,增加值、产值等在不同行政主体之间的分享机制。探索推动按照投入要素和职责分工,比如资金、技术、信息、招商引资、服务管理、开发建设等利益分享措施。

8. 加快飞地经济为支点,全面达成京津冀产业融合联动状态

飞地是国际法中的一个重要概念。《法律词典》将其定义为"不毗邻自己国家的另一国境内领土"。所以最早的飞地是指位于一国但隶属另一国的特殊地理实体。世界上有相当多的飞地,最著名的是法国的利维亚、摩洛哥的雪松和古巴的关塔那摩。从国外研究的角度看,飞地研究也主要集中在"文化飞地"和"民族飞地"两个方面。中国学者刘红星和周一星认为,城市圈是指在空间上与原始城市区隔绝但与原始城市区联系紧密的新城市用地。国内学者对飞地有不同的定义,但在"空间分离与功能联结"的观点上是统一的。

近年来,京津冀三地政府不断与国家有关部委合作制订协调发展规划,对经济协调和产业继承提出意见和建议,并签订多领域合作协议。总

体而言,京津冀将依托工业园区合作项目,重点发展曹妃甸公园、机场经济合作区、天津滨海新区、中关村科技园区、张城市生态经济区等项目,促进区域经济发展。就具体项目而言,河北许多城市抓住了协调发展的机遇,张家口云计算产业基地、沧州生物医药产业基地等一批项目已经启动或签约,吉宝鼎四方基地、廊坊雕刻科技基地等一批项目已建成投产。

在许多合作规划区,以"共建、共管、共享"为基础的"飞地经济"已成为京津冀突破体制机制桎梏、加快区域产业转移的重要探索。一批"北京花园"和"天津花园"被列入北三县、雄安和北京、天津,有力地促进了技术、人才、资金、项目的流动。国家协调发展战略推动了"飞地经济"的创建,企业不仅可以利用"北京企业"的品牌效应在飞地建厂,而且可以利用天津、河北更广阔的发展空间,帮助大批北京企业突破发展瓶颈。在区域产业布局上,要明确增强北京作为知识与技术创新源泉的地位,加强天津产业创新和研发转化基地的作用,构建河北先进生产制造战略支撑区,建设中国现代工业系统京津冀先锋区。

9. 加快发展多层次、多元化的资本市场,促进京津冀联动

积极构建京津冀统一的多层次、多元化的资本市场,支持扩大全国中小企业股份转让制度("新三板")和北京地区股票市场的发展,促进优先股、资产证券化、私人债务等金融产品面向实体经济部门的发展。推进京津冀网络金融创新中心建设,加强统一金融风险监管体系建设。逐步完善和加强社会资本筹集机制,鼓励京津冀率先发展"群众外包、公众支持"的融资模式,稳步推进国内两大证券交易所技术创新型企业上市。优先考虑在京津冀建立统一的企业债券发行和交易市场,并通过发行债券、并购重组,促进企业做大做强。加快建设京津冀国家科技金融创新中心,逐步完善创新型风险投资引导机制,通过政府股权投资等市场化投资,引导中小企业创新型社会资本投资初期、中期、后期高新技术产业。通过政府与社会资本合作,构建以政府资金为导向的新型投融资体系。在京津冀创建具有全球影响力的"预孵化"创新服务平台,推动国内外重大科技成果转化与重大创新、基础创新和应用创新。继续扩大科技成果转化引导基金规模,完善战略性新兴产业风险投资引导基金和中小企业发展基金投资机制,促进社会资本投入。支持科技创新,鼓励符合条件的银行业金融结构率先在股权和债权相结合的基础上创新融资服务模式和机制,在符合法律和可控风险的前提下创新风险投资与股权投资机构的联动模

式。针对京津冀地区产业转移和传统制造业升级的任务,建议三省政府通过引入民间资本投资设立新型政府股权型产业发展基金,鼓励市场化和专业化经营机构按照一定比例的投资。特别鼓励京津冀各级政府根据产业对接和产业链分工体系的协同发展任务,建立新型政府股权型产业发展基金;打造京津冀区域创新价值链,并形成区域协同创新。中心的核心和长远目标是加快建立京津冀三地政府科技成果转化联合投资基金,加快京津冀三地共建。

本章小结

首先,从京津冀产业协同发展和"一带一路"倡议出发,针对 2017 年以来京津冀产业协同的现状,依次从产业协作、园区建设和运输物流网络体系三个方面,描绘了以北京、天津、石家庄为核心,涵盖河北十大地级市的京津冀产业协同发展区域政策的推进情况。然后,从雄安新区的设立和国务院京津冀协同发展领导小组的角度,对京津冀产业协同发展带动经济增长的前景进行了展望。

其次,着眼于京津冀产业协同发展阶段和产业链的研究,先从宏观尺度总结了京津冀产业模式演变的四个阶段:以中央政府为主导—以地方政府为主导—以政府为主导辅之以市场—以市场为主导辅之以政府。之后从产业链分工、产业转移和产业集群三方面对京津冀的产业结构进行了详细的研究,为京津冀产业协同机制创新具体的提出提供了理论上的支持。

最后,根据前两部分的讨论和分析,分别从政府的权力责任、发展目标的制定、雄安新区的契机、自贸区改革建设、各层官员交流等九个方面提出了京津冀产业协同机制创新的具体路径。

第十章　京津冀财税协同机制

第一节　京津冀财税协同机制创新的政策背景

改革开放以来,我国经济实力迅速增强,人民生活水平大大提高。但是,在经济快速发展的同时,一些地区过分强调经济发展,忽视了科技进步对经济的转化和促进作用,导致工业发展结构异常、单位产出能耗过多和环境污染。有些领域执迷于"科技万能论",在实践中奉行"唯科技论",重投资轻效率,科技资源配置和利用效率低下。财政是国家权力"以政控财,以财执政"的分配体系。财税问题的实质是公共资源的分配机制,它具有"牵一发而动全身"的联动作用,关系到公共权力主体的改革和整体社会资源配置机制的优化。党的十八届三中全会号召全面深化改革,把 15 个领域的改革任务分解为 336 项重大改革举措,计划于 2014 年完成 80 项。因此,2014 年已成为全面深化改革的第一年,随着集约化改革举措的引进,中国已经进入"全面改革的新时代"。改革开放第一年,在经济增长放缓、进入"新常态"的背景下,财政税制改革再次成为我国实行分税制以来全面改革的"突破"和"推进"。2013年 9 月,党的十八届三中全会通过了《中共中央关于全面深化改革若干重大问题的决定》,首次把财政定位为基础,提出了"科学的财税制度是优化资源配置、维护市场统一、促进社会公平、实现国家长期稳定的制度"。我国近几十年的财税政策变化如表 10.1 所示。

表 10.1　我国近几十年财税政策变化

年份	内容
1979	"调整、改革、整顿、提高"——八字方针
1982	开始实行宽松的财政政策和货币政策,主要是通过放松银根,继续深化财政体制改革,对企业实行利改税,调动企业和地方的生产积极性,增加有效供给,缩小总供给与总需求之间的差距
1988	十三届三中全会提出"治理经济环境、整顿经济秩序、全面深化改革"的方针。实行了紧缩财政、紧缩信贷的"双紧"政策。大力压缩固定资产投资规模,控制社会消费需求,紧缩中央财政开支及进行税利分流试点和税制改革
1993	提出了加强调控的 16 条措施,其中财政政策发挥了重要作用。① 改革财政体制,调整中央与地方的财政分配关系;② 实行税利分流,规范政府与企业的分配关系;③ 进行大规模的税制改革
1998	国家实施了积极财政政策:① 增发国债,加强基础设施投资;② 调整税收政策,支持出口,吸引外资和减轻企业负担;③ 增加社会保障、科教等重点领域的支出;④ 充分发挥调节收入分配的作用,提高城市居民个人消费能力;⑤ 支持经济结构调整,促进国有企业改革;⑥ 加大治理乱收费力度,减轻企业和社会负担;⑦ 实行"债转股"
1998—2002	财政宏观调控,以实施积极的财政政策为主,在扩大投资、刺激消费、鼓励出口、拉动经济增长、优化经济结构等方面取得了显著成效,成功地抵御了亚洲金融危机的冲击和影响,宏观经济运行得到根本性的改善。通货紧缩的趋势得到了有效遏制,社会需求全面回升,经济结构调整稳步推进,经济持续快速增长
2004	党和国家提出进一步加强宏观调控。财政作为重要的调控手段,顺应宏观经济形势的要求,适时实施稳健的财政政策:① 国债投资规模调减调向;② 推后预算内建设性支出的时间;③ 有保有控,在总量适度控制下进行结构性调整;④ 深化税制改革,发挥税收调节作用;⑤ 改革企业所得税;⑥ 调整资源税;⑦ 调整消费税;⑧ 积极推进出口退税机制改革
2008	积极财政政策:① 实施积极财政政策及适度宽松货币政策、促进农业发展、推进经济结构调整、深化改革、维护社会稳定等;② 十大重点产业振兴计划,涉及钢铁、汽车、船舶、石化、轻工、纺织、有色金属、装备制造、电子信息、物流等产业;③ 截至 2009 年 7 月,相关部委还推出了江苏沿海地区、关中天水经济区、广西北部湾经济区、海峡西岸经济区、珠海经济特区等地区性的产业升级投资刺激计划。在十大产业振兴规划出台后,管理层继续出台大量区域振兴计划,从不同的方面不断振兴经济发展,细化振兴内容,必然对后市经济起到新的促进作用

（续表）

日 期	内 容
2010	继续实行积极的财政政策：① 更加注重推进结构调整和发展方式的转变，切实提高经济发展的质量和效益，把保持经济平稳较快的发展与调整结构结合起来，大力支持推进结构调整，使经济增长建立在结构优化的基础上，促进区域协调发展；② 更加注重扩大内需，特别是消费需求，切实保持经济平稳较快增长；③ 更加注重保障民生，切实推动经济社会协调发展；④ 更加注重深化财税改革，切实增强财政经济发展的内在动力和活力；⑤ 更加注重加强财政科学化、精细化管理，切实提高财政资金的绩效
2014	中共中央政治局 2014 年 6 月 30 日召开会议审议通过了《深化财税体制改革总体方案》，明确从预算管理制度、税收制度体系、中央与地方政府间事权与支出责任关系三大方面全面推进新一轮的财税体制改革，新一轮财税改革大幕开启
2014	2014 年 8 月 31 日全国人大常委会第十次会议审议通过了预算法修正案，新修改的《中华人民共和国预算法》于 2015 年 1 月 1 日起施行，由 79 条增至 101 条，改动共计 82 处，在预算管理制度、预算控制方式、地方债务风险、转移支付制度、预算支出约束等方面实现了重大突破
2014	将铁路运输和邮政服务业、电信业纳入营改增试点范围
2014	财政部、国家税务总局调整了成品油等部分产品消费税
2015	2014 年 11 月 24 日国务院发布《不动产登记暂行条例》，该条例自 2015 年 3 月 1 日起实施
2016	营增改政策

从京津冀单个经济区域来看，财税政策与经济协调性的内涵体现在四个方面：一是各种财政投入之间的协调性，即资金配置的协调性；二是财政投入和财政产出之间的协调性；三是财政投入与经济发展之间的协调性；四是财政产出与经济发展之间的协调性。

京津冀经济发展不平衡、内部经济差距大、竞争力不强，造成这种局面的主要原因是各地区各自为政。北京和天津具有得天独厚的地缘优势，但经济发展水平远低于长三角和珠三角，重复建设的现象十分严重。河北经济相对落后，不能转移产业，制约了京津冀的经济协同发展。其中的主要原因包括以下几个：

（1）随着政府的政策越来越倾向于发展地方经济，地方经济利益的争夺逐渐成为京津冀经济发展的主要矛盾。为了吸引投资，京津冀实施了各种不符合区域政策利益的政策。虽然区域高层人员频繁互访，但尚未建立共同组织,缺乏完善的协调机制。因此,京津冀的区域合作仍然是县级和民间合作的形式。

(2)由于京津冀三地政府没有发挥应有的作用,缺乏就业支持,给京津冀的私营和外贸经济带来了严重的冲击,经济发展缓慢。河北一直服务于北京和天津。例如,为了给北京提供充足的水资源,河北各区县大大减少了植被面积,限制了畜牧业的发展,关闭了大量的企业,导致农民人均收入普遍下降。贸易限制和经济边界问题一直存在,阻碍了区域资源的共享和发展。

(3)北京的经济在全国具有一定的优势,应带动河北、天津两地经济的发展,提升京津冀地区的整体经济发展水平。然而,随着天津的经济发展,该区域有两个经济中心。它们之间存在着恶性竞争,导致河北与京津的经济差距不断被拉大,缺乏完善的产业转移计划,无法发挥北京的带动作用(见表10.2)。

表 10.2　2014 年京津冀三地人均税收　　　　　　　　单位:元

	人均税收
北京	17 942.80
天津	9 801.45
河北	2 527.17

京津冀一体化的目的是通过区域经济合作活动,促进京津两大城市及周边河北的经济发展,形成新的区域经济增长极。

京津冀目前的经济状况主要表现为内部经济差距大、综合竞争力弱,这与三地分割有关。京津冀由中央直属两市组成,尤其是北京,拥有领先的科研队伍,地理位置优越。但是,由于行政区划、管理体制和政策机制的原因,区域内城市相互争夺,形成自己的体系,削弱了以京津为核心的城市群的系统整合和扩大功能。当前,政府越来越关注地方经济,"争夺地方经济利益"是影响京津冀经济一体化的基本矛盾和核心问题。

近几年,京冀经济水平差距逐年拉大,产业转移没有合理的梯度。因此,增长极的辐射效应难以发挥,区域间产业梯度转移难以实现。作为发展的"短板",河北应努力提高经济实力,逐步打破二元经济结构,最终实现京津冀一体化。合理的区域财税政策可以调动各利益相关者的积极性,引导资金、劳动力、技术等要素的流动,是各级政府确保经济发展的重要手段,能够根据既定目标平衡各地区的经济利益。但是,我国现行财税政策仍存在许多不足之处,政策本身具有区域差异大、不平衡的特点,这在一定程度上起到了反作用。此外,我国的财政分权、体制不健全,京津冀三地政府财力差距较大,增长效应也不同,北京和天津经济促进作用远大于河北。因此,必须通过改革和完善财税政策,缩小北京、天津和河北的经济差距。

目前,我国的转移支付制度主要是中央向地方政府的垂直转移支付。虽然它可以在调节上下级之间的纵向财政平衡方面发挥一定的作用,但在调节地方政府之间的横向财政平衡方面作用不大。而且,我国的转移支付制度还存在种种弊端,比如转移支付方式相对单一、中央和地方政府的职能和权力不明确、财权和行政权力的重叠常常导致越位和空缺问题,财税制度本身的缺陷对区域间横向均衡发展的危害更大。因此,迫切需要建立地方政府间的横向转移支付制度。对京津冀而言,根据前几章的分析,区域内的经济差距已经非常严重,不平衡的发展必然会影响区域经济的竞争力。单纯依靠中央政府的垂直转移支付模式难以缩小三地之间的差距,必须通过区域内的横向转移支付来实现。

财税政策在促进京津冀文化产业发展中发挥着重要作用。税务机关与税务部门根据国家总体经济发展方向和税法的规定,充分利用财税政策规范文化产业,主要体现在平日的税务管理上。首先,税务人员需要加强自身的服务理念,从思想上转变观念。其次,通过原有严格的监督管理,向相对宽松、微笑服务的方式过渡,尊重税务人员,积极引导纳税遵从,优化税收征管秩序。

第二节　京津冀财税协同机制创新的研究现状

正如上一节所言,目前我国尚未推出正式的区域间财政横向转移支付制度,京津冀当然也不例外。近几年,北京对河北的资源环境补偿和环境基金,只是专项的使用者付费,并非出于均等化目的的财政转移支付。当前富裕地区向贫困或受灾地区的对口支援,可以看作一种横向转移支付形式,但基本属于应急性的"兄弟式互助",未纳入正式的国家财政体系制度。① 相比之下,国外许多国家已经形成了相对成熟的区域财政转移支付机制,下面分别研究美国、日本、欧盟、德国的区域财税制度,也对京津冀地区财税制度进一步的设立和完善有着重要的参考意义。

一、美国的区域财税政策研究

1. 美国的不同地区不同税制做法

区域经济和社会发展不平衡是世界上普遍存在的现象,作为世界经济的领导者,美国也存在区域发展不平衡的问题。为了实现区域协调发展,美国政府采取了一系列调控措施,运用多种手段,制定了倾斜落后地区的政策。通过实施一系列政策和几十年的发展,各地区基本形成了比较均衡的发展态势。美国政府充分利用税收手段干预区域经济社会发展,促进区域协调发展。首先,通过在不同地区实施不同的税收制度,帮助落后地区留住资金,增强自身发展能力。通过差别化税收政策,可以在相对发达的地区制定具有较高商业税收负担的税收政策,而在相对落后的地区制定具有较低税收负担的税收政策,从而促进落后的经济社会发展。

2. 美国采取单一的首都功能和单一的首都财政政策

对于京津冀三地,北京经济社会快速发展所产生的虹吸效应影响了整个区域协调发展的进程。作为首都,北京被赋予了政治中心、文化中心、对外交流中心和科技创新中心的多种功能。各种功能促进了北京的快速发展,但也影响了京津冀协调发展的愿景。华盛顿是美国的首都,在行政上由联邦政府直接管辖,它的功能不包括其他城市的经济、技术和金融功能。美国政府简化了首都的职能,使其发挥了美国政治中心的主要作用。美国的部分联邦政府机构都在这里,包含了一些文化功能,比如各类大学、国家美术馆等。华盛顿人口多年来的基本稳定正是得益于其清晰明确的首都功能定位,首都总面积超过 6 000 平方千米,人口不足 70 万人,城市环境舒适、美丽,就像植物园一样。华盛顿单一的首都功能定位使得地方政府不关心财政收入、财政支出和地区 GDP。同时单一的行政职能为区域带来了稳定、协调的环境,不会影响区域的协调发展。

---

① 高雪莲:《京津冀公共服务一体化下的财政均衡分配》,《经济社会体制比较》2015 年第 4 期。

二、日本的地区税收政策研究

1. 通过对欠发达地区实行税收优惠政策,促进区域协同发展

日本在发展过程中,经历了重点发展、区域发展不平衡和区域协调发展的阶段。在促进区域协调发展的过程中,日本重视补贴财税政策发展相对落后的地区。通过立法,明确税收优惠政策,发展落后地区税收优惠政策。通过税收优惠政策吸引大企业、高新技术项目落户经济社会不发达地区,促进落后地区工业经济结构调整。

2. 通过转移支付缓解欠发达地区财政困境

日本重视财政收入分配在区域均衡发展中的作用,通过转移支付缓解欠发达地区的财政困境,促进欠发达地区经济和社会的发展,最终缩小区域经济社会差距,实现区域协调发展。

三、欧盟各成员国税收政策研究

1. 欧盟财政的"团结"政策

欧盟各成员国经济社会发展存在显著的失衡现象。希腊、葡萄牙、中欧和东欧国家的 GDP 远低于欧盟的平均水平,德国的经济水平则相对较高。为了减轻区域经济社会发展的不平衡,欧盟制定了增强区域竞争力、加强区域合作、实现区域协调发展的"团结"政策。为了解决发展过程中的经济和社会不平衡问题,欧盟设计并组织了欧洲理事会、欧盟委员会和欧洲议会。通过区域管理协调机构的运作,欧盟已经形成了平衡各国和地区的权力与利益的机制,进一步协调政策的设计、实施和反馈,实现公、私、第三方统一合作的跨国公共管理机制。

2. 设立促进欧盟区域均衡发展专项基金

欧盟通过成立团结、集聚、结构等基金组织,通过对其的综合运用有效地促进了欧盟国家间的双赢合作。欧盟的规则是,成员国应将每年 GDP 的 1% 用于制定联盟预算,其中 40% 用于促进区域均衡发展。

四、德国财税政策研究

1. 采取转移支付机制平衡区域发展

德国财政转移支付政策是一种具有分散管理和财政税收调控功能的

财政平衡机制,进而实现了公共物品的总体平衡、经济效率与社会公平的统一。转移支付包括纵向和横向财政收支机制,即将纵向财政转移支付与横向财政转移支付相结合,保证公共产品总体均衡的财政转移支付制度,促进区域经济协调发展。德国以法律的形式对各级政府的财务报表进行了规范。税务管理的标准和简易性,由专门机构根据财政转移支付系数、财政分配和使用范围确定。主要方法是:财力雄厚的州将部分财政收入转移到财力弱势州。主要有两种方式,一种是在扣除各州 25% 的收入之后,剩余部分根据各州居民人数进行分配;二是财力雄厚的州直接向财力弱势的州转移部分税款。在转移支付方面,德国建立和完善了横向平衡与纵向平衡、赠款分配与一般平衡分配、特殊分配与共同任务分配相结合的政府间转移支付体制。

2. 联邦政府的补充资金

建立统一的基金,进行专项转移支付,二级政府向三级政府转移支付。横向转移支付作为德国财政体系中非常有特色的制度,享誉全球。横向财政转移支付主要有两种资金来源:第一种是除去原属于二级政府的消费税的 1/4,然后按照民众数量将剩余的财政资金直接分配给二级政府;第二种是经济实力的平衡,表现为经济比较发达的二级政府将部分收入直接转移给经济相对落后的二级政府。具体的实施措施分为三个阶段,第一阶段是统计二级政府的人数,第二阶段是计算"全国居民平均税收额"和"本州居民平均税收额",第三阶段是区域间财政的横向转移支付。

德国财政转移支付制度取得了巨大成就,主要表现在财政转移支付和税收体制健全、财税制度法制化、各级政府权力明确、兼顾中央政府宏观调控和地方政府自治。

总的来说,各国的政策都是在基于各自国情的基础上提出来的(见表10.3),我国在借鉴国外的政策时不应盲目照抄,而是应该充分考虑我国国情,找到我国财税政策的落脚点,即平衡吸引力,并提出相应的减税政策。加大减税降费力度,是国务院对市场主体庄严承诺的认真履行,蕴含多重影响,对于激发市场主体活力、促进经济增长、深化改革开放等将产生非常积极的作用。

表 10.3　各国财税政策

国家/地区	财税政策	启示
美国	不同地区不同税制	根据实际情况,制定适合地区发展的政策,明确首都的职能,缓解北京压力
美国	单一的首都功能和单一的首都财政政策	根据实际情况,制定适合地区发展的政策,明确首都的职能,缓解北京压力
日本	欠发达地区给予优惠	根据实际情况,制定适合地区发展的政策,明确首都的职能,缓解北京压力
日本	转移支付缓解欠发达地区财政困境	根据实际情况,制定适合地区发展的政策,明确首都的职能,缓解北京压力
欧盟	"团结"政策	根据实际情况,制定适合地区发展的政策,明确首都的职能,缓解北京压力
欧盟	设立专门基金促进区域均衡发展	根据实际情况,制定适合地区发展的政策,明确首都的职能,缓解北京压力
德国	采取转移支付机制平衡区域发展	根据实际情况,制定适合地区发展的政策,明确首都的职能,缓解北京压力

世界税制改革的特点是非常明显的,即改革与优化的融合。因此,我们对美国个人所得税制度优化趋势的研究,在一定程度上也借鉴了世界个人所得税制度优化的经验。优化个人所得税制度的新思路,有助于找到未来我国个人所得税制度改革的方向,对我国个人所得税制度的优化具有现实的借鉴意义。

同时,中国的个人所得税制度的改革必须首先考虑中国当前的国情,因为税制改革的趋势可以趋同,但各国的国情有很大的不同。中国仍然是一个发展中国家,居民收入虽然在一定程度上有所增加,但不同阶层之间的收入差距逐渐扩大,纳税人的纳税意识不足。这些都是促进中国个人所得税改革的重要考虑因素。同时,在借鉴美国经验的同时,必须充分分析中美个人所得税制度的差异。首先,中美两国个人所得税征收的初始目的和最终效果不同,合法化程度也不同。其次,美国是直接税制,个人所得税是美国税制的绝对主税,而我国是间接税制,个人所得税是中国税制的辅助税。当然,从长远来看,这些差距正在逐渐缩小,世界各国个人所得税制度的改革也日益趋同。例如,我国的个人所得税正逐渐把收入的原则放在后面,更强调它的公平性。同时,随着我国法制化进程的加快,个人所得税的立法和实施将进入一个更好的发展时期。最后,虽然我国仍然是间接税制的主体,但直接税制的演进是税收制度发展的总趋势。通过近十年的数据比较,我们发现个人所得税在税收中的比例逐年增加,辅助税在税收体系中的地位逐渐向主税的地位转变。这是这些税制发展的趋同,这使得我们必须认真研究以美国为代表的世界个人所得税制度优化的趋势,从而为我国个人所得税制度的改革提供更多的思路和对策。

第三节　京津冀财税协同机制创新的具体路径

一、支持创业创新的财税政策建议

1. 采取更灵活的财政支持

一是通过金融支持引导首都核心产业发展，鼓励机会导向型创业。二是针对我国中小学创业教育极其薄弱的现状，在教育经费分配中应设立专门用于中小学创业教育的专项资金，专项用于建设、改进和促进中小学创业教育的体系。三是利用财政资金或国有资本引导风险投资基金，提高风险投资在种子期和创业期的比例，从而真正实现"雪中送炭"。四是建立与国际接轨的政府采购技术标准认证体系，制定首都工业和产品开发的相关标准，研究新技术和新产品消费支持政策。

2. 完善税收优惠，鼓励创业

一是要考虑风险投资机构、股权投资基金和科技创新风险企业信托基金的收益，对个人投资者征收50％的个人所得税。二是鼓励企业家的活动。我们应该考虑企业的支出，鼓励企业家的活动，并允许税前扣除。三是鼓励社会各界参与我国中小学创业教育，对符合条件的中小学创业教育培训机构或者组织给予税收优惠。四是针对创业企业融资困难的现实，制定中小企业税收优惠政策，允许创业企业推迟纳税。

3. 充分发挥金融创新在支持创业精神中的作用

一是通过建立风险投资指导基金和风险投资补偿专项基金，吸引更多的金融机构和产业投资基金，加大对创业活动的投资，大力培育天使投资者。二是完善知识产权投融资体系，鼓励担保机构开展知识产权质押融资。三是完善多层次资本市场，扶持技术密集型企业做大做强，建立和完善中小企业股权转让制度，促进企业上市、股票交易、定向发行。四是创新金融产品和服务，加强信贷支持，创新保险服务。

4. 完善相关配套措施

在全社会营造良好的"容忍失败"的创业创新氛围，完善社会保障制度建设，进一步"精简政府、分权"，打破制度机制的约束，让企业家和创新者有所作为，没有"对未来的担忧"，让个人对创业有一种积极的态度。同时，社会提供的咨询、中介、会计、法律等商业服务的规模和水平，将不断发展和加强,帮助创业企业有序、健康地发展。

二、建立横向财政转移支付制度,完善公共文化服务体系

从京津冀文化产业发展的差异性分析来看,北京文化产业在经济贡献、财政补贴水平和税收等方面均优于天津和河北。北京经济实力雄厚,文化产业起步较早,财政补贴和国家税收优惠更加活跃。京津冀财政资源不均衡,财政转移支付制度不完善,特别是区域内缺乏横向财政转移支付制度,导致文化产业发展出现财政资金缺口。因此,为了促进京津冀文化产业的发展,北京有必要、有能力对天津和河北进行横向转移支付。在当前京津冀文化产业发展的背景下,建立区域性横向转移支付体系机遇与挑战共存,同时也是促进京津冀文化产业发展的必要制度保障。要建立横向转移支付方式,必须按照"同承担、共分享"的原则,从环境补偿、基本公共服务均等化和京津冀经济圈的共同发展三个方面实施横向转移支付制度。

三、完善京津冀协同发展的财税体制

基于当前财税体制造成的京津冀财政差距及京津冀协调发展的障碍,提出京津冀实现要素资源整合消除行政障碍,协调社会事业发展的目标,必须按照实现京津冀公共服务一体化的要求,深化财税体制改革。关于如何完善京津冀财税体系协调发展,人们提出了各种各样的见解。一种思路是建立符合市场需求的资源补偿机制和生态环境补偿机制,完善京津冀转移支付制度。虽然这一理念在理论上是合理的,但却面临许多实际合作问题,在实践中很难实施。另一种思路是根据当前京津冀各地财政收入的比例,探索建立京津冀公共财政,也有人称之为"大首都"财政,使京津冀能够按照各自的比例联合组织财政收入和财政资金配置。这实际上是为了继续固化京津冀三地之间的财政差距,即使是采取"保存量、分增量"的方式,在合作与实施中如何分配增量仍然是一个难题,而且在全国范围内还不能普及。

我们认为目前相对可行的具体思路包括以下五个方面内容:

1. 分清中央与地方间事权与支出责任关系

按照行政权责重心上移的原则,适当增加中央行政权和财政支出责任,减轻地方财政支出压力。比如,通过提高社会保险的整体水平,实现

社会保险从省级到国家级、从地方到国家级的调整,有利于解决社会保险转轨连续性差的问题。在跨区域迁移的条件下,改善社会保险。在教育支出方面,我们可以借鉴法国政府在教育管理中划分行政权力和财政支出责任的方法,并根据我国国情对口进行适当的调整。理顺我国教育管理行政权力与财政支出责任的关系,按照公平与效率的关系原则,弥补财政体系中公平性的缺陷,调整中央与地方权力与支出责任的关系。从国家角度适当缓解地方财政支出压力,缓解地方财政困难,也有助于解决地方财政赤字和差异导致的公共服务不平等现象,可以缩小我国公共服务差距,促进基本公共服务均等化。

2. 中央肩负国家重大战略的事权和财政支出责任

按照管理和能力相匹配的原则,实行财政体制的公平性原则,是各国划分各级政府权力和支出责任的普遍做法。中央政府对国家重大战略事务和财政支出的责任不仅符合管理原则和支付能力,而且有利于降低各级政府之间横向协商与合作的成本。京津冀协调发展属于国家重大战略,涉及改善首都及其周边地区的环境,提升首都的国际形象,辐射和带动华北地区的经济发展,实现环境保护、交通运输一体化,改善首都及其周边城市的功能建设,维护首都及其周边地区稳定。在稳定方面,中央政府应承担更多的事务和财政支出责任。通过加大中央财政对重大国家战略实施的投入,使地方政府为重大国家战略支付中承担更少的压力。

3. 完善中央与地方财政收入分配制度

目前,中央与地方的收入分配分为税收、费用和债务三部分。其中,分税制是主要内容。同时,政府非税收入和政府债务管理权责在中央和地方政府之间得到适当划分。完善政府间财政税收分配制度,不仅要结合我国税制改革,根据税种的性质和功能确定从属关系,而且要建立清晰、可控的管理体制。根据我国新预算法的规定,建立政府非税收入和政府债务管理体制和管理制度。特别要指出的是,在总部经济中跨区域投资日益突出的情况下,如何规范不同区域之间的税收分配关系,不仅是完善企业收入区域分摊方式的重要内容,也是我国税收分配制度的重要组成部分。

我国在调整区域间税收分配关系时,应借鉴国际税收分配的成功经验和做法,按照尊重区域间税收优先的原则,对区域间重复征税的现象予以豁免。通过优先考虑子公司及其所在地的税收权利,可以实现税源和税收的区域一致性及政府间转移支付制度的调整与完善。

4. 政府间转移支付制度的调整与完善

在完善跨区域投资分享税制和规范跨区域投资税收分享行为的过程中,为了减轻总部所在地对实施该制度的抵触情绪,减少跨区域投资税收分享的执行阻力,必须增强我国纵向转移支付制度对区域人均财力均等化的调控能力,缩小地方间的人均公共财力差距,使争夺财力资源与不争财力资源对地方人均财力不会产生大的影响,都能够获得实现公共服务均等化的相应的财力保障。为了实现这一目标,在改革和完善我国政府间转移支付制度方面,首先,做好实现转移支付目标的定量设计,借鉴国际上的一般经验,结合我国的实际情况,可以把人均公共财力最高与最低的区域差距逐步压缩到 1.5 倍以内,通过压缩最高与最低人均公共财力差距,使绝大部分地方的人均公共财力处于均等线水平;其次,根据新《预算法》的要求,清理带有部门分设性质的杂乱无章、类别繁多的专项转移支付科目,减少专项转移支付类别,压缩专项转移支付规模,使政府间的转移支付项目的设立符合法律规范,降低专项转移支付资金占全部转移支付资金比例;最后,按照财力和事权相匹配的原则,以及财力与财政支出责任相一致的支付能力原则,将压缩的专项转移支付资金转化为一般财政性转移支付资金,这将大幅增加中央对地方政府的一般性转移支付财力,增加一般财力性转移支付资金占全部转移支付资金的比例,为实现公共服务均等化提供相应的财政支持。

5. "飞地经济"模式加速产业协同进程

考虑到京津冀实际情况,利用飞地政策和经济健康发展指数,更好地促进京津冀的发展。"飞地经济"是指两个相互独立、经济发展落后的行政区域,突破原有行政区划的限制,实现资源互补的区域经济合作模式。通过跨行政管理协调经济发展,其实质是打破了发达地区和欠发达地区区划的限制。根据不同的分类标准,"飞地经济"模型有不同的分类。

根据飞地建设的投资模式,可以分为:① 飞出地投资类型,即飞出地负责所有基础设施投资;② 飞入地投资类型,即飞入地负责所有基础设施投资;③ 两地共同投资类型,即两地按照协议分担基础设施投资。

根据飞地工业基地的管理模式,可以分为:① 飞入管理型,其优点是管理者熟悉当地的社会经济环境,但缺点是可能形成业务服务的不连续性,不能有效地利用飞行区域的管理经验。② 飞出管理型,从基层调度管理队伍,管理基地,服务企业。其优势在于确保服务和政策的连续性,使企业感到宾至如归。缺点是管理者需要时间了解当地的经济文化环境。③ 共同管理两地,建立双方长期友好合作机制,由双方基地管理委员会共同驻留人员。这不仅可以保证基地服务管理的连续性,而且可以充分利用飞入地的资源。但前提是双方真诚合作,有效沟通。

根据形成的原因,飞地可分为:① 集约型土地利用类型,这种类型是"飞地经济"模式的最早体现,以福州市永泰县马阳工业集中区的建立为代表。它不仅为山区经济发展探索了新的思路,克服了行政区划造成的产业分布分散、资源浪费的现象,而且为平衡各行政区的利益探索了一条途径。② 优势互补。在这种类型中,飞入和飞出地区的经济发展水平是相似的,但是它们各自的资源禀赋可以形成良好的互补优势,可以通过发展"飞地经济"实现双赢。典型案例如大连长海县与普兰店市的合作。③ 产业梯度转移型。在这种类型中,飞入区主要承担飞出区的产业转移,往往具有雄厚的资金优势和先进的基地管理经验。但是,由于企业成本的上升和产业结构的升级,一些行业需要走出去。此时,腾飞的经济产业园成为首选地。一方面,中转企业可以继续享受高质量的基地管理服务;另一方面,它们可以充分利用飞入的成本优势。

建立飞地的税收分享机制。对于北京大兴国际机场及其临空经济区、京津冀共建产业园区等跨省市项目产生的增值税、企业所得税等税种,按照三地政府对园区的投资比例进行分成,对于土地使用税、土地增值税、印花税等地方税种,可以全部归项目所在地政府所有。对于总部在北京、分公司在津冀的情况,也要探索税收分享机制。

本章小结

首先,以 20 世纪 80 年代以来我国财税政策的演变进程为例,研究了财税体制对于公共资源分配起到的重要作用,进而分析了京津冀财税政策与经济发展之间的协调性失衡问题,揭示了京津冀经济发展不平衡、内部经济差距大、竞争力不强的政策原因。

其次,鉴于我国尚未推出正式的区域财政横向转移支付制度,以国际上美国、日本、欧盟和德国的相对成熟的财税政策为例,研究了国外对于财政横向转移支付的制度设计方案,对于京津冀财税政策的完善提供了重要的参考。

最后,根据前两部分的讨论和分析,分别从创新创业的财税政策、财政转移支付与公共文化服务、完善京津冀协同发展财税体制三个方面指出了京津冀财税协同机制创新的具体路径。

第十一章　京津冀生态协同机制

　　自工业革命以来,城镇化为人类社会带来了经济的繁荣和文明的进步。然而,城镇化作为一种强烈的地表人类活动过程,也对资源环境产生剧烈影响。根据联合国环境规划署(UNEP,2012)的统计,全球城市地区消费了全球75%的自然资源,并排放了全球60%—80%的温室气体。与此同时,全球居住在城市地区的人口比例将从2014年的54%上升到2020年的66%(UNDESA,2014),这也将进一步加大对资源环境的压力。近年来,城镇化发展与资源及生态环境的矛盾开始激化,特别是在一些发展中国家快速城镇化地区,人口超载、交通拥堵、资源枯竭、雾霾肆虐、垃圾围城等"城市病"突显,资源环境已经对城镇化进程产生负面影响和约束(李双成等,2009)。

　　面对日益加剧的资源环境与社会经济发展之间的矛盾,可持续发展思潮兴起,可持续发展理论应运而生并不断发展。1987年,世界环境与发展委员会发布了《布伦特莱报告》(也称《我们共同的未来》),奠定了可持续发展的框架基础,同时呼吁全球各国将可持续发展纳入其发展目标;1992年,联合国在里约热内卢召开世界环境与发展大会,102个国家首脑共同签署了《21世纪议程》,可持续发展逐渐成为人类社会的共识;2012年,国际科学理事会(ICSU)和国际社会科学理事会(ISSC)发起的"未来地球计划",旨在为全球可持续发展提供必要的理论知识、研究手段和方法;2013年9月,中国科学技术协会在北京组织了"未来地球在中国"国际会议,确认了在中国需要优先解决的、与可持续性能力建设相关的问题,将"亚洲城市化对区域环境、社会影响研究,以及健康的相互作用关系"列入研究议题(王晓玥等,2017)。2015年,193个联合国会员国在可持续发展峰会上正式通过成果性文件——《改变我们的世界:2030年可持续发展议程》。这一涵盖17项可持续发展目标169项具体目标直指三项宏伟的全球目标：消除极端贫困、战胜不平等和不公正及保护环境、遏制气候变化（董亮等，2016），对国际社会未来 15 年的可持续发展具有重要的导向意义。

可持续发展科学作为面向学术与实践、基础与应用、全球与区域的科学，一直以来力求解决"是什么""为什么""将要发生什么"的基本问题（牛文元等，2015）。在可持续发展研究中，如何将可持续发展的多维度内涵纳入可持续发展评价框架中，以合理有效地诊断区域可持续发展状态，如何根据区域特点选择差异化的区域管理模式，以更好地实现可持续发展，是可持续发展科学面临的核心问题（张晓玲，2018）。因此，对城市群地区进行可持续发展评价和情境分析，既有较强的实践价值，也有较强的理论意义。

京津冀城市群是中国三大城市群之一，也是中国经济发展格局中最具活力和潜力的核心区（刘晓丽等，2008）。然而，京津冀三地发展极不平衡：北京和天津的城市体量巨大，集聚了大量优质资源，对河北的"虹吸效应"显著，河北综合实力较弱，人民生活水平有待提高。京津冀城市群发展面临城市群规模结构失衡、环境污染严重、首都"大城市病"凸显等突出问题。2015 年 4 月 30 日，中共中央政治局召开会议审议通过了《京津冀协同发展规划纲要》，明确提出"深入研究、科学论证，规划建设具有相当规模、与疏解地发展环境相当的集中承载地"。2017 年 10 月，党的十九大报告提出"以疏解北京非首都功能推动京津冀协同发展，高起点规划、高标准建设雄安新区"。随着京津冀协同发展进程的急速推进，亟须综合考量京津冀城市群生态协同水平并采取科学有效的管理方式以促进区域可持续发展。

京津冀区域协调发展工作正在稳步推进，其中生态环境保护将是率先取得突破的关键领域之一，《京津冀协同发展规划纲要》强调要在生态优先的基础上进行生态环保的协同开展，《"十三五"时期京津冀国民经济和社会发展规划》中也明确提出走绿色发展的道路，不断加强生态环境的优化与维护，建设生态环境示范工程，构建标准基地以作为区域生态屏障。而生态补偿作为京津冀协调发展的重要组成部分，与京津冀的水资源和水环境管理与保护密切相关，当下需通过建立相应的法律体系，确保其顺利有效实施。研究的最优方法是，度量京津冀生态协同发展程度，梳理生态协同政策及措施，借鉴相关特大城市群生态发展路径，最终结合供给服务政策创新生态供给机制。

第一节 京津冀生态协同资源禀赋及政策背景

一、京津冀生态资源禀赋分布

生态环境保护是生态文明建设的核心。在京津冀,生态空间占总面积的 60%。我国东部地区由于长期的大规模高强度开发,资源环境严重超载,自然生态系统退化,人与自然的关系最为紧张,资源与环境的矛盾最为突出,环境超载后迫切需要联合生态防控。因此,在京津冀协调发展过程中,应优先保护生态环境,突出尊重自然、顺应自然、保护自然、开发与保护一体化、绿色化山川与河流的理念。加强环境整治工作,大力推进生态保护和恢复,促进绿色低碳发展和循环经济。使得生态补偿机制和政策切实落地,力求在 10 年或更长时间内改善京津冀的生态环境质量。

生态环境保护是促进京津冀协调发展的重要基础和关键任务,也是实现京津冀地区绿色发展的前提。在机制创新和政策保障方面,要加强主要功能区作为土地和空间开发与保护的基础作用,加快主要功能区政策体系的完善,促进各区域协调发展。以定位政府职能为主,打破行政限制,促进能源生产和消费革命,促进低碳发展和绿色循环;建立环境污染联防联控机制与政策,规范环境综合治理市场的准入与退出。最终形成大城市群生态保护的联动机制、生态横向补偿机制并促进人与自然和谐发展的现代化格局。

土地市场要素的整合,对促进京津冀三地的协调发展,促进区域供给方的结构改革具有基础性和规范性的意义。以建立京津冀城乡统一的用地市场为目标,深化城市国有土地有偿使用制度改革。2005 年 8 月 10日,《国务院关于开展农村承包土地的经营权和农民住房产权抵押贷款试点的指导意见》印发,该意见提出,审慎稳妥地推进农村土地制度改革,建设小农国家。完善集体和个人土地增值收益分配机制,加强三地农村土地产权交易机构的合作,形成统一的农村集体建设土地产权交易市场。

同时,要加快城乡基准地价体系建设,切实反映土地资源稀缺程度,联系各行政部门,加强对土地市场的调控和监督,避免在一些地方出现降低地价以追求投资和竞争的现象。

京津冀的北部和西部属于坝上高原和燕山—太行山区域,在《全国主体功能区规划》中被列为京津冀三地重点生态功能区,被定位为京津冀华北平原的重要生态屏障。土地总面积为 13.01 万平方公里,占三个省份土地总面积的 60.2% 左右,一般来说,它可以分为三个部分:

第一,河北坝上地区六县(张北、固原、康保、尚义、丰宁、承德伟昌县),位于浑善达克荒漠化治理生态功能区南缘,是国家重点生态功能区,面积约为 3.16 万平方公里,突出防风固沙功能。

第二,燕山北部重点生态功能区,包括河北张家口、承德等 14 个县(市),秦皇岛市阜宁、青龙县,唐山市黔西县、北部和西部 5 个区(县),以及北京和天津蓟县部分地区,总面积约为 5.83 万平方公里。它们是滦河和潮白河的出生地和汇流区。

第三,冀西太行山省级重点生态功能区,包括石家庄、保定、邢台、邯郸西部的 17 个县(市),土地总面积约为 3.75 万平方公里,是河南支流流域的主要水源。

以上两个省级生态功能区主体功能均为水源涵养、饮用水源保护、水土保持。今后,按照"统一规划、严格标准、联合管理、改革创新、合作互助"的原则,建立环境污染联合防治机制、生态保护联动机制、区域联动机制、横向生态补偿机制,促进区域生态环境质量的有效提高。

除了常规的生态功能区,京津冀生态协同还包括了各类自然禀赋,包括空气质量、河流水质、森林分布等。

图 11.1 为 2017 年京津冀主要城市空气质量从优到重污染的天数比例。其中,优天数最高的为承德,正好超过全年的一半,为 185 天;张家口为 158 天,排在第二位;保定、秦皇岛、廊坊、沧州均为 90 多天;北京为 53 天;石家庄优天数最少,仅为 34 天;天津为 38 天,排倒数第二位。

优良天数相加,秦皇岛排名第一位,为 354 天,全年仅 11 天为轻微污染;承德以 351 天排名第二位;沧州、廊坊、衡水均为 344 天,并列第三位,优良天数相加低于 300 天的只有北京,为 286 天,北京的非优良天数中,56 天为轻微污染,17 天为轻度污染,4 天为中度污染,2 天为重污染,2008 年奥运会之后,北京的空气质量压力依然不小。除此以外,保定、张家口全年各有 1 天中度重污染,各有 1 天重污染,石家庄有 2 天中度重污染,邯郸有 1 天中度重污染。PM2.5 作为最能反映空气质量的特征值,指标值在逐年降低,具体如图 11.2、图 11.3 和图 11.4 所示。

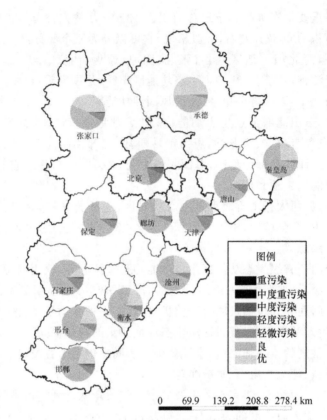

图 11.1　2017 年京津冀空气质量分布

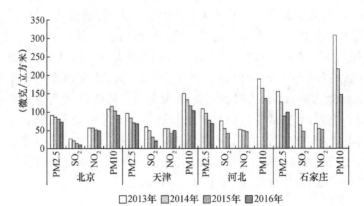

图 11.2　京津冀空气质量指标变化

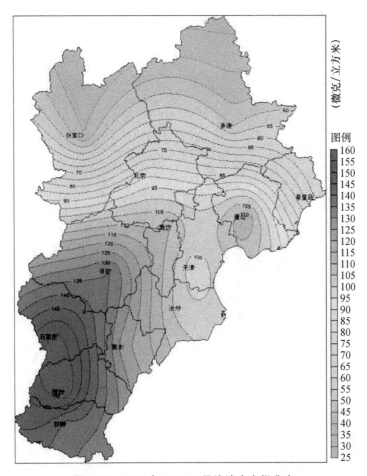

图 11.3　2013 年 PM2.5 平均浓度空间分布

　　水质监测是了解区域生态情况的有效方法,我们通过水质断面的监测,发现京津冀水质状况堪忧(见图 11.5 和图 11.6)。水质最好的河段为漳河岳城水库以上段,但此段上游部分为冀豫交界,再上游为山西省,与河北无太大关系。水质稍好的包括滦河迁西县上游段,主要流经承德各县,至迁西的大黑汀水库,水质仍保持Ⅱ级,其支流柳河汇入滦河时为Ⅰ级水质。滦河优越的水质也影响到引滦入津的几条相关河流,如淋河、黎河、沙河等,水质均较好,进入于桥水库前水质均为Ⅱ级。除此以外,由于河北对保证进京水质的要求,永定河、潮河、白河、拒马河进京时断面水质均较出色,除白河进京时水质为Ⅲ级,其余均保持在Ⅱ级。

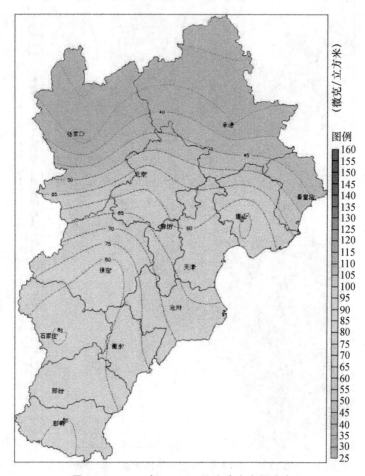

图 11.4　2017 年 PM2.5 平均浓度空间分布

　　张家口除洋河,多数河流水质中等,属于Ⅲ级,较承德一侧的滦河水系稍差,洋河在万全县南的左卫桥断面处水质为Ⅳ级。唐山、秦皇岛一些直接入海的河流如陡河等水质在入海口也是Ⅲ级。保定的白洋淀、天津海河三岔口等著名的景观区水质基本保持在Ⅳ级。海河在天津境内水质情况不佳,在经过滨海新区以前,包括黑龙港河、独流减河、潮白新河、北运河等天津境内的断面水质均为Ⅴ级,延庆的妫水河在进入官厅水库前也为Ⅴ级。水质为劣Ⅴ级的断面主要涉及北京、天津、保定、沧州、邢台和邯郸。如北京北运河榆林庄断面、下游廊坊王家摆断面水质均为劣Ⅴ级。

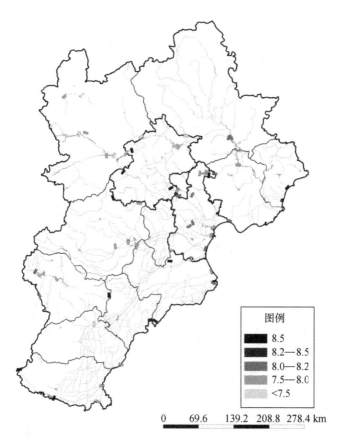

图 11.5　2017 年京津冀河流国控断面主要监测指标（pH 值）

图例
- 8.5
- 8.2—8.5
- 8.0—8.2
- 7.5—8.0
- <7.5

0　69.6　139.2　208.8　278.4 km

天津永定新河、海河入海口为劣Ⅴ级。流经保定市区的府河两处断面均
为劣Ⅴ级。沧州大部分河流在入海或出境到天津时水质为劣Ⅴ级，如南
排河、子牙新河、宣惠河等，岔河东宋门断面也为劣Ⅴ级，但为山东省所流
入。邢台滏阳河和卫运河断面为劣Ⅴ级。邯郸卫河两处断面均为劣Ⅴ
级，但龙王庙断面为河南省所流入。

　　目前，京津冀自然保护区属于国家级的一共有 18 个，其中，北京 2
个、天津 3 个、河北 13 个；属于省市级的一共有 42 个，其中，北京 18
个、天津 4 个、河北 20 个。自然保护区多位于山区，平原地区主要形式
为湿地或湖泊，山区多位于燕山山脉，太行山山脉及坝上高原分布较
少。河北除廊坊、张家口、衡水、邯郸，各地（市）均有自然保护区。对于

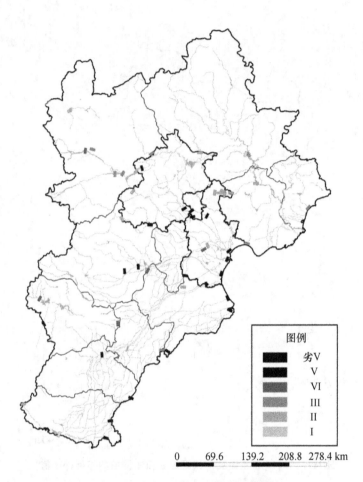

图 11.6 2017 年京津冀河流国控断面主要监测指标(水质)

北京、天津等地而言,自然保护区分布基本位于市区核心区两小时通行圈以内(见图 11.7)。

京津冀国家森林公园共计 41 处,均位于山区,其中,太行山山区略多于燕山山区,还有一些位于坝上高原。41 处中,北京有 15 处,天津有 1 处,河北有 25 处,境内基本为平原的廊坊、沧州、衡水则无国家森林公园分布(见图 11.8)。

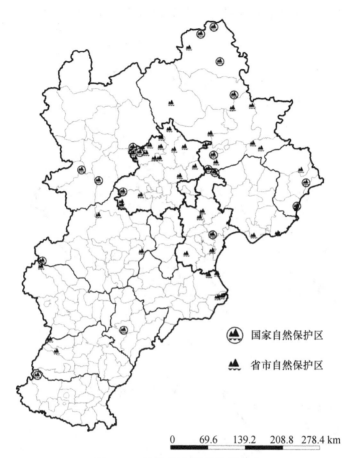

图 11.7 京津冀自然保护区分布

二、京津冀生态协同政策及措施

生态协同的重要落脚点就是生态补偿,虽然目前还没有相应的跨流域生态补偿的法律及相关规定,甚至没有有效的生态补偿法律保障措施,且从政策支持的角度来看,无论是从国家层面还是地方政府层面,都存在生态补偿法律保障问题,尚未有成熟的成果。梳理已经颁布的政策和措施,理清政策背景后的脉络,对探究生态一体化成功路径有重要作用,同时,以供给机制创新为切入点,能够深层优化京津冀生态协同发展方案。

1. 生态补偿施行政策

第一,从国家层面看,国家越来越重视生态补偿,特别是京津冀辖内流域,更是重中之重。政策扶持可分为初始发展阶段和全面推进阶段。

图 11.8　京津冀国家森林公园分布

　　在起始阶段,虽然国家没有从生态补偿的角度强调对京津冀三地水资源的保护,但出台了诸多政策支持生态补偿的探索。自 1996 年以来,陆续发布了海河流域水污染防治的"十五"计划、"十一五"计划、"十二五"规划,其中"十二五"规划就有资金支持冀北的张承地区开展水源保护工作。2001 年,国务院发布了《21 世纪初期(2001—2005 年)首都水资源可持续利用规划》,在北京密云水库上游和官厅水库上游、河北张承区开展了一系列水资源保护和生态建设,投资规划了京承生态建设区的各项工程,是中央对京津冀流域生态补偿的积极探索。2005 年,党的十六届五中全会提出了"谁发展,谁保护,谁受益,谁补偿"的原则。这就需要按照这一原则加快建立生态补偿制度。2007年国家环境保护总局《关于开展生态补偿试点工作的指导意见》强调,流域水资源保护应以生态环境补偿体系建设为依托,重点建立和完善生态补偿体系。

在积极发展阶段,2010年是发展生态补偿的关键一年。我国将生态补偿研究正式纳入立法规划,提出加快生态补偿法规的研究和制定。《中华人民共和国环境保护法》第三十一条规定,为了有效缓解生态环境的薄弱环节,国家应当不断推进生态补偿制度的建立和完善。2014年4月30日,《关于2014年深化经济体制改革重点任务的意见》发布,强调全面推进不受流域和地区限制的流域生态补偿制度,建立综合补偿的生态补偿制度。在2015年生态环境损害赔偿制度改革试点方案中,指出要完善生态补偿机制,探索以水平生态补偿为主体的多元化补偿机制,在国家财政予以支撑的背景下,引导和促进京津冀等区域水土保持生态补偿试点的运行。2015年10月,中共中央强调,以京津冀为代表的核心生态功能区的转移支付能力应当不断加强,激励性补偿措施应当落实。《关于2016年深化经济体制改革重点工作的意见》再次强调全面实施生态文明建设的重要性,该意见提出应当制定自然资源统一登记、确定产权的试点方案。2016年5月13日,国务院办公厅印发《关于健全生态保护补偿机制的意见》,该意见明确指出,有必要研究建立以地方补偿为主的横向财政转移支付生态补偿机制,并享受国家财政扶持政策。主张在水资源供需关系严重不平衡、污染或灾害严重的流域开展横向生态保护补偿机制试点工作,开展水利枢纽生态补偿试点工程。鼓励京津冀的荒漠化地区恢复生态。2016年11月24日,《国务院关于印发"十三五"生态环境保护规划的通知》强调,要继续加强重点生态功能区的转移支付能力,合理优化补偿标准,为产业和财税资金等方面的协调发展寻求有效的补偿方法。该通知明确提出京津冀生态保护补偿机制将于2017年全面实施。京津两地将积极支持河北流域的生态建设和环境保护,继续推进流域生态建设和环境保护制度化。可见,京津冀流域区域间生态补偿的制度化和法制化建设已迫在眉睫。

综上所述,国家出台的政策大力支持了流域跨区域生态补偿,也为京津冀流域跨区域生态补偿提供了政策依据。当前,迫切需要做好京津冀跨区域生态补偿制度的法制建设。

第二,从地方层面看,京津冀也十分重视流域间生态补偿。京津冀在华北地区和谐共存,都坐落于海河流域。水资源配置过程中存在密切关系,从流域生态补偿的角度来看,京津冀三地已达成共识,纷纷出台相关政策支持流域跨区域生态补偿。

2011 年,中共北京市委和北京市人民政府关于进一步加强水务改革和发展的意见顺利出台,指出应建立和完善水土保持补偿制度和水生态补偿机制,确保水资源政策的全面实施,确保水资源配置的科学合理利用。推进大型水库移民后扶持政策的有效实施,妥善处理水库移民的各个方面。2016 年 1 月《中共北京市委北京市人民政府关于全面提升生态文明水平推进国际一流和谐宜居之都建设的实施意见》中,明确提出要促进生态补偿和资源有偿利用制度的不断优化,开展区域间和流域间的水权交易,促进水权转让。全面推进京津冀生态环境保护工作,实施生态区域协调发展。确保永定河引领的跨区域绿色生态河道管理工作全面健康地发展,抓好张家口、承德的饮用水源保护,共同建设生态友好型流域。2016 年 2 月,北京市通州区人民政府办公厅发布的《北京市通州区人民政府办公室关于印发通州区"十三五"规划纲要任务分工方案的通知》指出,建立实施跨区域水资源生态补偿,促进流域生态环境的综合治理。2016 年 7 月《北京市"十三五"时期水务发展规划》强调京津冀在水生态环境方面的合作要加强,全面贯彻《京津冀合作发展规划纲要(六江、五湖、四库)》指出,全面推进永定河、北运河、潮白河流域的系统管理。其中,应优先恢复永定河的生态功能,联合开展流域污染防治,促进跨境河流水质,以使其可以尽快匹配相应的标准。在张承两市建设 600 平方公里的生态清洁流域。探索构建水资源生态补偿体系的途径,不断深化水保区的生态修复和农业节水活动落实。

2016 年发布的《天津市水污染防治工作方案》明确提出了实施跨区域水环境补偿政策,提出引滦入津工程水资源生态补偿机制的建立,天津应更积极研究制定相关政策,落实具体措施。《天津市人民政府关于印发天津市国民经济和社会发展第十三个五年规划纲要的通知》于 2016 年发布了重要指示,不断加强生态文明建设的创新发展。实施生态资源有偿使用制度,推进京津冀水利保护区和滦河引水工程水环境生态补偿制度的建立和优化。建立排污权初始分配制度,深化环境监测执法体制改革。2016 年 1 月发布的《天津市水污染防治条例》指出,天津市应建立永久性生态补偿机制,对纳入永久性生态保护区的饮用水源保护区实施生态补偿。

河北在 2016 年 2 月印发了《河北省建设京津冀生态环境支撑区规划（2016—2020 年）》，以促进跨区域生态补偿长效机制的建立。按照"谁受益、谁补偿、生态共建、环境共享"的原则，加快建立京津张承区域横向生态补偿机制，并建立环境分担机制，河北承接京津冀产业转移项目，按项目投资或利税比例分担能源消耗和污染指标。《河北省漳城区生态保护与恢复实施计划》于 2016 年 9 月正式发布，主张在京津冀建立横向生态补偿机制，加快三地生态补偿方案的研究进程，帮助三地尽快实现水平生态补偿体系的建设。以水资源生态补偿为中心，建立与三地协调发展的生态保护补偿体系，研究完善重点饮用水源地、自然保护区等重点生态功能区的生态补偿机制。建立京津冀三地协商平台，扩大资金来源，促进市场化补偿方式的完善，推动张承地区经济发展到一个新的水平。2011 年的《河北省人民政府办公厅关于印发河北省水利改革发展"十二五"规划的通知》强调，要研究水生态补偿机制的建设，根据上下游流域的具体情况，进行相应的水生态环境保护和合作建设，实施水生态环境保护收费制度，建立水生态补偿机制。深入探索和研究了水土保持生态补偿机制，加强水土保持补偿费的征收管理和使用，合理调整征收标准。这些政策在京津冀区域生态补偿体系建设中发挥了重要作用，为区域生态补偿制度构建提供了直接依据。

2. 已有生态补偿措施

目前，在探索京津冀流域跨区域生态补偿的实践过程中，通过国家垂直财政转移支付与合作方案，进行了一系列跨区域生态补偿的探索。对京津冀盆地的生态建设进行了研究，在保护盆地生态环境方面取得了良好的效果。

首先，国家财政转移支付在京津冀流域区域间生态补偿中占有主导地位，国家很早就对京津冀流域上游地区实施了各种补偿工程，虽然没有以生态补偿的名义，但实际上产生了生态补偿的功能。自 1996 年以来，国务院办公厅陆续发布了海河流域水污染防治的"十五"计划、"十一五"计划、"十二五"规划，其中"十二五"规划有资金支持河北北部张城区开展节水工作。2001 年国务院批复了《21 世纪初（2001—2005 年）首都水资源可持续利用规划》，充分体现了我国在三个流域生态补偿机制建设中的大胆尝试。明确指出，要大力支持官厅水库上游密云、张承水源保护生态建设，积极开展涉及水污染治理、水环境等数百个项目的生态工程建设。

国家通过财政转移支付方式提供财政支持。这些工程的实施,改善了官厅水库与密云水库上游地区的生态环境和水质。为保证北方绿色生态屏障建设的顺利进行,最大限度地缓解京津风沙危机,促进生态环境的逐步优化,国务院批复实施了《京津风沙源治理工程规划(2001—2010 年)》。其中重点论述了三个小流域综合治理与草地控制,张家口市实施了退耕还林、荒漠造林、草地管理等一系列工程,北京对长江上游地区"稻改旱"政策进行了补偿,并在张家口有条不紊地开展了联合建设和扶贫工作。

其次,生态补偿应包括以下几个方面。

一是实施小流域综合治理工程。根据三地协调发展战略,张家口、承德被评为"京津冀水源涵养功能区"。为保证工程的顺利实施,河北先后启动了兴隆、固原、赤城、滦平、丰宁五县,发布了《河北省密云水库上游承德、张家口两市五县生态清洁型小流域建设规划(2015—2017 年)》等政策。根据这一要求和《北京市清洁小流域管理办法》,2015—2017 年,按照每平方千米 65 万元、北京每平方千米补助 33 万元的要求,共投资 3.9亿元。通过小流域治理的发展,改善了密云县水库的水质和水量。在总结小流域管理经验的基础上,河北在全省进行了广泛的应用,加快了流域管理的进程。

二是实施"稻改旱"工程。2006 年,北京和河北签署了《有关强化经济及社会进步协作备忘录》,实施了潮白河地区以玉米替代水稻等作物的"稻改旱"工程,该计划自 2007 年起逐步实施,覆盖滦平县和丰宁满族自治县的 24 个乡镇,"稻改旱"达到 7.1 万亩。2007 年,按照每亩 450 元的要求,工程赔偿"稻改旱"人民的"利益损失",赔偿总额为 3 195 万元。2008—2010 年,每亩还款额增加到每年 550 元,每年还款额为 3 905 万元。2011 年,北京承接了"稻改旱"工程。截至 2015 年,京津冀三地联合推进节水农业重点工程,"稻改旱"工程落户承德滦平县。该项目将于 2016—2020年实施,年报酬 700 元/亩,每年偿补金额为 2 453.192 万元,五年时间总共1.226596 亿元。农业节约用水"稻改旱"总共是 3.50456 万亩,每年给北京增加供应 1 876 万立方米的优质水,五年总共给北京供应 9 380 万立方米的优质水。

三是开展生态水源涵养林建设。到 2014 年年底,在河北承德、张家口等地,共建成水保林 50 万亩。项目区森林覆盖率提高 4%,逐步建立"绿色生态带",保护京冀水资源。在《2015 年京冀生态水源保护林建设合作项目实施方案》中指出,2015 年京冀地区将合作建设 10 万亩水源涵养林,长期规划建设 100 万亩森林,以保证北京水源的安全,优化北京和河北的生态状况。

四是发展滦河进入天津工程。天津市政府每年在财政预算中拨出专项资金。自 2009 以来,每年分配 2 000 万元,2011 元增至 3 000 万元。支持河北促进滦河上游水生态环境保护和水污染治理。资金用于支持河北滦河引津工程的建设,保证改善水质的生态修复工程。

京津冀流域跨区域生态补偿的实践虽然还很不成熟,仍然存在诸多问题,但同时也为京津冀正式跨区域生态补偿体系的构建积累了宝贵的经验。主要体现在以下几个方面:一是在补偿方式上,仍应坚持政府主导,并在政府的支持下继续进行流动。区域间生态补偿工程促进了区域经济的协调快速发展。二是京津冀继续推进合作共建,共同推动流域生态建设。三是国税局将继续获得国家财政资金的支持,国家通过财政转移支付支持京津冀流域区域间生态补偿的发展。

第二节　京津冀生态协同机制创新的研究现状

城市化是工业化发展的自然历史过程。它是人类社会发展的客观趋势,是国家现代化的重要标志。城市化是人类活动在地表上的强烈过程,是资源与生态环境的耦合与制约。城市化可能对资源和生态环境产生巨大影响,进而可能制约城市化进程(李双成等,2009)。由此带来"城市病"和可能发生的种种风险具有重要的科学和实践意义。

与世界各国发展趋势相同,自中华人民共和国成立以来,中国的城镇化过程虽经历起伏,但总体保持快速上升态势,尤其是改革开放以来更是进入了高速发展的通道。2014 年中国城镇化率已接近 55%(见图11.9)。根据《国家新型城镇化规划(2014—2020 年)》,预计到 2020 年城镇化率将超过 60%。快速的城镇经济发展与人口集聚对区域资源环境造成了巨大压力。据环保部环境规划院的课题测算,城镇化率每上升 1 个百分点,增加能源消耗 4940 万吨标准煤,增加城镇居民生活用水量约 11.6 亿立方米,增加钢材消耗 645 万吨、水泥 2190 万吨,增加城镇生活污水排放量 11 亿吨、生活 COD 排放量 3 万吨、生活氨氮排放量 1 万吨、生活氮氧化物排放量 19.5 万吨、生活 CO_2 排放量 2 525 万吨、生活垃圾产生量 527 万吨。在国家层面,资源环境的支撑能力与城镇化发展不协调的矛盾十分突出,在一些特大城市群地区,这一矛盾已经变得不可调和,直接影响到区域可持续发展。2013 年 3 月,中国社会科学院、首都经济贸易大学和国家发改委等单位专家撰写的《京津冀发展报告(2013)——承载力测度与对策》蓝皮书披露,水源枯竭、垃圾围城、雾霾肆虐、交通拥堵、人口超载所带来的不良后果正在逐渐显现。在《国家新型城镇化规划(2014—2020 年)》提出六大必须解决的突出问题,其中四项与环境资源密切相关,这也说明生态环境与资源问题是中国城镇化发展的重大短板和约束条件。中科院院士周锡元教授认为,"随着社会生产力和社会财富向有限地域的高度集中,现代城市的灾害脆弱性表现日趋突出。据统计,如果GDP 翻一番,在遭受同样灾害的情况下,损失将变为 4 倍"(周锡元等,2008)。美国著名城市地理学家诺瑟姆(Northam)认为,城市化水平从30% 到 70% 是城市化快速提升期,也是社会矛盾多发期,"城市病"、逆城市化、空间隔离、社会阶层分化、社会预期压力和安全感缺失等伴随着城市化进程。

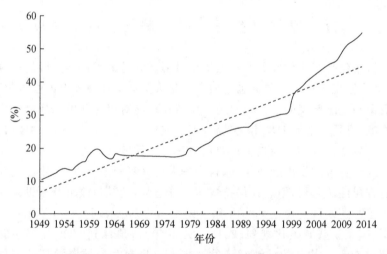

图 11.9 中国城镇化率变化过程(1949—2014)

为充分发挥科学技术在解决城市化进程中的生态环境问题中的作用,2006 年 1 月国务院制定的《国家中长期科学和技术发展规划纲要(2006—2020 年)》将关于城市化与城市化问题的纲要发展作为 11 大重点领域之一。明确提出应研究开发城市区域规划与人口、资源、环境、经济发展的交互模拟预测和动态监测技术。从耦合关系、应力机制和规模特征等方面系统地研究了城市化与生态环境的相互作用。对于遏制特大城市群地区生态环境恶化态势,解决城镇化过程中出现的"城市病"等问题,确保我国新城市化战略的顺利实施,实现区域生态安全和社会经济的可持续发展,具有重大的现实意义。

城镇化过程中出现生态环境问题的原因是多方面的,从地理学角度分析,是人地关系在城市区域没有处于和谐状态所致。社会需求极大地刺激了科学研究,城镇化与资源和生态环境交互作用、耦合关系及城镇化带来的种种问题研究已成为国内外地理学和相关学科研究的前沿和热点。国际方面,国际地理联合会(International Geographical Union)2013年成立的大都市工作组(Megacity Taskforce)吁请地理学家参与到解决大都市问题中来,尤其关注全球环境变化和经济全球化下中低收入国家的大都市问题。德国联邦教育与研究部(Federal Ministry of Education and Research,BMBF)设立了"未来大都市可持续发展研究"计划(Sustainable Megacities of Tomorrow's Megacities),重点关注城市成长中心的能源和气候的有效结构。德国亥姆霍茨环境研究中心(Helmholtz Centre for Environmental Research)的"风险生境的城市"(Risk Habitat Megacities)计划,聚焦拉丁美洲地区的城市可持续发展。由联合国教科文组织首倡在荷兰建立的"大都市基金"(MegacitiesFoundation)过去17年一直致力于解决大都市规划中争论性的难题。为了进一步推进"未来地球"(Future Earth,FE)研究计划,国际科学联盟于2014年11月发布了"未来地球2025愿景",建议在"未来地球"研究规划中加强八个方面的研究,其中"城市化建设"将是重点,列为重要研究领域。

2013年9月,中国科学技术协会在北京举办了"中国未来地球"国际会议,确定了与中国可持续能力建设有关的优先问题,其中将"亚洲城市化对区域环境、社会影响研究,以及健康的相互作用关系"列入研究议题。

傅伯杰院士在中国地理学会2014年学术年会的大会主题报告《走向世界的中国地理学》中明确指出,"新城市化进程及资源环境承载力预警"是九大战略之一。中国地理科学未来发展方向。城镇是自然和社会经济要素分布最密集的地区。城镇化是地球表层自然系统与社会经济系统交互作用和耦合联系最为强烈的过程。因而,城镇化与资源、生态环境交互胁迫与耦合关系研究对于提升地理学的综合研究水平具有重要作用。20世纪70年代以来,国际地理学的发展越来越从强调自然主导的环境变化转向强调人为主导的环境变化,这使得地球表面系统的理论研究任务摆在了我们面前。这一背景在中国的一个重要表现是城市化的发展及其带来的环境变化(陆大道,2013)。就对地理学发展的贡献而言,本研究有助于提高自然和社会经济系统的综合分析水平,进一步推动地理学综合研究的进程。同时,也为地理学的核心命题、人地关系研究提供了重要的实践领域。

一、国际相关研究现状与最新进展

城市作为自然生态环境改变最为彻底、社会经济要素高度聚集的区域,长久以来引起了国外学者的关注。国外研究中,最突出的是 2008 年1月发表在 *Science* 杂志上的一篇关于城市生态环境、可持续发展、城市生活质量和社会文化的文章。其中,Grimm 等的"Global Change and the Ecology of Cities"一文,从城市生态学的角度探讨了全球环境变化下人类活动引发的城市社会生态系统在地域、区域和全球等不同尺度上的环境变化及其响应。

1. 城镇化与生态环境的交互胁迫作用

城镇化过程引发的资源与生态环境问题引起了国外学者的广泛关注在国外。城市化引起的资源与生态环境问题引起了国外学者的广泛关注。1995 年,格罗斯曼和克鲁格利用来自 42 个发达国家的面板数据,以倒 U 形曲线实证分析了城市生态环境质量随城市经济水平提高的演变,提出著名的环境库兹涅茨曲线(EKC)假设。随后,环境库兹涅兹曲线在不同国家或地区的城市实证研究成为一个持续的研究热点。城镇化过程通过改变下垫面性质、反照率和蒸发散从而对于城市气候和热环境产生显著影响。其中,城市热岛效应及其成因引起了广泛关注。用"urban"和"heat island"作为联合主题词在 Web of Science 上共检索到 2 046 篇文献,其中,正规期刊论文 1 886 篇,会议论文 515 篇。在文献作者的国家或地区中,美国居第 1 位,共计 610 篇;中国居第 2 位,共计 579 篇;日本位居第 3 位,共计 215 篇。从图 11.10 可以看出,有关城市热岛效应的研究呈现上升趋势。

Niemelä *et al*.(2011)在总结欧洲城市扩张特征的基础上,着重分析了城镇化对下垫面自然环境的改变,尤其是对于自然生态系统侵占、景观破碎、生物多样性及生态系统服务的负面影响。在许多发展中国家,快速城镇化导致耕地大量减少(Seto *et al*.,2011)。

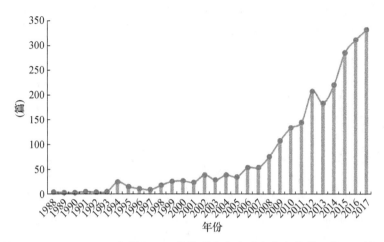

图 11.10　1988—2017 年国际 SCI 检索刊物发表城市热岛效应研究文献情况

在城镇化与生态环境交互作用方面，Al. mulali *et al*.（2012）利用调整后的最小二乘回归方程分析了东亚和太平洋、东欧和中亚、拉丁美洲和加勒比海、中东等七个地区的城市化、能源消耗和二氧化碳排放之间的长期双向关系。结果表明，有 84% 的国家上述关系呈现长期的正向性，仅有 16% 的国家呈现负向。

资源环境在我国城市化进程中的强制作用也引起了国外学者的关注。以深圳为例，Güneralp and Seto（2008）建立了一个系统动力学模型，来模拟城市增长的驱动力和在土地利用、空气污染及能源和水资源需求方面的环境效应。研究结果表明，到 2020 年，所有可以开发的土地都将被转化成建设用地，车辆的增加是空气污染主要的原因，能源和电力需求将持续增加，城市的脆弱性将增大。Haas and Ban（2014）以中国京津冀、长江三角洲和珠江三角洲为例，运用景观指数和生态服务概念，研究了土地利用变化和城市化的环境效应。结果表明，快速城市化导致自然生态系统面积、景观破碎化和生态系统服务价值显著下降。

2. 城市病及风险预估

20 世纪 60 年代中后期，随着西方城市增长管理的不断实践，环境运动的兴起和新经济的兴起。西方发达国家长期高速城市化进程累积的负面效应集中显现出来，城市蔓延、自然土地占用、社区人格丧失、环境恶化、交通拥挤、贫富种族隔离和社会隔离、中心地区衰落等城市病已引起决策者、科学家的广泛关注。图 11.11 是以"urban problems"或"urban

crisis"为主题词在 web of science 上的检索结果。从图中可以看出,虽有波动,但研究整体呈现上升趋势。

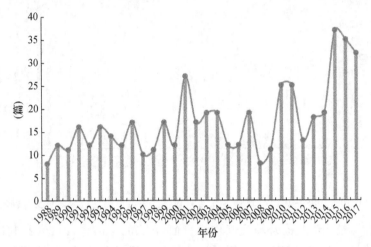

图 11.11 1988—2017 年国际 SCI 检索刊物发表的城市问题(危机)研究文献

尽管对于城市问题的研究已有较长历史,但多是单一学科零散的工作。由于城市是一个多要素、多组分相互作用的自然社会复杂系统,因而城市问题的解决必须依靠多学科交叉综合研究。为此,Boodman(1969)在 *Science* 撰文,呼吁各个学科参与定量研究城市问题。随后,Savas(1971)从物质传输视角阐述了燃料、矿石、木材和食物等远距离从外部传入城市所引起的诸多问题,尤其是严重的大气、水、土壤和固体废弃物等环境污染。强调自然科学和社会科学通力协作才能解决城市问题。目前,世界上超过一半的人生活在城市区域,城市问题越发突出。*Environmental Pollution* 主编 Manning 认为,由于人们离开乡村到城市或郊区寻求更好的生活,城市的人口和产业聚集程度不断提高,这个趋势在发展中国家正在加剧。这导致了特大城市的不可持续发展,正在受到诸如热岛效应、废物处理、污染和拥挤等城市病的困扰(Manning,2011)。

由于城市化地区自然和社会经济因素高度集中,存在各种风险的可能性很大。为了有效地评估和应对各种风险,Uitto(1998)提出了一个评价大都市区自然灾害脆弱性的理论框架,强调了应用 GIS 技术分析各类数据的重要性。日本京都大学防灾所冈田教授建立了城市化进程中综合灾害风险管理的"塔式模型",阐明了协调城市各要素在综合灾害中的相互关系的重要性(Okada,2004)。大都市区是全球最大的风险区域,对于供给危机、社会失衡、政治冲突和自然灾害等风险都非常敏感。都市圈既是风险的受害者,又是风险的生产者。地震、火山爆发、洪水、干旱、热浪等环境灾害和环境污染、交通事故、火灾、地面沉降、流行病、政治冲突等人为灾害是城市常见的风险类型。为了保持城市地区的可持续发展,必须采取有效的风险管理对策(Kraas,2008)。

在城市风险研究理论方面,社会、生态系统框架被引入到城镇化过程中的风险研究中,如 Cheng(2013)应用社会、生态系统研究框架,构建了社会脆弱性指数(Social Vulnerability Index),评价了美国马萨诸塞州查理士河流域城市化和气候变化诱发的洪涝灾害风险,并对未来(2030 年)的洪涝灾害风险进行了预估。在研究案例方面,Heinrichs *et al.*(2012)以拉美地区智利首都圣地亚哥为案例区,研究了大都市区的系统复杂性,探讨了城市部门之间的深层联系。通过对风险因素的分析,阐述了大都市区风险的形成机制,评价了风险的范围和严重程度,提出了应对风险的管理策略。Viguié and Hallegatte(2012)使用多准则分析方法,分析了法国巴黎在绿带建设、分区降低洪涝风险及交通补贴三种适应气候变化政策的协同和权衡效应。Wamsler *et al.*(2013)对当前适应气候变化风险的城市规划理论与实践进行了比较和评论,明确了气候弹性城市的基本特征,从成因、短期和长期影响、灾害应对和生态脆弱性等方面分析了气候灾害、城市形态和城市规划过程和它们之间的关系。Aerts *et al.*(2014)采用城市灾害风险评估专用的概率洪水风险评估模型,对沿海特大城市的洪水风险及其损失进行评估,并提出减少城市脆弱性、提高恢复力的对策。

在城市区域的演化路径研究上,Cumming *et al.*(2014)在 *Nature* 撰文,分析了人类社会在农业转型和城市化进程中对于自然生态系统服务的依存和作用,提出了"绿环"(green loop)和"红环"(red loop)及其相互转换的概念。所谓绿环是人类社会以自然生态系统服务为驱动力的状态,红环是一个非生态系统服务驱动的社会系统。他们指出,城市化过程中人口的聚集、自然生态系统的占领和破坏极大地消耗了生态系统服务,增加了陷入"红环"陷阱的可能性。本文着重分析了北京由绿环向红环转变的可能性,以期对我国城市化进程中可能遇到的问题起到警示作用。

二、国内相关研究现状与最新进展

1. 城镇化与生态环境耦合分析

在城镇化与生态环境耦合的理论探索方面,方创琳和杨玉梅(2006)从现代复杂科学理论出发,把城市化与生态环境的关系看作城市化与生态环境的互动耦合系统,具有开放性、非均衡性的特征,具备非线性交互和自组织能力。在此基础上,提出了城市化与生态环境互动耦合系统的基本规律,包括耦合裂变规律、动态层次规律、随机波动规律、非线性协同规律、阈值规律和预警规律。认识这些规律,对于揭示城市化进程与生态环境演变过程的互动胁迫和动态耦合关系具有重要的理论指导意义;王如松(1988)运用生态协调原理的正负反馈与制约因子法则,揭示了城市化进程与生态环境之间的反馈与制约机制,得出城市增长符合 S 形规律;黄金川和方创琳(2003)研究表明,随着城市化进程的加快,区域生态环境呈指数衰减趋势。回归指数改善的耦合规律和交互耦合过程分别表现出低级协调、对抗、磨合和高级协调规律。乔标和方创琳等(2005)应用系统科学理论建立了城市化与生态环境协调发展的动态耦合模型。在城市化进程中,城市化与生态环境协调发展系统的演化循环将经历四个阶段,即低层次协调共生、协调发展、极端发展和螺旋上升。

在测度方法上,数学计量模型成为主流工具。徐福留等(2004)提出了生态环境压力指数(ESI)来评价区域经济发展对生态环境的压力。ESI 是从资源和能耗分指数(RECI)和环境污染指数(EPI)计算出来的。根据 ESI 值与 RECI 和 EPI 的关系,可以判断生态环境压力的变化和主要来源。该方法已成功地应用于多个案例,以评价经济发展对生态环境的压力(徐福留等,2004;宋静和王会肖等,2014)。宋学锋和刘耀彬(2005)引入物理学中的耦合协调度模型,探讨了城市化与生态环境的耦合关系,揭示了城市化对生态环境的胁迫作用和生态环境的制约作用,分析了中国区域城市化与生态环境的耦合关系(刘耀彬、李仁东等,2005)。乔标和方创琳等(2006)认为,在干旱区城市化与生态环境之间的耦合关系呈现双指数函数变化规律,其耦合演化轨迹是一条双指数曲线。王振波、方创琳等(2011)选取生态系统服务价值 ESV 和单位面积 GDP,建立了生态经济系统协调度 EEH 模型,揭示了 1991 年以来长三角快速城镇化地区经济发展与生态环境系统的关系及演变特征。孙平军和丁四保等(2012)借鉴物理学上的耦合容量系数模型和改进的耦合协调度函数,以北京市为研究对象,评价人口·经济·空间之间的耦合协调度及其演变规律和作用机理。黄瑞芬和李宁(2013)综合运用层次分析、耦合度和耦合协调度模型、BP神经网络等方法,对经济系统和资源环境两大系统的耦合度、耦合协调度进行测度与预测,以诠释环渤海经济圈低碳经济发展与环境资源系统的耦合协调状态变化趋势。王少剑和方创琳等(2015)借助物理学耦合模型,构建了城市化与生态环境动态耦合协调度模型,定量分析了1980—2011年京津冀城市化与生态环境的耦合过程与演进趋势。

2. 城市病诊断及评价

城市病是一种城市问题的形象描述,意即城市生态系统的结构、功能等出现了问题,城市功能无法正常实现,城市的社会经济发展产生了阻碍因素。表征为城市中的大气污染、垃圾污染、噪声污染、水污染与水资源短缺、能源紧张、人口膨胀、交通拥挤、住宅短缺、土地紧张等问题日渐显著(郁亚娟和郭怀成等,2008;倪鹏飞等,2013)。城市病是城市的社会、经济、生态环境等各个层面的发展不协调而引起的,它们之间具有相互影响和相互作用的内在联系。黄国和等(2006)从生命科学的角度,将生命体的概念引入城市问题究中,将城市视作一个有机的生命体,提出"从解构到整合、从特殊到普遍、从个别到整体"的思想,阐述了城市生命体特征辨识、健康诊断及综合评价和优化的研究思路。赵弘等(2014)将北京城市病的产生原因归结为:经济发展及其所引致的人口过快增长是核心原因;城市规划不科学、不合理,单中心格局未能突破是重要原因;体制机制掣肘是最根本原因。因此,北京大城市病的治理需要疏解非核心功能、调控产业、优化城市空间、加快轨道交通体系建设和推进京津冀协同发展。

城市病带来的负面效应是巨大的。孙久文等(2015)利用2005—2011年中国285个地级市的面板数据,研究了城市病对城市经济效率的影响。研究结果表明,中国城市产业集聚虽然能够带动城市经济效率的提升,然而,人口过度集中导致的拥挤效应对城市经济效率具有显著的负面影响。城市疾病以人口膨胀、交通拥挤和环境污染为主要内容,已成为制约城市经济效益提高的重要因素。从城市规模看,大城市集聚经济对城市经济效率的驱动作用有限,而中小城市仍能从集聚经济中获得较大的效益;大城市城市病对城市经济效率带来的损失程度高于中小城市。

为了诊断和评价城市病,学者们提出了一系列的评价方法和指标体系,并完成了许多案例分析。城市病的评价途径可以划分为两类,一是建立指标体系,然后应用不同的数学算法,获取城市健康状况的数值;二是将城市视为一个生命机体,应用生态热力学指标测度其代谢和健康状况。

在第一类指标评价中,郭秀锐和杨居荣等(2002)将生命力、组织结构、恢复力、生态系统功能维持和人口健康状况作为城市生态系统健康评价的五个要素,提出了城市生态系统健康评价指标体系,包括评价要素、评价指标和具体指标,并采用数学方法建立评价模型。以广州为例,以北京、上海为参照城市,将三个城市的生态系统健康状况分为病态、不健康、临界、较健康、很健康五个层次。而基于城市复合生态系统健康的内涵,胡廷兰和杨志峰等(2005)提出用距离指数和协调指数来表征系统的发展水平和协调状态,构建了距离指数和协调指数相结合的城市生态系统健康评价模型,并建立了城市评价指标体系,用以评估生态系统健康状况,以宁波区域为研究案例,距离指数和协调指数模型可以有效地表征城市生态系统的健康特征和空间分布。苏美蓉和杨志峰等(2006)利用集对分析方法,将城市生态系统健康状况评价的多指标体系与最优评价集相结合,用以描述城市生态系统健康状况,采用集对分析方法,对 1995—2003 年北京、大连、上海、武汉、厦门、广州等城市生态系统健康状况进行了评价。结果表明,城市生态系统健康有序度在不同时期有所变化,但厦门和广州处于最佳状态。郁亚娟和郭怀成(2008)提出了城市生态系统健康的五大功能,即承载能力、支撑、吸引力、延续性和发展性,归纳为CSAE 模型。分析了制约城市功能的瓶颈因素,将城市疾病症状与城市功能联系起来,建立了城市疾病症状的基本框架,构建了城市疾病诊断与城市生态系统健康评价体系。基于城市生态系统的发展目标,将梯度隶属度函数、改进均方差法和加权欧氏距离算法相结合,建立了一套方便城市生态系统健康评价模型算法。以北京为例,进行了城市疾病的单因素诊断和城市生态系统健康评价。对北京 1999—2005 年的城市生态系统健康指标进行了计算,分析了北京城市疾病的成因和城市疾病的分期。向丽等(2008)运用模糊数学评价法对 2001—2005 年北京城市生态系统健康进行定量诊断分析,结果表明,近五年来,北京城市生态系统健康状况逐年提高,但尚未达到健康的理想水平,未来还有很大的发展空间。文先明和熊鹰(2008)应用属性理论建立了城市生态系统健康属性综合评价模型,并将该方法应用于长沙的实证研究中。结果表明,长沙城市生态系统现状属于一般健康范畴,评价结果与实际情况基本一致。石忆邵(2014)提出了城市疾病评价指标体系框架,包括人口拥挤、交通拥挤、环境污染和风险、住房贫困,包含 30 个具体指标。对北京、上海、广州三个城市的实证分析表明,就城市总体疾病指数而言,北京＞上海＞广州;三个城市之间有显著差异,上海的人口拥挤指数最高,其次是北京和广州。广州的交通拥堵指数较高,北京和上海在北方大致相似;北京的环境污染和风险指数明显高于上海和广州;广州的住房贫困指数略高,高于北京和上海。李天建(2014)构建了城市疾病评价指标体系,从城市疾病的六大表现即自然资源短缺、生态环境污染、城市交通拥堵、居民生活困难、饭店短缺等 48 个指标中选取了城市疾病评价指标体系,采用主成分分析法对北京 2006—2010 年城市疾病的演变进行了分类和评价。结果表明,北京城市综合状况和自然资源短缺、公共资源短缺和公共安全弱化逐年提高,城市交通拥堵和居民生活困难得到遏制。

在第二类生命有机体代谢评价工作中,姜昧茗(2007)将价值理论应用于城市体系演化机理的研究,对我国典型城市的资源消耗进行了历史核算和预测,取得了良好的效果。季曦(2008)在研究城市横断面数据、深入分析城市内部系统和流动网络的基础上,对城市生态系统的热力学演化特征进行了突破性分析。刘耕源和杨志峰等(2008)将能值分析理论引入城市生态系统健康评价中,构建了一个新的能值指标 EUEHI,利用生命力、组织结构、恢复力和服务功能维持度对城市生态系统健康进行评价。其中,净能值产出率(NEYR)、环境负荷率(ELR)和能值兑换率(EER)分别代表活力、组织结构和弹性,能值密度(ED)与能值货币比(EMR)比值被用来评价城市服务功能维持。基于上述指标构建城市健康能值指数,并对包头城市生态系统健康状况进行评价。评价结果表明,包头总体健康水平由 2000 上升到 2004,健康水平不断提高,然而,包头与中国其他城市的差距仍然很大,健康水平还处于较低水平。苏美蓉和杨志峰等(2009)综合考虑城市的生命体特征及物质能量代谢层面因素,依托城市生命力指数框架,结合能值指标,构建了能反映城市生态系统健康状况的城市能值指数。引入集对分析的不确定性理论和方法,比较城市生态系统的相对健康状况。采用集对分析法,运用能量、活力指数和信息熵权重综合评价模型,对北京、上海、武汉、广州等 16 个城市的生态系统相对健康状况进行了比较。结果表明,厦门、青岛、杭州、上海和北京的健康水平相对较高,乌鲁木齐、成都和哈尔滨的健康水平相对较低,而其他城市处于中等水平。李恒和黄民生等(2011)通过净能值产出率(NEYR)、能值交换率(EER)和能量自给率(ESR)及环境产品,对城市健康能值指数(EUEHI)进行了改进,以反映系统的活力、组织结构和服务功能。心理负荷率(ELR)和废物产生率(EEW)来表示恢复力。在此基础上,构建了改进的城市生态系统健康指数(IEUEHI),并用于评价合肥的生态系统健康。评价结果与天津、芜湖、上海、宁波、福州等六个城市的评价结果进行了比较。结果表明,2004—2008 年合肥的健康程度呈现下降趋势,合肥城市健康改善指数高于上海、宁波、包头和天津,低于芜湖和福州。

3. 城镇化的风险预估

在特大城市群地区,城市规模巨大,城市人口复杂,在资源、环境、公共安全等一系列领域,首次遭遇到一般逻辑之外的社会风险(李友梅,2013)。符娟林和乔标(2008)基于模糊物元理论,建立了城市化生态预警模型。预警等级分为无预警、轻报警、中警告、重报警和大报警五级。从资源预警、生态预警和环境预警三个方面构建了河西走廊城市化进程中生态环境预警指标体系。参照标准和警告边界、警示灯和警报,对河西走廊进行了实证分析。龚艳冰(2012)针对城市化进程中生态风险评价的模糊性和随机性问题,建立了基于正态云模型和熵权的综合评价模型。综合考虑资源风险、生态风险和环境风险,构建了河西走廊城市化进程中的生态风险指标体系。利用熵权法确定各指标的权重,利用正态云模型定量描述单指标条件下待评价城市的生态风险等级。

城市系统脆弱性是风险形成的重要前提。苏飞和张平宇等(2008)从煤炭城市经济体系对区域可采储量的暴露度、敏感性和应对能力三个方面构建了煤炭城市脆弱性评价模型,并对全国 25 个以上煤炭城市进行了评价,并应用聚类分析对城市脆弱性进行分类。以大庆为例,利用熵权法确定各脆弱性评价指标的权重,采用集对分析法构建经济系统脆弱性评价模型(苏飞和张平宇,2010)。方创琳和王岩(2015)分别从资源、生态环境、经济和社会四个方面,采用系统分析法和综合评价法,确定了 10 个子指标和 36 个具体指标,构建了我国城市脆弱性综合评价的指标体系,确定了该指标的标准值。他们还确定了中国地级以上城市的脆弱性和空虚性,对分化进行综合评价。田亚平和向清成等(2013)在气候变化和系统结构因素分析框架的基础上,建立包括敏感性、暴露性和适应性、背景脆弱性、潜在脆弱性和现实脆弱性的区域人地耦合系统脆弱性评价体系。廖文华和解建仓等(2013)在分析区域生态风险因子的基础上,结合环境、经济、社会三方面内容,构建水土资源耦合生态系统风险评价指标体系。以西安浐灞生态区为例,采用改进熵权法和加权求和法进行评价研究。邵超峰和鞠美庭等(2008)从天津滨海新区城市化趋势入手,系统分析了滨海新区城市化进程中产生的非突发性环境风险、突发性环境风险,并在此基础上进行了滨海新区区域生态环境安全和突发性环境污染事故的环境风险评估。罗军刚和解建仓等(2008)将信息论中的熵理论应用于西安水资源短缺风险评价,建立了基于熵权的水资源短缺风险模糊综合评价模型。以风险率、脆弱性、可恢复性、事故周期和风险度作为区域水资源短缺风险的评价指标,建立了区域水资源短缺风险的综合评价指标体系。利用信息熵所反映数据的效用值计算评价指标的权重系数,有效地解决了权重分配问题,使权重的确定具有一定的理论依据。金冬梅和张继权等(2005)从自然灾害指数法、加权综合评价法和层次分析法出发,从城市干旱缺水的风险因素、承灾体的暴露、脆弱性和防旱抗旱能力出发,建立了城市干旱缺水风险评估模型,并引用了城市干旱缺水风。利用风险指数(UDRI)评价城市干旱缺水风险。

三、国内外城市生态协同发展政策

在快速城市化进程中,国内外特大城市和城市群地区经历了"从无序到有序发展"的过程。在城市空间快速增长的关键时期,他们根据城市群的发展阶段、空间资源及城市群的特点,采取相应的政策措施,引导城市空间的有序扩张,优化城市群的整合过程。

1. 芝加哥大都市区区域框架规划——TOD、SOD 双联动,引导轴向拓展

伊利诺伊州西北部位于三个城市密尔沃基、威斯康星和印第安纳的中心。到 2040 年,这个三角区将形成一个以芝加哥为中心并拥有 1 500 万人口的城市区域。这个地区靠近密歇根湖,即世界上最大的淡水湖。该地区的 50% 供水依靠密歇根湖取水,其他地区主要依靠地下水和河流进行供水。因此,新的发展机遇和挑战导致西北伊利诺伊州规划委员会(NIPC)制定大芝加哥都市区 2040 区域框架规划(NIPC2040)(以下简称"NIPC 2040")。NIPC 2040 将改变目前的快速土地利用状况,重点保护绿地开发、减少污染和保护生物多样性,所以其生态保护和对城市水源供应等具有重要的意义。

NIPC 2040 在保护生物多样性、湿地和绿地方面,把绿地作为该区域活力、生态和可持续发展的关键,它对健康、生活和娱乐有重要价值,这将是维持生物多样性和生物生存的环境。环境分为四个区域,包括农业用地、开放空间、水资源、生物多样性区和走廊,它们有不同的尺度和功能,从小公园到大型牧场、湖泊和河流。NIPC 2040 提出了分区范围和实施策略(见表 11.1)。

表 11.1　NIPC 2040 规划实施政策一览表

类别	政策实施方法
制订综合土地利用计划	建立"绿色基础设施愿景",提供区划框架,发展协调机制,资助计划、保护开敞空间,绿色基础设施包括开放空间、绿带、水资源、生物多样性;谨慎规划灰色基础设施,包括公路、设施和商业发展;保护、标识和利用自然资源与生态敏感区;与周边社区协调,环境保护
利用政策和协调机制保护自然资源	在发展中地区,设置政策、规划和协调保护自然资源,使发展的影响最小化;全程考察项目建设的环境影响,从设计到施工;通过可持续发展和地方设计技术来促进保护;回顾和修正区划,允许和鼓励非传统方法,比如集聚和自然景观
保护和恢复开敞空间	实施芝加哥野生生物多样性恢复计划的补充建议;通过鼓励项目、土地购买、开发商土地捐献、土地转让;通过打击和控制侵略性的行为管理和恢复自然土地
保护绿廊	确立沿河道、废弃的铁路的线形绿廊,作为生物联系其他生态区的选择路径;鼓励私人土地拥有者保护和恢复他们自己的土地生态环境
建设可持续的废水处理设施	找出和实施废水管理的方式,比如再利用、土地利用、湿地治理,最小化其负面影响,最大化处理水的利用价值;综合废水管理计划与综合的土地利用相结合
设立多目标的分水线保护规划	组织社区力量,协调与周边政府的关系,发展规划框架;设置目标和任务;保护分水线资源和条件;分析分水线问题;建议行动计划和最佳管理方案;规划实施
保护珍贵的农业用地	改变公众和政府对农业的认识和偏见;改进减少土地消费的可持续发展技术;实施基于农业保护的偿还和补偿计划;调整当前州和当地政府的政策框架

　　大芝加哥都市区强调公共交通导向与公共服务设施导向的联系,引导城市的"轴向扩张",控制和保护城市滨水生态区,NIPC 2040 建设了多种交通方式的走廊,以指导城镇的轴向发展。同时,构建了开放空间、水体、农田和绿色廊道的网络生态空间,20 世纪 90 年代,美国认识到郊区化带来的一系列问题,而欧洲的紧凑发展使许多城镇保持了紧密而有效的形式,被认为是理想的生活环境。

　　2. 巴黎区域环城绿带——动态平衡,保护与利用相结合

　　长期以来,巴黎的城市发展呈"铺大饼"式向外扩展,使得城市边缘的生态空间成为被侵占的对象。为了阻止这种趋势,巴黎区议会决定在城

市聚集区周围建立一条环形绿化带。

1995年巴黎环城绿地规划中,把保护自然和文化传统与经济社会发展和"绿色旅游"联系起来,建立了完整的城市空间生态系统,构筑了环城的绿色廊道和绿地带。巴黎环绕城市的绿地包括森林、公园、娱乐设施、农业保护区和采石场遗址等。

巴黎城市周边的绿化带根据不同的条件以不同的形式在集聚区周围延伸,有森林地区绿化带增长;建成区内的绿化带收缩。重要的是,绿化带必须是连续的,即使在建成区,有时只有一条步行小径。城市四周的绿化带可以不断地相互连接和互补,以构建网络步行系统,方便居民进入绿地。

巴黎环形绿地的主要控制因子包括森林、公园、农田、绿地、水面、公共娱乐场所和采石场。除重要的生态因子,城市周边绿地中还包含绿地面积大、闲置用地多、开放用地、待处理的荒地等公共活动场所(见图11.12)。

图11.12　巴黎绿色资源空间分布

巴黎的绿化带是以不同宽度的不间断圆形图案排列的,绿色连接线被设置在城市被切断的地方。绿化带的宽度不小于30米,以保证圆形绿化带的连续性,环形绿化带位于距市中心30公里以内,主要由绿地和农地组成,符合城市边缘区土地利用的特点。它不仅保护了城市边缘区的农业,开辟了大面积的绿地,保证了城乡之间的合理过渡,而且有效地控制了城市的蔓延和扩张。

从政策方针来看,巴黎的《土地利用规划》(Pland' Occupation de Sols, POS)于 1977 年实施,虽然在 1989—1994 年经过修订,但仍然不足以应付新的城市问题。

20 世纪 90 年代以来,生态网络在欧洲升温,法国迅速做出反应,制订了《城市可持续管理与发展计划》(Projetd' Aménagementet de Développement Durables)。2000 年,《社会团结与城市更新法》(Loi Solidaritéet Renouvellement Urbain)将 PADD 纳入城市规划,这导致法国城市规划系统的重大变化,《地方城市发展规划》取代了《土地利用规划》。

2009—2010 年,《格勒内勒 1、2 号法律》(Grenel le 1 and 2 laws)相继发布。格勒内勒法律中的《区域生态连续性计划》(Le schema regional de coherence écologique, SRCE)确定《绿色和蓝色框架》是确保生态连续性的重要途径,并强调其在生物多样性保护和气候变化响应中的重要作用。该法还规定,地方当局必须将《绿色和蓝色框架》纳入城市规模规划项目,这导致了法国《地方城市发展规划》新一轮的修订。

与此同时,针对法兰西岛大区(Île. de. France)及巴黎市保护的一系列努力也在进行,例如建立了塞纳·圣但尼省(Seine St. Denis)生物多样性和自然栖息地观测台(2004 年)及自然与生物多样性区域机构(2006年)。长期以来,巴黎城市发展委员会对巴黎的城市发展问题进行了大量的数据收集和分析研究,协助巴黎市政府制订《巴黎气候计划》(Le Plan Climat Parisien,2008 年)及《巴黎生物多样性计划》(Paris Biodiversity Plan,2011 年)等。2009—2011 年,巴黎城市发展委员会与有关机构合作开展了一系列以"巴黎德拉普拉斯"为主题的研究。研究的主要内容是巴黎自然空间的现状及如何加强、改善和改变其作用(见表 11.2)。

表 11.2 巴黎现有绿色空间资源

类型	位置	面积	长度	备注	区域
开放空间	森林	1840	—	包括布洛涅森(847 公顷)和文森森林(993 公顷)	N
	公园与花园	580	—	20 公顷以上的 5 个,5—20 公顷的 12 个,1—5 公顷的 53 个,2500 平方米—1 公顷的 196 个及 2500 平方米以下的 255 个	UV

（续表）

类型	位置	面积	长度	备注	区域
其他非建设性用地	墓地	112	—	共 19 个	UV
	运动场	398	—	124 公顷位于绿环中,108 公顷位于文森森林中,141 公顷位于布洛涅森林中,其余 24 公顷散布于城市中	UV
	非公共空间	600	—	医院、学校、军事用地、国家机构、宗教用地、私人公寓及社会保障住房项目中所包含的绿色空间	UG
大型线性空间	塞纳河	—	17	包括阿森纳港(0.5 千米)、圣马丁运河(4.5 千米)、拉维莱特港(0.8 千米)、圣但尼运河(1 千米位于巴黎市域范围内)、乌尔克运河(1.5 千米位于巴黎市域范围内)以及乌尔克河(11.2 千米)	UV
	运河	—	19.5		UV
	道路	250	—	共有 1 613 条有行道树的街道,总长度达 700 千米,有行道树 100 346 棵,投影面积达 250 公顷	UG
	环城大道	—	35		UG,UGSU
	铁路	—	32		UG,UGSU

今天的《地方城市发展规划》将《城市可持续管理与发展计划》可持续发展的内容、格林纳尔法律对《绿色和蓝色框架》的要求及《巴黎城市发展委员会》的大量研究成果汇集在一起,并将其转化为指导巴黎发展的具体规定。《地方城市发展规划》不再对土地利用性质进行严格划分。只有四个主要的市区:一般建设区(Zone UrbaineGénérale,UG 区)、市政服务区(Zone Urbainede Grands Services Urbains,UGSU 区)、城市绿地区(Zone Urbaine Verte,UV 区)及自然和森林区(Zone NaturelleetForestière,N 区)。与组成绿色基础设施的绿色空间关系最为密切的是 UV 区和 N 区,但对于城市尺度的绿色基础设施构建来说,占据城市面积绝大部分的 UG 区的绿化也是很重要的。

城市绿色基础设施建设往往涉及与城市规划对接的问题。然而,在法国的政策和法律中对绿色基础设施的要求最终将《地方城市发展规划》实施为具体的法规,没有第三方的绿色基础设施规划。因此,巴黎的绿色基础设施规划与城市规划之间没有对接问题。同时,也使绿色基础设施与城市功能更好地结合,发挥更好的服务作用。尽管法国的绿色基础设施政策目前侧重于生物多样性,但巴黎的各种行动计划都强调了社会层面,毕竟人口密集型城市的绿色基础设施规划显然不以城市功能为代价。

2000 年《社会团结与城市更新法》发布之后,法国的城市规划体系发生了根本性的变化。摒弃了僵化"区划"的概念,取而代之以"方案"为核心的规划方法。减少中央控制和规划,以多部门合作和公众参与的方式制订计划,不同的地域可以制订自己的规划、计划,具有很强的灵活性和针对性。

对于绿色基础设施而言,也更有利于绿地功能的柔性化。例如,有一些自发地在巴黎环城铁路沿线布置绿化带。规划不进行限制而是根据实际情况引导和优化升级。相比之下,我国绿地的分类方法可能稍显机械化,不利于绿地综合功能的充分发挥,也难以适应新的城市环境和活动的需要,许多绿地逐渐沦为未经处理的荒地。同时,多功能绿色基础设施规划也难以与绿色系统规划相衔接。景观设计一直处于城市规划的末位,不能从一开始就参与规划过程。也许我们需要的不是更复杂的分类,而是更少的规章,鼓励多学科合作,给予用户更多的权利。

综上所述,巴黎市环城绿地的规划空间控制主要体现在以下几个方面:

(1)绿化带边界的稳定性。当绿化带的边界确定后,不再有重大变化。绿化带的边界受到相关法律的保护,任何组织和个人无权擅自变更。即使有任何变化,也必须经过严格的审批,从而确保绿化带边界的稳定性。

(2)圆形绿化带的连续性。绿化带采用不间断的圆形布局,在被城市发展切断的地方设置绿色连接线,保证环形绿化带的连续性。

(3)绿化带的动态平衡。在特殊情况下,绿化带内部空间可以适当调整,但绿化带总量应始终保持动态平衡。

(4)保护与合理利用相结合。围绕城市绿化带,保护是前提,合理利用是关键。建设一定的"休闲带"内为城市居民旅游、休闲、娱乐的绿化带,但这种建设不能影响开放空间的保护,也不能破坏绿化带的环境。

3. 珠三角城市绿色道路网——问题导向,政策精准控制

随着珠三角城市空间的不断发展和交通网络的交织,一些重要的生

态过渡带、节点、廊道尚未得到有效保护。区域自然生态的破碎化明显，区域生态安全格局受到威胁。珠三角绿色道路网以绿色缓冲区为基础，将破碎的生态斑块与廊道串联起来，有利于改善生态网络，增强生态空间的连通性，保护动植物物种多样性，提供野生动植物的迁徙通道，吸收水、森林和灌木的污染。它在净化空气、改善环境、维护区域生态安全等方面发挥了重要作用。

同时，珠三角地区居住环境质量亟待提高，娱乐、体育、健身等设施和场所相对缺乏，难以满足居民日益增长的休闲生活需求。珠三角的绿色道路网将城市公园、绿地等开放空间与外界自然保护区、风景区的绿地连接起来，形成生态保护、生活休闲一体化的绿色开放空间网络。在保护生态环境、缓解城市热岛效应的同时，为居民提供室外空间。活动空间将极大地促进宜居城乡建设。

珠三角经济对外依存度高，受到国际金融危机的冲击和影响。扩大内需，促进经济增长，已成为保持经济平稳较快发展的重大战略。珠三角绿色道路网的建设除了带来生态效益，还可以直接促进旅游、体育健身、宾馆餐饮、交通、文化娱乐等休闲产业的发展，间接带动或影响农业、建筑、房地产等产业，提供更多的就业机会，进一步扩大内需，促进消费，拉动沿江经济增长。

在珠三角城际铁路网和绿色道路网"双向"工程建设中，城际铁路网的建设有助于促进珠三角城市功能的整合。通过连接珠三角主要自然资源、人力资源和城乡居民点，构建绿色道路网不仅可以优化区域生态格局，而且可以构建绿色开放空间。人流与物流自由高效地流入各地，形成一体化的生活休闲模式，已成为推动珠三角一体化发展的重要抓手之一。

要进行珠三角一体化的生态协同优化，我们要充分了解该地区的生态资源点和相关布局。珠三角三面环山，一面面向大海。它是由西江、北江、东江及诸多河流冲积而成的三角洲区域。该区域河道纵横交错，河网密集，表现出岭南水乡鱼塘的景观特征。经过长期的造林，珠三角的森林资源持续稳定增长，建立了大量的自然保护区、风景区和森林公园。为了增加绿道的吸引力，提升区域整体的生态服务价值，选线时当地政府优先考虑经过或连接这些区域。

广阔的田园是珠三角除山河外的重要生态基础和绿色开放空间。农业用地占珠三角土地总面积的 77%，主要农用地占土地总面积的 58%。优势农业资源为农业生态旅游的发展提供了条件。城市外围的农业用地和用水区也优先考虑绿色路线选择。由宜人的海滩、明亮的岛屿和珠江八个海港构成的美丽的海岸风光也是珠三角自然特色的重要组成部分。在选择绿道的路线时，应尽量将规划路径指向海滨。珠三角主要生态资源点分布如表 11.3 所示。

表 11.3　珠三角主要生态资源点一览表

城市	主要生态资源点
广州	瀛洲生态公园、翁山森林公园、莲花山风景名胜区、亚运村湿地公园、海鸥岛、黄山鲁森林公园、沙湿地公园、流溪河国家森林公园、白云山风景名胜区、帽峰山森林公园、天麓湖森林公园、金坑森林公园等
深圳	罗田森林公园、老虎坑水库、羊丁坑、羊涌河、五指耙水库、东方林果场、长流坡水库、七沥水库、凤凰山风景区、铁岗森林公园、羊台山森林公园、西丽湖度假村、塘朗山—梅山森林公园、银湖森林公园、笔架山公园、鸡公山、黄牛湖水库、甘坑水库、横坑水库、茜坑森林公园、光明森林公园、大屏障森林公园、洪湖公园、布心森林公园、仙湖植物园、梧桐山国家级森林公园等
珠海	淇澳红树林、大镜山水库、石溪风景区、凤凰山旅游区、板樟山森林公园、海滨泳场、野狸岛、九洲岛、横琴岛岛区、金沙滩、银沙滩、湿地公园、十三亩天然湖泊、木头冲水库、璧青湾、先锋岭水库、外伶仃岛、桂山岛、中华白海豚自然保护区、淇澳—担杆岛省级自然保护区等
佛山	三水森林公园、云东海、沙涌郊野公园、都宁岗森林公园、横沙围湿地公园、顺峰山风景名胜区、马岗湿地公园、顺德南沙头湿地自然保护区、马宁山森林公园、均安生态公园、金沙湿地公园、马鞍岗郊野公园、海景森林公园、天子墓风景区、西樵山风景名胜区等
惠州	罗浮山自然保护区、剑潭自然风景区、梅湖滨江公园、上东平滨江生态绿地、九龙森林公园、白面石自然保护区、黄沙洞自然保护区、小桂湾、笔架山森林公园、铁炉嶂森林公园、惠东红树林自然保护区、海洋生态、象头山国家级自然保护区等
东莞	香飘四季农业园、道滘水乡风情、龙湾湿地公园、大王洲岛、水濂山森林公园、厚街森林公园、大岭山森林公园、莲花山自然保护区、五点梅水库、东莞生态园、石排岭南生态农业园、松山湖、清泉水库、巍峨山森林公园、蝴蝶地水库休闲度假区、大屏障森林公园等

（续表）

城市	主要生态资源点
中山	长江水库风景资源区、宫果渔农场、五桂山资源区、花木伟光园艺中心、大南沙基围生态资源区、南台山生态资源区、卓旗山休闲公园、岭南水乡、横门资源区等
江门	古劳水乡、大雁山风景区、大西坑风景区、白水带风景区、圭峰风景区、西坦岛葵林、小鸟天堂、良洞旅游度假村、石花山旅游区、古兜风景区、古兜山省级自然保护区、银湖湾湿地等
肇庆	葫芦山风景区、九龙湖风景区、砚阳湖、砚洲岛、鼎湖山自然保护区、羚山郊野公园、七星岩风景区、西江烂柯山省级自然保护区等

　　针对现有的自然资源分布,为了保证区域生态的协调发展,国家机关和地方政府制定了一系列政策。2015年,珠三角城市建立了生态补偿机制,并开始实施生态补偿。政策是优先考虑重要的国际、国家、省、市湿地(包括湿地自然保护区和湿地公园),其生态位置十分重要。在确定补偿标准时,对湿地生态服务进行综合考虑,从价值、实际经济社会发展、补偿人的经济承受能力和社会公众接受度等因素考虑,做出合理合理的补偿。

　　珠三角其他城市可以参考深圳生态资源计算结果,进行自然资源资产的调查、登记和核算,形成自然资源资产清单和管理数据库,并应开始编制和应用,尽快让自然资源资产负债表施行落地。

　　广州、深圳作为碳排放权交易试点,2013年逐步实施企业间碳排放权交易,2017年全面实施碳排放权交易。珠三角城市逐步建立了覆盖所有固定污染源的企业排污许可证制度,统一、衔接、优化环境评价、总量控制、环境保护标准和排污收费等规章制度,实施排污许可"一证式"管理,促进各种污染物的综合防治和统一管理,加强事后监督。许可证建设已成为定点源环境管理的核心制度,稳步推进排污权的有偿使用和交易,加强企业单位对污染物总量的控制,着力培育排污权交易市场,促进排污权交易及资源优化配置与环境资源优化配置。同时,积极探索适合珠三角地区的水权交易市场。

　　2015年,珠三角深圳开展了环境损害评价工作,其能够有效调查污染者的环境责任,贯彻"污染者负担"原则。主要以自律管理为原则,以政府管理为补充,对漏油、危险固体废物处置不当、有毒有害物质排放等三类环境污染事件的生态环境损害进行评价,分为预评价期、评价计划期、评价期和后评价期四个阶段。

珠三角作为世界级大型城市群,在一体化的进程中,有诸多政府规划对其发展路径进行修订和校正,其中关联于生态的规划列举如下:

(1)《珠江三角洲城镇群协调发展规划(2004—2020 年)》。预测2020 年区域常住人口将达到 6 500 万人,确定了"一脊三带五轴"的城市空间格局和"区域中心、区域中心、地方中心"三级城市中心体系。同时,根据珠三角生态环境的自然格局和城乡发展,以山川为骨干,构建"一环、一带、三核、网状廊道"的区域生态框架。

为了改善珠三角居民的居住环境,为珠三角居民提供充足的休闲娱乐空间,珠三角区域绿地的路径选择应与城市发展轴线相结合。将主要城镇串联起来,覆盖尽可能多的城乡人口,以方便居民使用。同时,在珠三角地区生态结构的基础上,尽量将多种自然生态资源与绿色开放空间进行组合和串联,以促进区域生态系统的稳定与平衡。

(2)《广东省土地利用总体规划(2006—2020 年)》。从土地利用角度出发,提出构建区域生态格局和珠三角环形屏障区等四个土地生态控制区,保护好自然生态系统,建立城市周边绿化带,控制城市无序状态。绿道网络建设有利于区域生态格局的构建和改善。

(3)《珠江三角洲环境保护规划纲要(2004—2020 年)》。从维护区域生态安全格局的角度看,主要功能区有严格保护区、重要生态功能控制区、生态功能保护区、引导资源开发利用区、城市建设开发区等,确定了城市群中的生态带和绿岛生态缓冲区。

珠三角生态一体化建设的重点项目就是绿道网的布置,为了加快推进绿色道路网建设,完成区域生态协调发展,相关政策方针如下:

(1)财政支持政策。为保障绿道规划建设工作的顺利开展,编制绿道建设规划、协调跨界绿道建设等经费,由同级财政视财力情况列入预算安排。同时,各地应积极探索引导社会资金参与绿道建设的模式,通过鼓励社会各界采用无偿捐助、企业认建、出资命名、工程捆绑等方式,多渠道筹措绿道建设与管理运作资金。各地政府可通过贴息等方式积极引导和鼓励金融机构对绿道建设进行信贷投放。

(2)土地支持政策。作为全省重点工程,各级国土资源部门要在法律、法规、政策允许的范围内支持绿色通道建设。步行道建设用地可以与耕地、水利、旅游、生态等土地利用相结合,从而不占用当地的建设用地指标。

(3)行政审批政策。按照"一年基本建成,两年到位,三年成熟完善"

的实施目标,省市有关部门应在项目建设方面为绿道建设开辟绿色审批渠道。规划审批、征地,优化绿道建设项目编制、规划建设提交等相关程序,加快绿道建设工作。

(4)优化城市公交站点和线路布局,加强公共交通系统对绿色通道可达性的支持,鼓励穿梭巴士在绿色通道交叉口优先停车并施行优惠。

第三节 京津冀一体化生态环境保护
协同机制创新路径

京津冀协同发展规划明确了京津冀生态恢复与环境改善示范区的功能定位,面向生态环境共享与共建的目标,把握了京津冀生态恢复与环境改善示范区的基本走向,遵循了世界和中国的绿色发展,并针对京津冀生态文明面临的挑战,从实施的角度,提出了当前京津冀的改善措施,点明构建京津冀区域生态环境协调管理机制和体系,是河北生态文明建设的重点。为此,我们提出了相应的对策和建议。

一、在生态环境协作方式上,更加注重长效性机制的建设

面对京津冀环境污染问题和生态功能弱化的挑战,应努力构建京津冀生态环境系统共建共享的长效机制。生态环境系统使各要素相互联系,发挥各自的协同作用。从生态系统共建共享机制的功能来看,它包括激励机制、约束机制和保障机制,使这些机制相互联系、相互渗透。当然,京津冀生态环境系统联合建设和共享机制的建立有赖于制度。这里的"制度"主要是指对京津冀生态环境的功能和责任的调整和分配,包括国家和地方的法律法规、规章制度等。也可以说,通过建立和改革相应的制度和规范,使得京津冀生态环境系统的共建共享机制在实践中得以体现。比如,建立一体化环境准入和退出机制,强化大气、水等环境污染联防联控联治;统一京津冀环保处罚标准,打消企业选择性排污的可能性,也减少污染企业在不同地方重复建厂。

二、在生态环境协同层面上,构建各主体共同参与的全方位体系

京津冀生态环境系统的共建共享可以从两个层面进行:一是在省级层面,以省级政府为主体,国家相关部门参与,重点推进区域生态环境系

统共享。合作建设主要体现在重要机制建设、战略规划和政策保障上。二是在临近地理位置的市、县层面，共享共建生态环境保护的综合规划、综合建设、综合管理，如污水处理厂、城市周边垃圾填埋场等环境公共设施的共建和共享。从长远来看，有必要构建京津冀生态环境系统共建共享的主要机制，即政府、企业、社会组织和公众的共同参与机制，以区分发挥各主体的作用，建立京津冀生态环境共建共享的主体协同机制。具体而言，它是"政府主导、企业主体、社会组织协调、公众广泛参与"的有效机制。

三、在生态环境协同领域上，构建面向生态环境质量的格局

今后，京津冀生态环境应抓住改善构成生态系统的水、大气、土壤等主要介质的环境质量的核心，强调环境与生态系统的同步改善，恢复和提高环境质量及整体生态功能。这就要求统筹规划京津冀三地的生态环境保护行动，进一步扩大京津冀生态环境合作对象的覆盖面，针对系统问题，努力构建覆盖要素，从根本上解决京津冀区域生态环境问题，改善生态环境。这就代表这种形式具有广阔的领域、全过程和综合的生态环境协调发展模式。

四、在生态环境协同模式上，更加突出市场机制的功能

在京津冀生态环境合作模式下，要明确政府与市场的界限，必须发挥政府的主导作用，从长远来看，要从根本上建立相应的市场机制。根据"谁受益，谁购买，谁污染，谁支付"的原则，对生态环境保护项目的生态价值进行了科学评价，明确了受益人及其利益比。通过环保项目的公平拍卖机制，构建京津冀大气环境容量和水环境容量的交易机制，特别是建立生态容量的横向交易机制。加快了京津冀与河北张承地区的交通，加快了民营资本进入京津冀生态恢复领域的步伐。京津冀作为一个特殊的区域单元，需要把区域生态补偿作为一个整体来考虑，促进区域内水平补偿体系的建立，加快生态一体化的实现。推进生态一体化进程的关键在于创新生态补偿机制，完善多元化、公平的生态补偿体系。开展排放权交易试点，整合建立京津冀排放权交易统一平台，开展二氧化硫等主要污染物的跨区域排放权交易，建立水资源使用权转让制度。

总体来看，京津冀三地的减排总量仍未达标，可在城市污水、垃圾处理和工业园区集中污染控制领域开展第三方环境污染控制试点项目。总之，生态环境问题已经成为京津冀三地协调发展的最大缺陷。生态文

明是生态经济、生态环境、生态意识与生态行为、生态系统等多方面的综合体,要跟上社会经济技术进步的步伐。改进的过程是基于现实的考虑,生态文明评价是主观的,评价结果是相对的。然而,生态文明的建设和努力是一个不断进化的无止境的过程。通过对京津冀生态文明建设领域的大胆探索,可以建设生态恢复和环境改善国家示范区,为生态文明建设提供经验和借鉴。

本章小结

自工业革命以来,城镇化为人类社会带来了经济的繁荣和文明的进步。然而,城镇化作为一种强烈的地表人类活动过程,也对资源环境产生剧烈影响。面对日益加剧的资源环境与社会经济发展之间的矛盾,可持续发展思潮兴起,可持续发展理论应运而生并不断发展。对城市群地区进行可持续发展评价和情境分析,既有较强的实践价值,也有较强的理论意义。

京津冀三地发展极不平衡:北京和天津的城市体量巨大,集聚了大量优质资源,对河北的"虹吸效应"显著;河北综合实力较弱,人民生活水平有待提高。京津冀城市群发展面临着城市群规模结构失衡、环境污染严重、首都"大城市病"凸显等突出问题。生态环境问题已经成为京津冀三地协调发展的最大缺陷。因此,在京津冀协调发展过程中,应优先保护生态环境,突出尊重自然、顺应自然、保护自然、开发与保护一体化、绿色化山川与河流的理念,实施生态协同政策及措施。

生态文明的建设和努力是一个不断进化的无止境的过程。在学习国内外相关理论研究及城市生态协同发展政策的实践基础上,找到京津冀一体化生态环境保护协同机制创新路径。在生态环境协作方式上,更加注重长效性机制的建设;在生态环境协同层面上,构建各主体共同参与的全方位体系;在生态环境协同领域上,构建面向生态环境质量的格局;在生态环境协同模式上,更加突出市场机制的功能。通过对京津冀地区生态文明建设领域的大胆探索,可以建设生态恢复和环境改善国家示范区,为生态文明建设提供经验和借鉴。

第十二章　京津冀人力资本协同机制

第一节　京津冀人力资本协同基本现状

京津冀是我国经济最具活力和创新力、全国创新资源最为密集、最具发展潜力的地区之一。三地面积共计 21.8 万平方千米,占国土面积的 2.27%。截至 2015 年年底,常住人口共计 11 142.4 万人,占全国总人口的 9.00%,比 2010 年增长 6.58%,高于全国平均增幅 4.07 个百分点。三地平均人口密度达到每平方千米 511.12 人,比全国平均人口密度多 382.2 人。2015 年京津冀三地 GDP 突破 6.90 万亿元,占全国的 10.10%,比 2010 年增长 58.60%;三地人均 GDP 达到 6.25 万元,高于全国平均水平 1.22 万元。

三地从业人口总量从 2010 年的 5 625 万人增加到 2015 年的 6 296 万人,比 2010 年增加了 11.93%,比 2014 年增加了 0.96%,均高于全国平均增幅。其中,天津从业人员五年增幅最大,达到 23.23%。

从城镇化率情况看,2015 年三地城镇人口共计 6 967.3 万人,占全国总人口的 8.10%,比 2010 年增长 17.70%;城镇人口比例为 62.50%,比全国平均城镇人口比例高 6.40 个百分点。但从区域内部分析上看,城镇化率差距较大,2015 年京津城镇化率均超过 80%,明显高于全国平均水平,但河北城镇化率仅为 51.30%,低于全国平均水平。京津冀人力资源还有更多的发展特征。

1. 劳动适龄人口多与老龄化趋势明显并存

从年龄结构上看,2015 年京津冀人口年龄在 0—14 岁的为 1 656.7 万人,占三地人口总数的 14.90%;人口年龄在 15—64 岁的为 8 359.3 万人,占三地人口总数的 75.0%,比 2010 年增加了 3.60%,比全国平均增幅高 3.20 个百分点,其中天津适龄劳动人口增加幅度最大,达到

20.30%。

2015年京津冀人口年龄在65岁以上的为1126.3万人,占三地人口总数的10.10%,与全国平均水平基本持平;比2010年增加了28.90%,比全国平均增幅高7.90个百分点,相比国际上公认的65岁以上老人占总人口的比例超过7个百分点,即进入老龄化社会的标准。

2. 人才总量大,高层次人才比例大

从人才总量上看,三地拥有人才(大专以上)总量为1940万人,占全国的12.30%,京津冀人才占各自就业人口的比例分别为54.40%、35.70%、16.80%。从具体数据上看,2015年京津冀大专以上毕业生人数为140.6万人,占全国的14.46%,高于常住人口占比5.46个百分点。根据2010年第六次全国人口普查数据,京津冀平均每十万人口中受大专及以上教育人口数为1.81万人,比全国8930人的平均水平高103%。

从国家比较有代表性的几类高层次人才数量上来看,京津冀占比较大,拥有全国接近1/2的"两院"院士、超过1/4的国家"千人计划"入选者、超过1/4的国家"万人计划"入选者,京津冀分别实施了地方重大人才工程,培养集聚了一大批海内外高层次人才。

3. 人才对经济社会发展贡献较大

从科研产出上看,2015年京津冀三地专利申请量为28万件,占全国总数的10.60%,比2010年增加近2倍;专利授权量为16.1万件,占全国总数的10.10%,比2010年增加近2倍。

但从科研产出效率上看,2015年京津冀每一申请专利、授权专利所用的研发经费和每一申请专利、授权专利所用的研发人员全时当量虽然降幅明显,但一直高于全国平均水平,表明京津冀科技研发的投入产出比低于全国平均水平。

从社会平均劳动生产率来看,京津冀三地一直高于全国平均水平。2015年三地从业人员人均GDP平均为110173元,比全国平均的88966元高23.80%,2010—2015年平均从业人员人均GDP为96927.5元,比全国平均的73066.7元高32.70%。但三地内部不均衡性表现突出,京津两地从业人员人均GDP均一直高于全国平均水平的1倍以上,但河北一直低于全国平均水平,而且差距还呈现扩大趋势。

4. 产业人才分布

产业结构与人才结构紧密相关,产业结构变动必然引起人才结构变动,产业与人才匹配度测度,需要抓住两个关键点:一是度量产业的量,主要使用每个产业的增加值来表示。产业结构使用产业增加值与全部增加值比例来表示。度量人才使用人才数量来表示,产业中的人才结构,使用该产业人才总量占全部人才比例来表示。这两种结构是否匹配,并不是说两类结构完全一样,两类结构应当是保持一个适当比例。从趋势上看,当产业结构变动时,人才结构也要发生相应变动,可以把这种变化趋势比称为产业结构与人才结构匹配情况偏离度指数,偏离度绝对值指数越小,可以说明产业人才匹配度越好;偏离度绝对值指数越大,说明产业人才匹配度越差。

从三大产业数据分析上看,京津冀产业人才偏离度指数绝对值为1.2,长三角地区为1.0,表明长三角地区总体上产业人才匹配度更佳;从三大产业内部分析上看,第一、二产业京津冀产业人才匹配度劣于长三角地区,但第三产业人才匹配度,京津冀优于长三角地区。从京津冀内部数据比较来看,北京产业人才匹配度最佳,偏离度指数绝对值为1.0;天津其次,偏离度指数绝对值为1.2;河北偏离度指数最高,为1.3。从三大产业内部分析上看,三地第一产业偏离度最高,产业人才匹配度最差,其中北京匹配度最差;第二产业人才匹配度其次,北京匹配度最高,河北匹配度最差;第三产业人才匹配度最好,北京匹配度最高,河北匹配度最差。

5. 推进人才市场一体化

京津冀三地在人力资源服务地方标准方面开展了工作,三地发布了人力资源服务京津冀区域协同地方标准,完善人才资源流动政策。实现了在国家设定的职称系列、等级范围内专业技术人员职称资格互认,取得京津冀职称主管部门核发的职称资格证书,受聘专业技术职务的人员,在人才引进、培养选拔、服务保障等方面享受同等待遇。实现三地专业技术人员继续教育证书互认、外籍人才流动资质手续互认、人力资源市场从业人员资格互认。

第二节 京津冀人力资本协同机制 创新的研究现状

发达市场经济国家的发展经验表明,区域经济不协调是各种因素综合作用的结果。从我国的发展历程来看,造成区域经济不协调的因素也有很多。魏后凯等(1994)认为,资金投入、所有制结构、经济发展战略导向、产业结构、工业经济效益和思想观念等,是我国区域经济差距拉大的主要原因;蒋清海(1995)认为,经济基础、产业结构、所有制、区位因素、经济发展战略导向、极化因素循环效益叠加,形成了东中西部地区间的"马太效应";杨晓光(2002)采用丹尼森要素分析法认为,技术进步和资源优化所呈现的全要素生产率越来越成为地区经济增长的主要力量,也是20世纪80年代区域经济发展差异形成的主要因素;王小鲁(2004)认为,资本、人力资本、劳动力是我国20世纪八九十年代地区经济差距变动的主要因素;贺灿飞等(2004)经研究发现,参与全球化、市场化、城市化程度,是导致地区经济差距时空变化的显著原因。

我们认为,地理环境、资源禀赋、历史发展、政策体制、思想观念、资本投入、人力资本等,都是造成区域经济发展不协调的重要原因,而本章主要研究的是人力资本因素,是分析京津冀人力资本差异对区域经济发展差异的影响,并结合京津冀区域发展实际,提出促进该区域经济协调发展的人力资本对策。

一、京津冀人力资本与经济增长关系

虽然京津冀人力资本结构逐步改善,但人力资本基尼系数不断下降,京津冀教育越来越公平,但人力资本培训仍不能有效地发挥其最大作用。究其原因,京津冀三地城市的总体情况要好于其他地区,在经济发达的大城市,人才不愿意离开。因此,在京津冀尤其是北京,越来越多的人力资本聚集在一起,这些人力资本需要足够的工作来吸收,但实际岗位供应并不充足,这种情况导致了人力资本的冗余积累。同时,高学位人才不能切实发挥其能力,博士、硕士从事简要事务的处理工作,不仅生疏了个人技能,也是对国家资源的极大浪费,人力资本的分布不均是导致其浪费的本质原因。

京津冀人力资本结构与产业结构的匹配度不高。京津冀经济结构仍处于较低阶段,经济发展方式表现为粗放型的经营方式,人力资本结构的作用取决于经济结构的发展程度,如果没有相应的物质资本匹配,人力资本结构的作用将不可避免地受到制约(见表12.1)。

表 12.1　京津冀各种受教育人口的比例　　　　　　单位：%

	年份	未上过学	小学	初中	高中	大专	本科	研究生
北京	2016	0.20	3.00	21.50	13.60	19.80	26.80	6.10
	2015	0.30	3.00	20.90	19.90	18.50	29.50	7.87
	2014	0.30	3.70	22.60	21.90	18.30	26.00	7.09
	2013	0.30	2.90	20.80	22.50	19.30	27.50	6.79
	2012	0.40	3.40	22.00	23.90	17.90	25.60	6.77
	2011	0.48	4.82	34.20	21.52	14.73	19.17	5.08
	2010	1.10	7.70	32.00	23.40	15.20	17.40	3.38
	2009	0.95	7.08	33.98	25.18	14.45	15.26	3.09
	2008	1.00	7.20	33.00	24.50	14.90	16.10	3.31
	2007	1.49	6.80	31.53	24.47	16.30	15.99	3.41
天津	2016	0.50	8.40	33.50	12.10	9.80	17.30	2.30
	2015	0.20	6.70	39.30	19.70	18.30	14.50	1.35
	2014	0.50	7.50	39.30	20.80	15.20	15.30	1.21
	2013	0.60	8.80	40.70	22.20	13.70	12.90	1.17
	2012	0.50	8.70	41.50	22.60	13.30	12.40	1.07
	2011	0.81	12.15	44.85	20.67	10.27	10.19	1.06
	2010	1.10	11.40	42.90	26.70	10.10	7.40	0.49
	2009	1.26	12.64	41.87	27.27	9.77	6.40	0.77
	2008	1.50	13.10	42.80	25.20	9.60	7.20	0.57
	2007	1.16	15.37	41.52	24.67	9.70	7.02	0.54
河北	2016	1.30	13.60	49.40	13.60	9.20	6.00	0.57
	2015	1.30	15.30	55.30	14.80	7.90	5.30	0.23
	2014	2.20	16.10	55.50	15.10	6.90	3.9	0.26
	2013	1.50	12.40	57.40	16.80	7.50	4.1	0.29
	2012	1.00	14.60	57.40	15.80	6.80	4.1	0.24
	2011	1.61	19.50	58.71	12.50	4.95	2.56	0.17
	2010	2.60	22.30	58.40	11.00	3.50	1.90	0.30
	2009	2.38	24.05	57.45	11.07	3.23	1.58	0.22
	2008	3.40	25.30	56.50	10.50	2.80	1.50	0.10
	2007	3.34	26.58	55.39	10.38	2.89	1.39	0.04

　　京津冀教育与市场需求脱节原因有三点：一是目前大多数高校在专业设置中很少考虑市场需求，这导致了人才在社会中的作用未发挥，导致市场多种工作无法找到合适人才；二是京津冀知识转化率比较低，大量的知识成果不能及时转化为生产力，这也是人力资本结构与生产力相关性

低的现实原因之一；三是所谓的热门专业受到人们盲目追捧，大多数人轻视技术人员的工作，职业技术学校生源短缺，这导致了市场上高级技术人员的缺失，由此导致的人类结构失调也成为经济增长的障碍。

人力资本结构在京津冀的作用滞后于经济。人力资本向经济增长的转化是时间的滞后，教育的成果不能一蹴而就。近年来，随着国家政策的大力推进，京津冀的经济正以前所未有的速度发展，这必将带动教育的发展。但是教育的发展对经济的促进作用并不能立即显现出来，教育必然会在一段时期后对经济的增长产生巨大的推动作用。

二、人力资本传导机制下的区域经济差异和问题

关于人力资本与经济增长及区域经济发展的关系，国内也有很多研究。人力资本在经济增长过程中的关键作用有许多理论支持和经验证据。蔡昉(2000)、沈坤荣和马俊(2002)实证研究表明，人力资本差异是中国区域经济差异的主要原因。沈利生和朱运法(1999)肯定了人力资本投资对区域经济增长的贡献。王金营(2002)运用总生产函数分析方法和柯布—道格拉斯生产函数估计 1978—1998 年人力资本存量对经济增长的贡献为8.76％。连玉君(2003)认为，人力资本的初始水平是影响产出增长率的重要因素。张帆(2000)、沈利生(1997)和胡永远(2003)分别用教育支出法研究了人力资本投资对经济增长的贡献。闫淑敏和段兴民(2001)选择了反映人力资本存量的因素，如教育、研发和健康，结果发现，西部地区是三大经济区中人力资本存量最低的地区，与东部和中部地区存在较大差距。岳书敬(2008)通过 α 收敛和 β 收敛检验了 30 个省份人力资本的增长，他认为 1990—2004 年中国各地区的人力资本绝对趋同，这将有助于缩小中国区域经济增长的差距。

李建民(1999)分析了人力资本对经济增长的作用机制，他认为人力资本是决定经济增长的重要因素，关键在于其特殊的生产功能。从生产过程的角度看，生产函数有两个方面：要素和效率。前者指的是人力资本是生产过程中必不可少的前提条件或投入因素；后者指的是人力资本是提高生产效率的关键因素。其途径是：① 增加人力资本投资可以提高人力资本本身的生产效率。② 增加人力资本投资可以提高其他生产要素的生产效率。人力资本作为一种生产要素，对经济增长有直接贡献，同时通过促进科技进步推动经济增长。③ 科技进步依赖于人力资本水平的提高，技术进步是人力资本规模收益率不下降或增加的根本原因。可见，经济增长依赖于科学技术的进步,同时也取决于人力资本的增加。

徐迎春等(2005)利用 1990—2002 年比较完整的统计数据,对我国经济增长中的人力资本存量、变化趋势和作用进行了实证研究。结论认为,我国劳动人口的人力资本总存量很高,整体素质较低,人力资本对经济增长的贡献越来越大。

李从欣和李国柱(2008)利用面板数据对人力资本与经济增长之间的关系进行了实证分析。结果表明,人力资本对经济增长具有正向影响,并且这种影响程度从东部地区到中西部地区逐渐降低。只有加大教育投入,提高教育收益率,改善劳动者受教育机会,才能进一步发挥人力资本的作用。

杨建芳等(2006)把教育与健康看作两种资本。人力资本是由教育资本与健康资本的结合而产生的。他们采用柯布—道格拉斯生产函数,构建了内生增长模型。在这个模型中,人力资本积累的速度和存量会影响经济增长,而现有的人力资本积累会影响经济增长,人力资本存量也有贡献。利用 1985—2000 年 29 个省、自治区、直辖市的实证数据,对人力资本的积累、存量及教育和卫生对中国经济增长的影响进行了实证分析。

张祺和王桂新(2008)分析了我国人口素质存量的现状、各省人力资源的利用效率,以及净迁移率、人口年龄结构和人力资本与人均 GDP 的关系,采用横截面回归和面板数据分析方法,对 1990—2000 年的人口普查数据进行了分析,结果发现:① 人力资本在教育投资中起着重要作用,平均教育年限对促进人均 GDP 增长有显著作用;② 区域间人力资本利用效率存在较大差异,10 个省份人力资本利用效率较高,其中 90% 集中在东部地区。③ 人口迁移对人均 GDP 有显著影响,即经济效率、人力资本对京津冀经济协调发展的影响主要受人力资本的影响。

经济增长是指一个国家或地区在一定时期内生产的产品和服务总量的增加,一般用 GDP 和人均 GDP 表示,各种经济增长理论的核心问题是探索经济增长的决定因素。早在 17 世纪中叶,英国古典政治经济学的创始人之一威廉·佩第(Willicmn Petty)就提出了"土地是财富之母,劳动是财富之父"的著名结论,而亚当·斯密则认为资本积累和专业化起着重要作用。增加土地和劳动生产只有两个办法,一是增加劳动者数量,二是提高劳动者生产力。虽然里卡多、约翰·穆勒、马歇尔等著名学者对经济增长做了深刻的阐述,但直到 20 世纪中叶,哈罗德和多马才建立起相对完整的经济增长理论体系,之后,索洛和斯旺进一步将技术引入到增长模型中。然而,他们的模型仍然不能解释劳动力的异质性,只能用劳动力的数量来解释劳动力的投入,技术也只是被作为外生变量来影响经济增长。

然而,发达国家经济发展表明,工业化初期的经济增长主要取决于资本积累和资源开采。在工业化高级阶段,技术进步对经济增长的贡献远远大于有形资本的积累,技术进步的源泉是人力资本的积累。舒尔茨对1910—1959 年 50 年间美国农业的研究表明,物质投资增长了 4.5 倍,收入仅增长了 3.5 倍,人力资本投资增长了 3.5 倍,而收入增长了 17.5 倍。大量的估计表明,国民收入的增长速度比国家资源的增长快。与用于产生收入的土地、实际劳动和生殖资本的总额相比,美国国民收入继续以高得多的速度增长。此外,舒尔茨将增长盈余(SOLO 剩余)归因于人力资本投资。他认为,"国民产出的增长大于土地、劳动和生殖物质资本的增长,这已经司空见惯"。人力资本投资可能是解释差异的主要原因。

在现代人力资本思想的推动下,新经济增长理论内化技术逐渐火热,还引入人力资本进入增长模型。美国经济学家保罗认为,生产要素可以分为资本、非熟练劳动力、人力资本和新观念四个方面。其中,资本和劳动力存量的变化只会在短期内影响经济增长速度,而人力资本存量的差异会直接影响全要素生产率,从而影响长期利率和经济增长。

卢卡斯进一步将人力资本分为物质劳动(L)和人力资本(H)。运用勒默尔的推理方法,建立了人力资本外部性模型。卢卡斯认为人力资本既有内部效应,也有外部效应。外部效应使得知识和技能水平在人力资本之间流动,其结果不仅可以提高人力资本本身的生产率,而且可以提高其他生产要素的生产率,从而促进经济增长。数据表明,美国 1960—1990 年平均 GDP 增长率为 3.1%,其中人力资本贡献率达到 21.6%,中国 1978—1998 年平均 GDP 增长率为 9.71%,其中人力资本存量贡献率为 11.36%,贡献率为人力资本水平的外部因素发生率为 5.14%。这说明人力资本对经济增长有促进作用。

人力资本水平的提高可以促进经济增长。此外,在人力资本稀缺的不发达地区,人力资本投资回报率高于物质资本回报率的现象尤为明显。因此,对落后地区进行人力资本投资,有利于改善落后地区的发展环境,促进落后地区的快速发展,实现区域经济的协调发展。

三、人力资本对经济发展的贡献机制探究

1. 生产要素对经济增长贡献的模型设定

经济体在生产过人中投入的生产要素包括资本(K)、劳动力(L)和技术(A)。其中将资本投入(K)定义为物质资本和人力资本,物质资本是指生产过程中投入的机器设备和厂房等固定资产投资,而人力资本则是通过对劳动力进行教育、培训、保健、迁移等方面的投资,即由此所形成的凝结在劳动者身上的知识、技能和健康水平等。在经济发展的一定过程中,物质资本的积累对经济增长起着重要作用,对经济增长的贡献占主导地位。然而,随着经济发展阶段的转变,人力资本的作用逐渐得到重视,人力资本的规模逐渐扩张,其对经济增长的贡献也随之增长。人力资本与物质资本虽然均通过投资形式形成,但二者的根本差别在于物质资本的边际收益呈递减趋势;而由于人力资本的外部性特征,人力资本的边际收益是递增的。在生产过程中,人力资本对其他生产要素有着正向的外部作用。劳动力投入(L)是指有劳动能力并且从事生产的人数。而技术投入(A)即生产过程中的技术水平,其高低决定各类生产要素的生产率水平。资本(K)、劳动力(L)和技术(A)相互结合并生产出最终产品的过程用生产函数表示为:

$$Y = F(K, L, A) \tag{12.1}$$

在经验研究的过程中,生产数往往被设定成为几种具体的形式。比较常见的生产数形式包括柯布—道格拉斯生产数(CD 生产数)、里昂惕夫生产角数和固定什代弹性生产两数(CES 生产两数)等。在此,本书假定技术进步是中性的,当市场处于均衡稳态时,经济增长率可被分解为以下几个部分:

$$\frac{\mathrm{d}Y}{Y} = \frac{\mathrm{d}A}{A} + \left(\frac{wl}{pY}\right)\frac{\mathrm{d}L}{L} + \left(\frac{rK}{pY}\right)\frac{\mathrm{d}K}{K} \tag{12.2}$$

式(12.2)为经济增长的核算公式,其中 $\mathrm{d}Y/Y$ 是经济体的经济增长率;$\mathrm{d}A/A$ 表示的是技术水平的增长率,用于表示技术进步状态;$\mathrm{d}L/L$ 是劳动力投入的增长率;$\mathrm{d}K/K$ 是资本投入的增长率;wl/pY 是劳动力的要素收入份额,w 为劳动力的工资率,以劳动力数量 L 与工资率 w 乘积作为劳动力总收入,剔除物价变动之后,其与国民总收入之比即为劳动力收入份额;同理,rK/pY 为资本收入份额,其中 r 为利率水平。

在上述经济增长核算公式中,并未将资本分解成物质资本和人力资

本。为了衡量人力资本对经济增长的贡献,还应将资本分解为物质资本和人力资本。因此,式(12.3)中的劳动力投入(L)为简单劳动力投入:

$$\frac{dY}{Y} = \frac{dA}{A} + \left(\frac{wl}{pY}\right)\frac{dL}{L} + \left(\frac{r_K K}{pY}\right)\frac{dK}{K} + \left(\frac{r_H H}{pY}\right)\frac{dH}{H} \qquad (12.3)$$

其中,K 仅代表物质资本投入,H 为人力资本投入,dH/H 为人力资本投入的增长率,$r_H H/pY$ 为人力资本收入份额。

物质资本积累对经济增长的贡献为:

$$\frac{\alpha_K g_K}{g_Y} = \frac{r_K K}{pY}\frac{dK/K}{dY/Y} \qquad (12.4)$$

人力资本积累对经济增长的贡献为:

$$\frac{\alpha_H g_K}{g_Y} = \frac{r_H H}{pY}\frac{dH/H}{dY/Y} \qquad (12.5)$$

简单劳动力对经济增长的贡献为:

$$\frac{\alpha_L g_L}{g_L} = \frac{wl}{pY}\frac{dL/L}{dY/Y} \qquad (12.6)$$

其中,α_i 为各类生产要素的收入份额。由式(12.6)可知,要测算各类生产要素积累对经济增长的贡献,须测算各类要素投入的增长率、经济增长率及要素收入份额。因此,在实证分析部分,物质资本、人力资本及劳动力的要素收入份额是非常关键的变量。当满足完全竞争市场的条件时,以人力资本为例,每单位人力资本边际收益为其边际产品 $F'(H)$,人力资本的要素收入份额为 $H \times F'(H)/F(H)$,而人力资本产出的弹性系数为 $\frac{dF(H)}{F(H)} \times \frac{H}{dH}$,故人力资本收入份额 α_H 恰好为人力资本产出的弹性系数。

2. 人力资本与区域经济增长方式的转变

经济增长方式,即经济增长(发展)模式,一般可分为粗放型和集约型,也可以分为速度型和效益型,或输入驱动型和效率驱动型。经济增长一般来自两个方面,一是投入的增长,二是单位投入产出的增长,即生产效率的提高。投入增加带动的经济增长是粗放型或投入驱动型的增长方式,单位投入产出增加所导致的增长是集约型或效率驱动型的增长模式。经济增长方式的选择关系到一个国家或地区的经济发展条件和环境,经济增长方式的变化在一定程度上反映了经济发展水平。

工业革命之前及其初期,西方资本主义国家的经济增长大多依靠资本的投入和资源的占有;工业革命后期,技术进步和人力资本投资已逐渐成为推动经济增长的主要因素。在知识经济时代,教育和人力资本投资使科学技术水平日新月异,从而不断更新生产工具和方式,从而提高劳动生产率。

根据美国经济学家约翰·肯德里克(John Kendrick)的数据,在1989—1919年,美国 GDP 的年平均增长率为 3.9%,要素生产率对经济增长的贡献为 1.3%。此时,美国经济仍处于粗放型增长阶段。1919—1957 年,美国的年均 GDP 增长率为 3.2%,其中要素生产率的增长对经济增长的贡献为 2.1%。此时,美国已经进入集约化增长阶段,受到能源危机和环境保护等因素的影响。美国进一步改进了其增长方式,低能耗和低污染的高科技行业和现代服务业逐渐成为其经济主体,经济增长也主要依靠人力资本投入带来的生产率的提高。

人力资本不仅可以提高劳动力自身的生产力,而且可以提高其他生产要素的生产率,促进经济增长方式的转变。我国学者吴建国(2002)计算得出,1990—1998 年,人力资本对经济增长的贡献率提高了 13%,大大提高了资本要素的生产效率。因此,对落后地区人力资本的投资,有助于提高区域内生产要素的生产效率,转变区域的经济增长方式,使区域保持更快、更有效地增长,并逐步赶超较发达区域。

3. 人力资本与区域资源的优化配置

在区域间资源转移过程中,人力资本的作用十分明显,主要体现在资源聚集效应和资源置换效应两个方面。资源集聚效应是指区域人力资本集聚引起的其他生产要素集聚,主要是物质资本的集聚。集聚效应是由于单位面积人力资本存量增加而导致的物质资本相对短缺。为了充分发挥资源的生产能力,必须增加投资,而高质量的人力资本在一定程度上降低了追加投资的风险,从而产生了物质资本向该部门的积累。集聚效应表现为物质资本有机构成、产品技术含量、人力资本存量越高的部门附加值越高。

资源替代效应是指区域人力资本积累导致的其他资源投入的减少,主要是普通劳动力的替代。人力资本存量的提高使普通劳动者在市场竞争中处于不利地位,产生了替代效应。其直接表现是,在结构转型的过程中,大量简单劳动力失业。人们普遍认为,随着经济的发展,物质资本对劳动力的替代作用越来越明显。事实上,深层次的原因是人力资本存量的提高。与其说是"机器代替劳动",不如说是"高素质人才挤出普通劳动者"。资源集聚效应和人力资本的替代效应同时发挥作用,集聚效应在替代效应中也起到放大作用,从而加剧了简单劳动力的替代。

4. 人力资本与区域分工和区域产业结构调整

早期比较优势理论和要素禀赋理论认为,在区域经济发展中,一个区域在其资源禀赋的基础上,生产具有比较优势的产品,参与区域分工,形成区域特色产业。也就是说,如果一个地区劳动力资源丰富、劳动力成本低,那么集中于劳动密集型产品的生产;如果自然资源丰富,那么集中于资源密集型产品的生产;如果资本要素丰富,那么集中于生产资本密集型产品的生产。

然而,随着时间的推移,传统区域分工的弊端也越来越明显。许多地区的产业结构和分工格局不是由资源和资本构成的。技术创新所形成的区域竞争力日益成为区域分工的决定性因素。技术创新离不开人力资本,人力资本是影响区域分工和区域产业结构的重要因素。首先,人力资本影响资本或资源密集型产业的形成。自然资源和资本是区域分工的重要因素,但仅是资源和资本。而无相应的人力资本和掌握技术的人才,区域分工和产业也就很难形成。其次,人力资本可以促进新兴产业的产生。① 人力资本是生产要素之一,某一类型人力资本的集聚本身便可以形成该类型的人力资本产业;② 人力资本是创新的源泉,创新有利于产生新产业和新的市场需求。最后,人力资本能够提高产业竞争力。人力资本的外部性不仅可以提高自身的生产率,还可以提高他人的劳动生产率,较高的人力资本存量可以提高区域或产业的劳动生产率,从而增强区域或产业的竞争力。因此,欠发达地区人力资本的提升有利于这些区域特色产业和新兴产业的形成,从而推动欠发达地区逐步脱贫,实现区域整体的协调发展。

总之,经济发展是资源、劳动力、资金、人力资本、技术和体制政策等各种要素共同作用的结果,其中,人力资本要素不仅直接推动经济增长,还能促进其他要素更有效率地发挥功能,因此,其分布差异对区域经济的发展差异具有重要的影响。在此情况下,提高欠发达地区的人力资本水平,有利于提高这些地区的经济增长速度,转变区域经济增长方式,充分发挥各种生产要素的作用,形成有利于区域发展的区域分工和产业结构,通过这种方式,可以加快这些地区的发展,缩小它们与较发达地区的差距,促进区域经济的协调发展。

5. 国内外人力资本发展案例分析及启发

在人力资源配置问题上,外资企业往往与大中型劳动力市场建立长期稳定的供求关系。对于人才的正常流动,国外企业采用规范化、系统的招聘程序,明确企业外部劳动力市场对招聘人员的技术要求和特点,量化招聘人员的能力指标和待遇标准。同时,他们为招聘人员提供合适的职业规划和培训机会,并以合同的形式与他们建立供求关系。该方法通过双向选择合理的流动方式,实现了社会系统中个体与职业岗位的自然最优匹配。在人力资源激励模式方面,国外企业根据职位的不同,将劳动、薪酬和退休计划紧密结合起来。欧洲人力资源管理模式如图 12.1 所示。

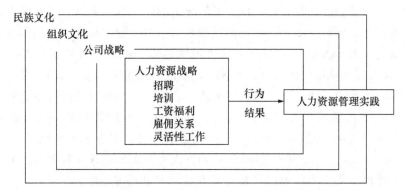

图 12.1 欧洲人力资源管理模式

中国也是早期进行人力资源预测的国家之一。20 世纪 50 年代,人力资源预测在"一五"计划制订之前进行,但"文化大革命"前后中断了近30 年的研究工作。1981 年,上海开始进行人力资源预测,全国进入人力资源预测研究的高潮,一些政府部门和工业管理人员建立了专门的研究机构,系统地预测和规划本部门的人力资源需求,以便制定本部门或地区的社会经济发展政策。同时,人力资源预测的理论和方法研究也取得了新的进展,回归分析、指数平滑、相关分析、概率分析、灰色系统等预测方法已成功地应用于人力资源预测。将德尔菲法与调查研究法有机结合,进行未来人力资源预测,在规模和效益方面取得了新的进展,20 世纪 80年代以来,中国出版了数十本有关人才科学、人力资源预测和人力资源规划的书籍,为人力资源预测研究奠定了坚实的基础。目前,主要有两种类型的图书和论文,一种是人力资源预测的理论和方法,另一种是人力资源预测的实际应用研究成果。在实际应用研究成果中,主要是集中研究一个部门、一个行业或一个地区的人力资源需求预测。

一般而言,国外学者从素质、人格特征和个人能力等方面对"软结构"进行了深入的研究。研究的最终目的是揭示人力资源的"软结构"如何提高企事业单位的工作效率。然而,国内学者对"硬结构"的研究越来越重视,并且经常使用各种数学方法构建模型来预测和优化人力资源的规模结构。虽然已经取得了许多进展和担忧,但大多数被选对象都是小型企业和行政机构,而中国大中型国有企业的研究相对薄弱,无法进行全面、系统的评价。在对人力资源结构下各个子结构进行研究的基础上,对国有企业人力资源结构进行了研究。国内外学者对人力资源优化配置提出的建议和意见并不十分相关,优化配置模型虽然具有一定的理论强度,但在我国国有企业的应用上尚未有进一步的研究。中、美、欧企业人力资源管理有其鲜明的特点,受其独特的社会文化、管理体制、管理理念和管理标准的影响。综上所述,中、美、欧企业人力资源管理的差异主要体现在三个方面:文化差异、制度差异和观念差异。

(1) 文化差异性。文化是指一个国家或社会特有的价值观、历史传统、基本观念、伦理道德、生活信仰、风俗习惯等。一些学者从不同的角度研究了跨国文化。通过对员工基本价值观念、收入、工作保障、挑战与风险、自由与合作等五个文化维度的综合考察,归纳出四个文化维度:权力距离、不确定性回避、个人导向性和阳刚性。量化了个人取向/集体取向、男性刚性/女性灵活性、长期取向/短期取向及许多国家和地区的文化维度,比较了中国、美国和欧洲文化维度的得分(见表12.2)。

中国的文化价值观崇尚仁、义、礼、智、信。价值观以"和谐"为第一,强调忠诚,重视人与人之间的关系。儒家的主要流派崇尚人本主义,其主要表现在"仁者爱人"和"仁人能仁"。中国的儒家文化强调"自强不息"和"德行端正",中国人民能够吃苦耐劳,具有坚忍不拔的精神和奋发向上的精神。在中国,强调集体主义和平均主义。每个人的个性都有点压抑,创造力被扼杀了。在企业管理体系中,提倡以"情感"为纽带的"柔性管理",强调观念的培养。虽然它有利于营造良好的工作氛围,但我们过于注重人际关系,而忽视了规章制度的建立。

表 12.2 　中、美、欧文化维度得分比较

国家	权力距离	个人导向性	阳刚性	不确定性回避	长期导向性
中国	80	20	66	40	118
美国	40	91	62	46	29
德国	35	67	66	65	31
法国	68	71	43	86	39
荷兰	38	80	14	53	44
俄国	93	39	36	95	—

　　美国文化价值观在等级制度下,人与人之间的关系被削弱,上级权威受到约束,鼓励每个人都有相同的权利,等级差别很小。美国人对新事物持开放、创新、积极的态度,认为工作和生活同等重要,鼓励竞争,在一定程度上接受规章制度。美国文化提倡自我意识和个人价值观,团队合作精神略微缺乏,自由、自主、自立、理性思维成为主题,美国人注重眼前的消费,忽视长期的考虑,并要求迅速评估、提升或降级。

　　欧洲文化也被称为"海洋文化"。欧洲人愿意冒险和军国主义。欧洲人强调权力的约束和平等,人民之间的相互信任与合作的基石是团结。欧洲文化深受基督教文化的影响,各国之间的经济、政治、文化交流频繁,使整个欧洲有着共同的文化基础。古埃及文化、古希腊文明、古罗马文化、文艺复兴和启蒙运动对欧洲思想产生了深远的影响,在欧洲文化中,希腊文化不仅对人性的尊重和对知识的追求,而且对罗马文化中的功利主义的向往,以及对现实生活的批判和对理想主义的向往(见表 12.3)。

表 12.3 　中、美、欧企业人力资源文化差异性

类别	中国	美国	欧洲
民族文化差异性	儒家文化:中国是儒家文化的发源地;企业管理中强调以人为本,重视人情轻制度、重视集体轻个人	基督教为主体的多元文化:美国被称作"文化的熔炉",企业在人力资源管理方面强调实用主义,关注人力资源管理的规范和制度建设	基督教文化:欧洲的基督教文化与埃及文明、罗马文明、希腊文明和犹太文明一脉相承,企业人力资源管理强调民主和参与式管理,重视员工福利

（续表）

类别	中国	美国	欧洲
历史文化差异性	中央集权制：中国有着 2 000 多年的封建帝制，中央集权是维系国家统一的重要因素；企业人力资源管理中强调服从企业整体战略规划，为企业运营提供合适人才	宪政制度：美国建国 200 余年来以 1787 年的宪法为基础建立起宪政体系，企业人力资源管理强调企业和员工之间的权利义务关系，以契约为基础构建人力资源管理系统	君主城邦体制：今日的欧洲各国历史上多是城邦国，国王在贵族的辅助下掌握政权，企业在人力资源管理中强调多方合作即政府、企业和工会的合作
社会文化差异性	传统文化与现代文化并存：辛亥革命以来，特别是改革开放以来，中国处于传统文化和现代文化的交融阶段；人力资源管理既有传统人事管理的因素，也有现代化人力资源和人力资本管理的因素	开放式文化：美国是多元的开放式文化；企业人力资源管理受到这种文化影响，表现为员工多样性等方面	保守的欧洲中心论：欧洲流行保守的欧洲中心论，文艺复兴孕育的资本主义制度等使得这一论点更加流行；企业在人才选拔方面以欧洲为中心展开

（2）制度差异性。大多数关于国际背景和人力资源管理的研究都考虑到国家文化或体制因素。民族文化因素将组织行为与社会成员共享的价值观联系起来，制度因素将组织的行为与组织的特定制度环境联系起来，民族文化对企业的人力资源管理有着重要的影响。通过对不同国家企业人力资源管理的比较，可以加深对企业人力资源管理的认识。中、美、欧企业人力资源管理存在差异，这与企业所在国家和地区的制度差异密切相关，机构通常指的是我们共同遵守的工作规则或行动规则，它们是指在一定历史条件下形成的法规、习俗和其他规范和标准。制度不仅包括正式的组织，如政治、经济和社会组织，也包括社会习俗和规则，其差异主要体现在政治制度风险、经济体制差异和法制差异方面（见表 12.4）。

表 12.4　中、美、欧的制度差异性

类别	中国	美国	欧洲
政治制度差异性	社会主义；共产党领导的社会主义国家，强调服务最广大人民群众的利益；企业人力资源管理服务于整个企业	资本主义总统共和制；美国创造了总统共和制，强调行政权、司法权和立法权三权分立；人力资源管理在企业内部权力体系中起制衡作用	资本主义君主立宪制；欧洲是君主立宪制最为集中的地区，君主只是国家元首，国家权力属于议会；人力资源部门拥有强势地位，涉及战略制定和集体谈判等重要职能

（续表）

类别	中国	美国	欧洲
经济制度差异性	社会主义市场经济制度；市场与计划并存，共同引导经济系统运转；人力资源管理通常按照企业发展需要在内外部劳动力市场之间寻找平衡	资本主义市场经济制度；拥有健全的市场调节机制；人力资源管理主要依靠外部劳动力市场平衡企业发展对人力资源的需求，并且在全球范围内优化人力资源配置	资本主义市场经济制度；市场经济有着更多的计划成分，特别是北欧等福利国家；人力资源管理主要依靠企业内部劳动力和欧洲劳动力市场满足对人力资源的需求
法律制度差异性	改良的大陆法系；中国现代法律体系主要借鉴日本，而日本法律则是对德法等国大陆法系的改良；人力资源管理强调制度化，并强调将欧美人力资源管理理论中国化	英美法系；美国继承了英国法律体系，遵循判例法；人力资源管理强调以制度规范为基础，但更重要的是要处理非程序性问题，应对意外事件	大陆法系；德国和法国是典型的大陆法系国家，强调行为必须遵循法条，即法律的规范作用；企业人力资源管理大多数情况要受到大童的相关法律的影响

（3）观念差异性。人力资源管理的概念是对人力资源管理更深层次的理解和界定。优秀企业在人力资源管理方面有独到的见解。正如管理大师德鲁克曾经说过的，企业的功能是创新。例如，美国的硅谷就倡导了"允许失败，但不允许不创新"的理念。在德国，许多企业都是获得高额补贴的研究和创新人员，承担研究的风险。如果研究失败，研究人员将不会受到批评或解雇，反而会得到鼓励。不同国家和地区企业人力资源管理观念的差异背后是管理观念、管理观念和使用观念的差异。具体如表12.5所示。

表 12.5　中、美、欧人力资源管理的观念差异性

类别	中国	美国	欧洲
经营观念差异性	社会利益至上；中国企业特别是国有企业的初衷是为社会服务，服从党和国家政策；企业人力资源管理强调服务于企业业务，属于支撑性部门	股东利益至上；企业经营是通过为客户创造价值以实现股东价值最大化；人力资源管理部门是通过整合组织人力资源以实现股东价值最大化	员工利益至上；企业经营的根本目标在于服务于企业员工的福利；企业人力资源管理是实现员工利益与企业利益之间的平衡
管理观念差异性	效果；通过管理实现企业战略目标，追求管理对绩效的贡献；企业人力资源管理强调其对绩效的直接作用	效率；管理是依赖于经验的以绩效为基础的专业职能，目标在于增进生产效率；人力资源管理部门探索如何发挥最大效率	福利；管理的目的在于社会福利和员工福利的提高；企业人力资源管理部门负责员工福利的分配

（续表）

类别	中国	美国	欧洲
用人观念差异性	择人任事：企业管理过程中因人设岗，使得价值和能力得到体现，人尽其才，才尽其用；企业人力资源管理强调择人，即选正确的人做正确的事	能力任事：管理过程中因事设岗，强调结合岗位要求选择合适人员；企业人力资源管理强调对所选人员胜任力的考察，依据胜任标准赋予相应的权利和责任	专业任事：企业管理过程中按照员工不同专业技能安排不同的专业事务；企业人力资源管理部门强调对员工专业技能的衡量

美国的人才培养机制更为科学和完善，有很多可借鉴学习的措施政策，对京津冀人才政策有很大启示，具体如下：

（1）面向世界的开放性人才吸纳渠道。开放包容、强力吸引世界各地不同族裔、血统、背景、地位、特性的优秀人才为美服务，是美国吸纳人才的一大特点。首先，它倾向于吸收移民政策上的技术移民。建国初期，美国提出以优越的经济条件、良好的社会道德和熟练的技术吸引移民，为加快荒野开发提供了源源不断的人力资源。此后，有关移民的法律法规陆续出台，并多次修改。对技术移民的重视日益突出。例如，在《1952年外来移民与国籍法》中，156 000名移民配额的50％用于引进具有美国急需的专门知识的杰出人才的高学历移民；在1990年的《合法移民改革案》中，这一项增加到700 000名，配额提高到140 000人，进一步强化了"高新技术移民"的优先政策。1992年，采纳了吸收"优秀人士"的移民法修正案，为各类专业人士提供快速移民通道。由此吸引了大批携带技术、智慧和资本的外籍人才进入美国。其次，在留学制度上向吸纳全球人才倾斜。美国一直把吸引外国留学生视为"一本万利"的产业。20世纪90年代以来，美国政府制定了促进海外教育的政策和措施。为支持外国留学生（如国际开发署、富布莱特基金会、福特基金会和洛克菲勒基金会）设立各种基金，为来自第三世界国家的留学生提供各种金融支持，以便其在美国学习，该项目每年就要投资数十亿美元。除了国家资助，美国的大学已经开发并实施了各种资助计划，在授予奖学金时，外国学生和本地学生享有平等的机会，在收取学费时，他们也受到平等对待。在政府、大学和非政府组织的推动下，大量的外国学生进入美国，丰富了美国的"人才库"。自1990年以来，美国还实施了"H-1B签证计划"和"绿卡制度"，以促进大批外国学生在美国定居。

一是美国利用1000多个联邦研发实验室作为平台，通过提供科研资金、合作研究、学术交流等形式,利用其优越的研发条件、创新条件和生活环境,吸引外国人才,聘用外国专家学者充实科研队伍或到美国从事研究工作。二是与 70 多个国家和地区签署科技合作协议,充分发挥美国在科技合作项目中拥有的财力、科技和人才优势,通过国际科技合作的方式,让美国成为最大受益者。三是利用股票、期权、科技成果、专利、信贷等生产要素的国内报酬方式,在其他国家和地区设立科研机构,进行投资和付给报酬,并就地吸引和招聘所在国的优秀人才。正是由于美国珍视人才,拥有开放性的人才吸纳渠道,不仅节省了大量的教育经费,而且为促进经济和科学技术的发展,保持其世界领先地位提供了丰富的智慧和技术资源。

(2) 实用至上的多层次人才培养体系。实用至上,实用为先,一直是美国人才培养的鲜明特点。统计表明,一个行业对高端人才的需求一般不超过 20%,其余 80% 都是从事生产、经营和服务工作的中低端技能型、实用型人才。因此,美国在积极培育高端人才的同时,十分注重中低端人才的培养和开发。一是重视大学教育的发展,在发展战略上,自 20 世纪 50 年代末以来,教育一直被视为国家发展的基础和人才培养的关键。在教育立法方面,发布了《美国 2000 年教育战略》《为 21 世纪而教育美国人》和《一个准备好的国家:为 21 世纪培养教师》,以促进人力资源的培训和开发。在经费保障上,联邦政府年度教育投入超过 GDP 总量的 7%,几乎所有的联邦立法都包含对高等教育的财政补贴的规定,其中 40% 的州政府开支用于教育。就教师而言,美国学院和大学有 60% 的科学家和工程师,62% 的大学教师具有博士学位,在过去 20 年中赢得诺贝尔自然科学奖的科学家中的 90% 以上在大学工作。二是注重职业教育的支持,在法律保护方面,美国政府早在 1963 年就发布了《职业教育法》,并在 1990 年通过了新的《职业教育法》,该法明确规定联邦政府为职业提供至少 16 亿美元的特殊补贴。每年到各州进行基础教育,并建立了完善的职业教育资格证书制度和资格鉴定制度。美国有 1 200 多所两年制的社区学院,占美国大学总数的 60% 以上,构建了世界上最完善的大众教育系统。从实际效果来看,社区学院作为美国最大和最具活力的高等教育机构,极大地增加了美国年轻人上大学的机会。他们不仅培养了大批训练有素的技术人员和普通工人,而且为培养高层次人才提供了充足的后备力量。三是重视继续教育,美国把继续教育作为衡量一个国家科学技术水平的重要标志。国家知识培训年均资金约为 1 000 亿美元。为了确保继续教育得到法律的保障,1996年颁布了《成人教育法案》,要求所有企业的雇主每年将全职工资总额的至少1%用于雇员的教育和培训,并逐年增加。对不符合标准的企业,每年必须缴纳工资总额的1%,作为国家技能开发资本。同时,为了鼓励企业对员工进行继续教育和培训,联邦政府还给予税收优惠政策,允许企业将教育支出纳入成本并免税,从而使美国成为世界上第一个进入高等教育大众化阶段的国家。

(3)崇尚自由的市场化人才使用机制。珍重人才,自由竞争,自由流动,完全市场化的人才配置,是美国在人才使用上的重要特点。一是充分尊重人本的自由性。在理念方面,注重满足人的本性需求和自由发挥人的主体作用,把追求组织目标实现与满足人才个体需求有机地结合起来,最大限度地开发人才价值,给人才以最好的发展平台。在人才价值实现方面,能够因人制宜,量才使用,通过健全的市场经济体制和公平的竞争环境,为人才展现才能提供最大的表现空间。在人才使用管理方面,重点应放在人才的个人绩效上,而不应放在资历上,只要成就和能力被认可,就能很快得以重用。二是人才自由流动机制的形成。在社会保障方面,住房、医疗和保险都实现了社会化。劳动力不受户籍和地域的限制,完全实现了全国范围内的自由流动。在就业方面,美国奉行自由选择就业的政策,任何政府机构或私人公司都是开放的人才平台,只能为我所用,不可为我所有。因此,在美国,一个人一生中平均要换八次雇主和职业,而一个有才能的人平均每年要换两次工作。从观念上讲,"学而优则仕""仕而优则商"很流行。具有跳槽经验的人才往往被视为有经验的人员,高校、科研院所、企业、政府等部门为了选择最适合的职业人员,大量中青年高级专业人才频繁流动,形成了政治、商业、学术三位一体的人才互动机制,实现了"社会化人才"的实践价值,使人才真正成为社会化的资源。三是重视人力资源的市场配置。美国的劳动力市场非常发达。就业和择业没有行政干预,政府只在市场和人才之间充当经纪人。政府收集市场信息并将其传递给人才,并将需求信息反馈给市场。对人才资源的配置,完全通过劳动力市场来调节,通过公开、公平、公正的竞争,我们需要对各类人才进行双向选择满足用人单位的需求。各类人才在不断的竞争与流动中找到了自己的位置,实现了个人与岗位在全社会的最优配置。正是由于美国建立了崇尚自由的市场化人才使用机制,从而为破除地域、身份等人为条件的羁绊,实现整合全国人才资源、发挥人才的最大作用创造了条件。

第三节　京津冀人力资本协同机制创新路径

区域人力资本市场包括要素、信息和融资市场。完善区域人力资本市场体系建设,就是要增进人力资本价值实现的机会,促进其合理配置,提高其产出效率,促进区域经济协调发展。

一、优化京津冀人力配置

1. 增强河北等落后地区人力资本投资意识

李斯特认为,"一个国家消费的最大部分应该用于下一代的教育,用于促进和培养国家未来的生产力"。但是,由于人力资本投资是对生产和经营活动的间接投资,它只能在人力资源内形成潜在的生产力,是一种长期有效的经济活动,而物质资本投资是直接投资,增加固定资产和流动资产等有形直接生产力。它可以在较短的时间内有效。因此,长期以来,我国形成了只注重物质资本投资,而忽视人力资本投资的观念。在这一概念的影响下,一些地区,特别是欠发达地区往往侧重于交通、能源和基础设施方面的投资,而忽视了教育、卫生和其他与人力资本发展有直接关系方面的投资。人们普遍认为,国家的贫困主要是由于它们极度缺乏资本,而额外的资本是它们经济快速增长的关键。提供给这些国家的新外资经常用于建筑、设备,有时也用于库存,但一般不用于增加人力投资。因此,人力资本与物质资本没有跟上步伐,已成为经济增长的制约因素。

国外发达国家的发展实践也表明,人力资本是经济增长的源泉,人力资本投资对经济社会发展具有根本性、战略性和决定性的意义。只有协调好人力资本投资和物质资本投资,最优地发挥物质资本投资促进经济发展的作用,才能体现人力资本对经济持续增长的贡献。

此外,从家庭或个人角度考虑,也应该从长远利益出发,增加教育、医疗等影响人才培养方面的支出,减缓人力资本差距的代际转移,进而缩小人力资本的代际差距。因此,要促进京津冀区域经济的协调发展,首先要转变落后地区的传统观念,充分认识人力资本投资和人才建设的重要性。在引进资金与技术的同时,积极引进相关教育、医疗资源和优秀人才,实现各要素的最有效组合。要从适应市场经济的需要出发,树立"科学技术是第一生产力""人才是科技和先进生产力的载体"等理念,把这一想法转化为实际行动,增加人力资本积累的投资。

2. 合理配置京津冀区域内的教育资源

劳动力受教育程度是人力资本水平最核心的体现,教育投资也是人力资本投资最重要的方面。教育可以提高个体生产力,并具有正外部性。更多的教育可以提高一个地区的经济增长能力。因此,对于落后地区来说,增加教育投资、改善教育结构是提高人力资本水平、促进经济发展的重要措施。

加大中央对天津、河北的教育投入,首先要加大公共财政支持力度,确保公共教育支出不低于一定比例。目前,大多数发达国家都有相对完善的公共教育体系。政府不仅对特定的教育层次(如初中或中等教育)实行普遍免费的义务教育制度,而且对超过义务教育水平的各种高等教育或专业技术教育给予补贴。用于教育支出的财政支出比例逐年上升。

1993 年 2 月,中共中央和国务院发布了《中国教育改革和发展纲要》(以下简称《纲要》)。1994 年 7 月,国务院还提出了实施《纲要》的意见,要求"逐步增加国家财政教育经费支出(包括各级教育经费、城乡教育经费)"。20 世纪末,新增资金、企业办中小学经费、校办产业减免税占 GDP 的比例已达到 4%。与国际相比,《纲要》规定的教育财政支出占 GDP 4%的比例只是最低限度的要求。这一比例低于国际教育投资的平均水平,也低于许多发展中国家。但是,由于中国整体经济发展水平较低,一些地区的支出比例距离 4%的目标还有很大差距。

2006 年,京津冀国家教育财政支出占 GDP 的比例为 4.27%,达到 4%的最低水平,而天津和河北分别只有 2.05%和 1.82%,低于《纲要》提出的最低标准。需要增加教育投入。关于资金来源如果采用个人或家庭完全负担教育经费的方式,父母之间的人力资本水平差距会继续扩大,如果在区域内采取平均的方式,下一代的人力资本水平会在一定程度上趋于平均,但区域差距会继续扩大,即代际转移。为了缩小北京、天津和河北的人力资本缺口,需要加大中央投资力度。它还着重于增加河北下一代的人力资本投资。人力资本水平越高,人们的收入能力越高。除去上一代遗赠的财富,下一代自身获得的收入将趋于实现教育投资主体多元化。教育投资主体的多元化是强化人力资本投资力度的重要方面。

除了政府、个人和家庭的教育支出,社会团体的捐资和集资办学也是教育经费的重要来源。京津冀区域中,京津两地的教育投资资金来源充裕,教育事业发展较好。因此,应鼓励北京和天津的企业、教育机构及非政府组织等社会团体捐资或集资,拓宽人力资本资金筹集渠道,帮助河北发展教育事业。另外,可以通过银行信贷的优惠政策,以及加大奖学金和助学金制度等政策,支持河北贫困大学生学习与就业,加快京津冀人力资本水平差异的缩小。同时,适度开放教育市场,引进外部资金和管理技术,促进京津冀教育产业化发展。

3. 加大对河北卫生事业的投入,重点加强保健投资

对于人力资本的形成,医疗保健投资是不可忽视的重要组成部分。人本身是一切价值创造活动的基础,人的健康水平决定着人的寿命和工作效率。第五次人口普查数据显示北京和天津的人口平均预期寿命分别是 76.11 岁和 74.91 岁,而河北的人口平均预期寿命只有 72.54 岁,地区差距非常明显。中国卫生支出的主要来源是地方财政,这决定了各省的人均卫生支出完全取决于该省的财政实力。在京津冀三地关系中,河北的一项重要职能是服务京津,在各种资源方面,要优先保证京津经济社会发展的需要,久而久之,河北的经济发展越来越慢,经济和财政实力也就大大落后于京津两地,教育、卫生和科技等事业经费捉襟见肘。针对这种情况,建议中央政府发挥主导作用,加大对河北落后地区的医疗投入,发展农村卫生中心,严格控制医疗卫生费用的增长,为医疗电子化提供适当的补贴。当然,政府不可能提供所有的医疗服务,政府在卫生保健领域的基本取向应该是提供免费的公共物品,如计划免疫、妇幼保健、控制和预防各种传染病与地方病。在此基础上,建立以医疗保险和医疗救助为主的保障体系,解决居民"看病难"问题。一方面,要加快城镇社会医疗保险制度的普及,扩大其覆盖面;另一方面,在农村开展个人、政府和集体多方筹资,建立以大病统筹为主的新型农村合作医疗制度,提高农村居民的健康水平,节约教育经费。此外,应在保护医疗投资的基础上加强医疗投入。医疗投资的功能在于,当疾病发生时予以及时救治,以恢复因疾病而损失的健康资本,健康投资被认为是"被动"和"被动"的健康投资。健康投资的作用是预防疾病,不断增强体质和健康资本存量,也被认为是"积极的"和"被动的"。无论对个人、家庭还是社会,这两项投资都是必不可少的。但是,我们也应该看到,卫生保健投资对提高健康水平具有重要意义。因此,京津冀区域内,各地都应重点加强保健投资,从预防疾病和增强体质两方面来提高人力资本水平。

4. 促进科技事业发展，培育京津冀区域技术交易市场

政府和企业对科技研发的投入，不仅产生直接的知识和技术成果，而且可以提高研发人员的人力资本存量，具有双重效益。然而，2006 年的数据表明，京津冀三地的科技投入存在较大差距。北京的人均科技支出几乎是天津的 4 倍，是河北的 21 倍。因此，各级政府要加大对河北科技事业的投入，鼓励企业、科研机构在河北设立科研机构。同时，还可以采取科研交流、人员交流和对等支持等方式，促进河北科技事业的全面发展。

此外，还应积极培育统一的技术交易市场。技术市场成交额的区域差异反映了科技成果转化效率的区域差异，较低的科技成果转化效率将减弱科技人员创新的积极性和社会对科研的投入，进而影响地区经济的持续发展，区域发展差异也会逐渐拉大。从京津冀的实际情况来看，建立统一的技术交易市场，开展医院与企业的合作，鼓励北京和天津的教育、科研单位将技术转移给河北的企业，实现京津冀产学研一体化发展。

二、京津冀人才培育政策制定

改革开放以来，随着"尊重知识、尊重人才"号召的提出，创新型科技人才战略在实践中逐步形成，相关人才培养政策也逐步完善。近年来，我国政府从培养、引进、利用等方面为创新型科技人才的成长营造了适宜的环境，加强了对创新型科技人才培养的支持，并充分发挥了创新型科技人才的作用，响应了"人才强国"和"科教兴国"战略的要求。

2002 年，中办、国办印发了《2002—2005 年全国人才队伍建设规划纲要》，标志着我国经济发达地区全面实施科技人才政策。沿海一些经济发达地区的科技人才政策一直处于领先地位，经济发达地区越来越多的高新技术产业可以与发达国家竞争，高素质海外人才的回归越来越普遍。政府实施科技创新人才培养政策的具体措施主要包括：在培养科技创新人才中加强创新教育，创造良好的工作环境；终身培养创新型科技人才，吸引海外高端科技人才回国或在中国工作待遇优厚，并制定优惠政策鼓励企业培养；利用创新型科技人才，国务院转发人事部《关于事业单位试行人员聘用制度的意见》，要求建立和完善公务员录用制度，规范考核制度。事业单位要全面实行解雇、辞退制度。2006 年，国务院办公厅转发人事部关于《事业单位岗位设置管理试行办法》和《〈事业单位岗位设置管

理试行办法〉实施意见》提出,事业单位岗位设置和聘任制度的改革,为人才的转变和结构调整创造了条件。

2003 年,劳动和社会保障部等部委发布了一系列旨在加强高级技术工人队伍建设的政策文件,强调了高端和高技能人才是创新型科技人才的主体,缺乏专业技术人员的支持不利于技术创新和科技成果转化。

作为科技创新活动的核心和唯一载体,各级政府出台了大量的政策文件,培养、引进和使用创新型科技人才。自 2004 年以来,教育部实施了高校高层次创新人才计划,人事部抽取了政府特许专家,完成了"百千万人才工程"人才选拔工作;完善国家博士后管理制度,建设流动站、工作站;科技部、财政部开展吸引高端留学生的工作,科技部还组织了海外人员回国创业成果展览和海外人才产业周活动。

三、京津冀人才评估与筛选

在人才评价体系方面,科技部、教育部、中国科学院、中国工程院、国家自然科学基金委员会五个部级单位于 2003 年 5 月 15 日联合印发的《关于改进科学技术评价工作的决定》和 2002 年制定的《科学技术评价办法》先后发布,详细介绍了评价的指导原则和方法。2005 年,国务院发布实施了《国家中长期科学和技术发展规划纲要(2006—2020 年)》,建立了不同领域、不同类型的人才评价体系。在人才奖励制度方面,1999 年国务院发布了《国家科学技术奖励条例》,同时,连续发布了《省、部级科学技术奖励管理办法》《关于促进科技成果转化的若干规定》《科技成果管理办法》和《社会力量设立科技奖励管理办法》,基本确立了我国科技奖励制度,扭转了混乱的局面。

2007 年 3 月,科技部印发的《关于在重大项目实施中加强创新人才培养的暂行办法》(以下简称《办法》)成为中国创新人才政策的具体实施细则。《办法》的目的是通过实施重大基础研究项目和战略性高技术研究项目,培养战略科学家、学术带头人和创新队伍,同时实施重大应用研究、产业化和工程项目,重点培养工业、教育、科研一体化的创新型人才和高级工程技术人才。《办法》指定项目主管部门和项目主体承担者制定、监督和管理创新人才培养计划,2010 年 6 月中共中央、国务院印发了《国家中长期人才发展规划纲要(2010—2020 年)》,提出了金融、税收、金融、创业支持、人才引导、公共服务和知识产权等十大方面的人才政策,以进一步完善我国创新型科技人才政策。

2011 年,在国民经济和社会发展"十二五"规划中,政府提出"继续实施科教兴国和人才强国战略,加快创新型建设"。要全面贯彻国家中长期科技教育人才规划纲要,大力提高科技创新能力,加快教育改革发展。积极引进和利用海外高层次人才,建立健全政府宏观管理、有效市场配置等制度机制,营造尊重人才、平等开放、竞争的制度环境,实施国家重大人才政策,抓好重点人才工程建设。

四、京津冀人力资本协同机制创新

人力资本是生产要素之一,只有在流动中才能实现优化配置,而人才的流动离不开市场。一个完善的人才市场,不仅是人才交易的有形市场,而且还是一种使人才得到最优配置的制度安排,这包括政府职能的转换、竞争规则的建立、人力资本产权保护等。

首先,逐步废除行政化、计划化的人力资本配置模式,将人力资本配置功能向市场转移。其次,建立区域人力资本竞争机制和保障制度,加强人力资本产权保护,为人才流动创造良好的软环境。例如,可以在三地人才服务机构中设立"京津冀人才发展综合服务窗口",为外地注册的人才提供各种服务。积极开展制度创新,改善人才工作成长环境,不仅要提供更高的工资和更有效的激励,而且要提供良好的晋升和培训机会及创业环境,以实现区域性人才强国。最后,深入推动就业服务一体化,积极开展区域内公共就业服务共建共享、劳务对接协作和职业技能培训合作交流,丰富就业服务模式,引导和促进劳动力规范有序合理流动。加强三地劳动保障监察的深度融合和交流协作,建立跨区域突发性、群体性事件联合处置机制,妥善处置跨地区劳动保障违法行为引发的突发事件,维护区域劳动关系和谐稳定。人力资本投资需要大量的资金,仅靠政府的投入是远远不够的,因此要建立和发展人力资本投资的金融市场体系,促进教育产业化,把人力资本投资培育成经济发展的新投资热点和增长点。京津冀是中国经济金融最发达的地区之一,提高人力资本的途径很多,尤其在落后地区,要拓宽融资渠道,采用特殊福利彩票和社会团体捐赠方式筹集资金,充分发挥资本市场的作用,建立特殊的人力资本基础。构建人力资本融资市场的目的是逐步形成以政府投资为主体的基础教育、社会保障,以个人投资为主体的中等和高等教育、职业培训等良性投资环境,以企业投资为主体,完善区域人力资本市场体系。

建立统一的人力资本信息市场。区域人力资本要素市场和融资市场能否高速运行,在很大程度上取决于区域人力资本信息市场的建设。当代通信技术和网络技术的飞速发展,大大降低了获取人力资本信息的成本,为利用现代科学技术手段,创造和应用廉价的信息获取提供了有利条件。京津冀涵盖北京和天津两个直辖市。随着信息通信技术的飞速发展和经济实力的强大,可以建立统一的区域人力资本信息库,实现区域人力资本信息的共享。在信息数据库建设过程中,京津应承担主要技术经济支持,为河北各组织和个人提供免费信息服务,促进河北与京津的信息交流。

在人才网站合作方面,京津冀可实行"一网注册、三网发布"机制。也就是说,企业用户可以在一个区域的网站上注册招聘信息或相关信息,并在其他两个区域的网站上同步发布,使得三个网站的人才信息能够快速覆盖三个地方,成为区域人才网站。此外,三地应该定期或不定期地组织网上招聘会。

优化京津冀地区教育结构。根据世界银行的《世界发展报告:知识和发展》可知,世界教育投资的平均社会收益率初等教育为 20%、中等教育为 13.5%、高等教育为 10.7%。中国三种教育投入的社会收益率分别为 21.99%、10.92% 和 5.05%。经济越不发达,初中教育投资的社会效益率越高,因此,在资源有限的条件下,应合理配置教育资源,优化本区域的教育结构。一般来说,初等、高等教育的结构比例将取决于社会经济发展的水平和阶段。在经济发展的低阶段,需要大量的具有初级文化或技术水平的人。三级教育结构应以初等教育最多、中等教育一般和高等教育较少为原则,形成"金字塔"结构。当社会经济发展进入"起飞"阶段,社会对中、高级人才的需求将显著增加,中等教育需求将占主导地位,初等教育比例将相对下降,相对比例将上升。高等教育结构将从原来的"金字塔"走向"谷仓型"。当社会发展到较高阶段时,其对人力资本的需求将普遍提高,这将促进高等教育在整个教育体系中的比例显著上升,并最终形成比例大致相同的"圆柱形"结构,因此京津冀三地应根据社会经济发展水平优化教育结构。

北京经济发展水平相对较高,其高等教育结构大致呈"圆柱形"。中小学教育比例略大于中等教育,这在一定程度上代表了高等人才的剩余。因此,应采取措施适当转移北京剩余人才,鼓励人才流向河北。天津现有的三级教育结构大致是"谷仓形"。然而,随着滨海新区的建设,天津社会经济发展已经进入了更高的发展阶段,对高层次人力资本的需求也将不断增加。因此,天津应着力发展高等教育,培养与区域经济发展相适应的高等教育人才。

河北现有的三级教育结构是典型的金字塔型。根据河北现阶段的经济发展状况,对中级人才尤其是中级专业技术人才的需求将显著增加。因此,河北应着力发展中等教育或高等职业教育,适当扩大高等教育的比例。一方面,结合河北的条件和优势,优先发展职业教育,大力培养专业技术人才,为促进河北产业结构升级储备人才,京津两地高校的教学资源,采取走访教授、交换学生的形式,促进京津冀教育领域的交流。另一方面,在条件成熟的情况下,应在河北的一些地区设立分校或配套学校,逐步提高河北的整体教育水平。

优化京津冀人才结构,只有一种类型,可分为三类,即一般技术人员、创新型专业技术人员和创业型人才。在一个有着更好的丰度的地区,也许只有一个人才,或者两个或三个具有较高水平的人才,不同类型人才的结合与区域经济发展方向密切相关。北京和天津拥有较多的高等院校和科研机构,市场化程度相对较高,区域创新型专业技术人员和企业家相对富裕,但技术人员、熟练工人普遍缺乏。虽然河北拥有雄厚的劳动力资源,但大多数是一般技术人才,缺乏企业家和创新型技术人才,因此应优化京津冀的人才结构。

在京津冀,优化区域人力资本结构的首要任务是打破阻碍人力资本流动的户籍制度。户籍制度是我国计划经济体制的产物,是导致城乡二元结构和区域分工的关键因素,市场经济体制要求市场优化资源配置,人才已成为区域经济发展中最重要的资源。人才的自由流动是整个国民经济发展的需要,限制人力资本转移,从表面上留住人才,但不利于区域经济的长远发展。根据人力资本的产权特征,人力资本离不开其所有者,限制人力资本自由将抑制人力资本的主动性,降低劳动效率。如果各地区都实行限制人力资本流动的政策,也会导致地区间人力资本的恶性竞争,不利于国民经济的健康发展。

从京津冀的情况看,京津相对发达,拥有地方城镇户口能够以较低的成本享受良好的教育、医疗和生活设施,从而积累了河北乃至全国的一大批优秀人才。但京津冀户籍制度改革应循序渐进,一是统一区域人口政策,建立区域人口信息系统;二是鼓励人才流动,为在河北工作的人保留低成本享受京津教育医疗资源的权利;三是实现京津冀人口登记一体化。

创新区域人力资本产权制度。在市场经济中,留住人才,吸引人才,本质上就是给予相应的奖励。河北在绝对收入水平上明显落后于北京、天津,但在产权制度和分配制度上却能给予人力资本更多的优惠待遇和补偿。例如,它可以广泛用于利润分享、员工持股、股权所有制、股票期权和人力资本折扣等形式,以更多地赋予人力资本剩余索取权。人力资本产权制度改革就是要使人力资本所有者预期到大量的收入,同时使个人的命运与企业的未来和区域发展紧密相连。从某种意义上说,河北的人力资本产权制度改革具有"比较优势",北京和天津人才强,竞争激烈,河北特别需要高层次的技术和管理人员,尤其是企业家和创业先锋。因此,河北将更容易接受给予这些难以替代的人力资本更高的待遇。

此外,河北应深化社会保障制度改革,重点加快建立养老保险、失业保险、医疗保险和住房制度改革,通过统筹社会规划,建立社会失业保险制度。在缓解人才流动忧虑的同时,加强人文环境建设,改善生态环境,给人才以真诚的关心、信任和尊重。

总体来看,深化京津冀人力资本协同机制创新,结合供给服务政策,可以概述为以下几点:

第一,制定统一的区域人力资本发展规划。区域人力资本开发与配置是一项长期而复杂的系统工程,需要合理的规划与设计。京津冀是我国的重点规划开发区,已制订了相应的区域发展规划。在此基础上,区域还应制定有利于促进区域协调发展的人力资本发展规划,引导区域内人力资本的开发、迁移和市场体系建设,逐步形成统一的人事制度框架,形成大型人才市场,并建立人才服务体系,最终实现区域人才自由流动。

第二,建立京津冀人力资本合作的长效机制,通过法律法规对其进行规范,使京津冀人力资本合作持久。例如,在人才统计标准、人才资格证书相互认可、人才吸引政策、人才流动政策、人才诚信体系建设等方面达成共识;充分准入人才市场机构,建设人才市场路线,组织人才市场活动和国际人才交流活动,实现国际人才资源共享。

第三,打通社会保险等衔接通道。建立健全跨区域双向转诊和检验结果互认制度,尽快推行"就医地目录、参保地确定报销比例"的异地就医直接结算,采取医疗合作、技术支持、对接帮扶等多种形式开展跨区域医疗人才合作。落实国家相关政策,推动社会保险关系顺畅转移,根据国家对基本医疗保险跨省异地就医住院医疗费用直接结算的新要求及系统实际运行中发现的问题,不断完善信息系统,做好结算工作风险防控和经办队伍建设。

　　第四，人力资本合作的有效发展还取决于区域在工业与投资、交通运输等基础设施、港口、物流、金融服务等领域的合作。因此，促进京津冀人力资本合作，必须深化区域整体合作机制，逐步实现区域经济社会一体化。区域人力资本合作应是政府主导的人力资本市场化配置的过程，这一过程涉及发展规划、财政支出、市场建设、户籍改革等方面的工作，这就要求政府制定切实可行的财政和税收政策予以保障。特别是在资源配置方面，市场的自发作用往往使资金、技术和人才集中在较发达地区。在市场失灵的情况下，需要政府宏观调控，引导资金、技术、人才流向落后地区，增强落后地区人力资本积累能力，改变落后地区经济增长方式，提高经济增长速度。

本章小结

　　目前，京津冀人力资源表现为以下特征：① 劳动适龄人口多与老龄化趋势明显并存；② 人才总量大，高层次人才比重大；③ 人才对经济社会发展贡献较大；④ 产业人才分布偏离度差异较大。

　　通过对京津冀地区人力资本与与经济增长关系的研究，以及对人力资本对经济发展的贡献机制探究，加之研究学习国内外人力资本发展案例，本章提出了京津冀人力资本协同机制创新路径：① 制定统一的区域人力资本发展规划；② 建立京津冀地区人力资本合作的长效机制，通过法律法规对其进行规范，使京津冀地区人力资本合作持久；③ 打通社会保险等衔接通道，建立健全跨区域双向转诊和检验结果互认制度，尽快推行"就医地目录、参保地确定报销比例"的异地就医直接结算，采取医疗合作、技术支持、对接帮扶等多种形式开展跨区域医疗人才合作；④ 人力资本合作的有效发展还取决于区域在工业与投资、交通运输等基础设施、港口、物流、金融服务等领域的合作。

主 要 结 论

　　2015 年 4 月 30 日,中央政治局召开会议,审议通过了《京津冀协同发展规划纲要》,标志着京津冀一体化发展在顶层设计支持下进入实质发展期。《京津冀协同发展规划纲要》提出:"推动京津冀协同发展是重大国家战略。战略的核心是有序疏解北京非首都功能,调整经济结构和空间结构,走出一条内涵集约发展的新路子,探索出一种人口经济密集地区优化开发的模式,促进区域协调发展,形成新增长极。"为此,国家对京津冀一体化提出了三项主要改革任务,强调"公共服务一体化是疏解北京非首都功能,推进新型城镇化发展,实现区域协同发展的重要措施"。其中公共服务政策共享建设重要指示不仅指明了京津冀一体化发展方向,同时指出了当前京津冀一体化发展的关键问题,即公共服务政策差距问题和资源配置失衡问题,这是制约京津冀一体化发展的关键所在。

　　本书结合最新理论与数据,从三个部分展开,全面细致地阐述京津冀一体化公共服务政策的供给机制创新:一是从京津冀协同发展的时空分布入手,详细梳理和分析了京津冀协同发展的基础和现实,并对京津冀协同发展的战略新举措和新进展进行概述与分析,以期从历史和现实、时间和空间、战略和进展等多维角度论证分析京津冀协同发展的前世今生和来龙去脉。二是从公共服务均等化推进京津冀协同发展入手,首先,阐述分析公共服务均等化推进区域一体化的基础理论;其次,以理论为依据,构建了京津冀协同发展中公共服务均等化的指标体系;再次,根据指标体系结合数据实际测度了京津冀协同发展中的公共服务均等化程度,并从支撑力、驱动力、创新力、凝聚力和辐射力五个方面分析了京津冀协同发展中的公共服务均等化水平;最后,针对指标体系测度的具体数据反映出来的问题,详细分析了京津冀协同发展中公共服务区域差距的制约机制。三是从产业协同、财税协同、生态协同、人力资本协同四个方面论证了京津冀一体化公共服务政策的供给机制的创新。

第一,通过对京津冀区域经济分析结果及其空间自相关性分析研究发现,2005—2017年,天津的相对增长幅度虽然最小,但其绝对增长幅度一直领先,说明近十年天津经济在高速发展,而北京的经济增长幅度呈现先上升后下降的趋势,说明北京的经济发展速度有所放缓,河北的经济一直在努力追赶京津两地,但是由于河北自身处于工业化初期,自身基础差,社会固定资产投资力度不足,研发投入不足,导致了其区域经济发展不平衡,发展速度缓慢,因此京津冀的经济空间差异一直存在,想要在短时间内消除是不现实的。北京是中国政治、文化、科技和国际交流的中心,农业所占的比例很小,现代服务业和科学技术相对发达,产业结构呈现"321"的模式,且北京经济处于后工业时代,产业发展水平差异明显,存在产业结构梯度,为京津产业转移提供了良好基础。天津也在日益完善自己"一基地三区"的功能定位,不断完善城市功能和空间布局,目前已取得积极成效。天津在京津冀协同发展过程中取得成就的同时,存在与区域发展悬殊、产业同构加剧、环境问题依旧严重的问题。河北的产业结构呈现"231"的模式,工业发展基础雄厚,第一产业的占比也较大,因为河北是京津两地的生活保障,可以为其提供所需的农副产品等。2014年,北京和天津的人均GDP分别是河北的2.50倍、2.63倍;2017年,北京和天津的人均GDP分别是河北的2.69倍、2.49倍,三地差距并未明显缩小,依旧悬殊。造成这种现象的原因有很多,由于天津、河北的资源禀赋一开始便落后于北京,"输在了起跑线上";而且京津冀三地的经济增长动因不同,这与其产业协同发展、财税政策、生态环境保护及人力资本等诸多方面都存在密不可分的关系。

第二,通过对产业、财税、生态和人力资本四个方面进行了测度与评价,通过分析结果发现,京津冀的经济重心和人口重心都向东北方向偏移,即向京津聚集,京津冀存在较为明显的产业同构现象,尤其是河北省内各地级市间的产业同构现象尤为突出。北京的城市流强度位于京津冀首位,且远远超过其他城市。由于京津冀内部经济发展不均衡,三地的税收政策及财政投入和支出差距较大。京津冀三地的生态环境保护各自为政,北京的生态文明指数整体水平最高,其次是天津,河北的生态文明指数与北京差距最大但其上升速度最快。京津冀区域的人力资本平均水平提升速度最快的是天津,而京津冀的人力资本平均水平总体增长率高于全国平均水平。

第三,京津冀区域经济发展不平衡性十分明显,阻碍了京津冀区域经济一体化的进程。要想加快推进京津冀区域经济的协调发展,就必须缩小京津冀区域经济差异。缩小京津冀区域经济差异的总体思路应该是首先在科学发展观的理论指导下,加强基础设施建设和环境保护,为京津冀区域经济发展提供良好的基础,发展循环经济,实现京津冀区域经济的可持续发展,加快落实和发展京津冀基本公共服务政策的供给侧不均衡问题。其次,河北处于相对落后地位,北京、天津在自身经济发展的同时应当发挥带动作用,大力扶持河北的经济发展,不断增强各个区域之间的经济联系。通过区域间的统筹发展和地区间的合理分工使京津冀区域协同发展不断推进,切实缩小地区间的经济差异。同时由于雄安新区的建设、北京城市副中心的建立、大兴机场的建设、北京城南行动计划、天津滨海新区的建设等在新时代发展背景下提出的新的发展政策,说明京津冀在实现协同发展的同时机遇与挑战并存。通过落实京津冀公共服务政策供给机制,可以带动京津冀区域经济更好更快地发展,缩小京津冀区域经济之间的绝对差异和相对差异。

第四,《京津冀协同发展规划纲要》提出以来,京津冀协同发展取得了巨大的进步,无论是产业协同、财税政策协同,还是生态协同和人力资本协同,都取得了不小的进展。京津冀三地出台了一系列政策措施来支持京津冀的协同发展,大兴机场、雄安新区、北京城市副中心及天津的滨海新区的建成都是为了支持三地的协调发展,避免区域经济的过度不协调。产业方面,产业逐渐从北京、天津迁往河北,从而促进河北产业升级;财税协同方面,财税政策改革正在使得三地的政策变得更加统一,从而维护三地政策的公平性、统一性;生态协同方面,京津冀三地继续在区域共建、产业协作、交通建设、生态保护、文化创新、市场合作、人才交流、社会保障等领域深化合作,促进生态建设的统一保护;人力资本协同方面,三地金融市场、区域经济市场、人力资源市场正在逐渐互通互融。尽管仍具有很多问题需要改善,京津冀三地协同发展正在朝着较好的方向前进。

第五,构建了京津冀协同发展中公共服务均等化的指标体系,然后根据指标体系结合数据实际测度了京津冀协同发展中的公共服务均等化程度,并从支撑力、驱动力、创新力、凝聚力和辐射力五个方面分析了京津冀协同发展中的公共服务均等化水平,根据本研究指数(人均)的测度结果,自 2013 年以来,三地的各项指数得分呈现较为明显的变化态势。这说明京津冀协同发展进程明显加快,协同发展取得诸多成效,三地在协同发展中表现出了各自的优势和特点。① 北京:非首都功能疏解成效显著,成为三地创新发展的核心。自 2013 年以来,北京的各项指数变化明显,综合发展水平进一步提升。首先,发展指数综合得分(人均)从 2013 年的 82.3247 上升到 2015 年的 83.8742,支撑力指数从 2013 年的 94.7888 上升到 2015 年的 97.4934,经济实力连续得到提升。其次,非首都功能疏解进展尤为突出。凝聚力指数(人均)从 2013 年的 95.0326 骤降至 2015 年的 86.7988,辐射力指数(人均)由 2013 年的 73.1840 上升到 2015 年的 77.7648。大量非首都功能正在向周边地区疏解,北京约 70% 的批发和批发市场救济工作已经完成。最后,北京的全社会固定资产投资增速呈下降态势,现代服务业和战略新兴产业的产值占比不断上升。同时,近年来北京的创新力指数与津冀相比始终保持绝对优势,已经成为支撑三地创新发展的核心驱动力。② 天津:驱动方式正处于转型升级阶段,凝聚力明显提升。近年来,天津的 GDP 增速达到 9% 左右,经济保持了相对较高的增长速度,优势在于驱动力与凝聚力。在驱动力方面,驱动力指数(人均)从 2013 年的 72.5404 增长到了 2015 年的 76.3798;在凝聚力方面,凝聚力指数(人均)从 2013 年的 51.7968 增长到了 2015 年的 56.4987。目前来看,天津经济发展仍以大项目投资为主,驱动方式与创新驱动的要求还存在差距。随着京津冀协同发展与非首都功能疏解,北京以中关村园区为代表的高新技术园区在天津的布局,在一定程度上带动了天津发展方式的转型升级。另外,北京"控增量,调存量"的疏解策略使得部分人才尤其是应届毕业生出现外溢现象,加之天津的公共服务水平、基础设施建设和城镇居民收入的改善使得天津的凝聚力得到明显提升。③ 河北:驱动力得到改善,创新力是短板。河北的驱动力指数(人均)从 2013 年的 13.5233 增长到 2014 年的 21.7865,到了 2015 年有所下降,为 14.0034;凝聚力指数(人均)从 2013 年的 29.8116 增长到了 2014 年的 41.7640,2015 年又增长到了 42.9811。这说明京津冀协同发展战略提出以来,巨大的政策效应使得河北作为非首都功能主要承接地的驱动力和凝聚力得到很大提升,但非首都功能疏解目前尚缺乏完善的配套政策,导致河北在驱动力和凝聚力方面出现一定程度的反复。河北的创新力与京津相比严重不足,这可能与河北现有的以重化工业为主的资源密集型产业结构有关。

第六,从产业、财税、生态和人力资本四个角度探讨了京津冀公共服务差距的制约机制。在产业方面,京津冀产业链的对接有限、上下游产业间的协同性不强及优惠税收的差异对京津冀的产业布局产生了一定的影响;在财税方面,区域政策法规的缺失和冲突、横向财政转移机制的缺失、财税体制的不合理性及各地事权与财权的不统一、政绩考核制度的偏差等对京津冀财政的差距和公共服务的供给产生了重大影响;在生态环境方面,完善的生态环境补偿机制的缺失、统一完善的法律制度环境和有效的协调与合作组织的缺乏、区域间政府协调机制的缺失导致京津冀的生态环境治理一直得不到较大的改善,进一步限制了京津冀公共服务的均等化。其次公共教育资源配置、公共服务的差距与户籍制度的存在也阻碍了京津冀间人才的流动,形成"马太效应"。这些问题的存在如果不得到及时的解决,京津冀公共服务均等化将长期受限,因此需要从不同的角度提出创新性的解决办法才能够逐步实现京津冀公共服务的均等化。

第七,京津冀产业协同机制创新的具体路径有八点:① 明确并细化目标,促进各级政府准确把握阶段性发展平衡转化策略;② 利用雄安契机,全面加快推进京津冀产业协同发展战略的布局和实施;③ 政体改革与创新,探索并实施各级政府统一的"权力清单""责任清单";④ 推进"先行区"全面建设,确立和加快市场化一体化为导向的自贸区改革;⑤ 加强各层官员的交流,加快三地各级政府的行政执行能力和专业能力均等化进程;⑥ 加快设立三地联合的政府股权产业发展基金,加快成立京津冀科技成果转化投资基金、加快共建京津冀创新创业孵化中心;⑦ 加快经济为支点,全面达成京津冀产业融合联动状态;⑧ 加快发展多层次、多元化的资本市场,促进京津冀联动。

第八,京津冀财税协同机制创新的具体路径:① 支持创业创新的财税政策建议,包括采取更灵活的财政支持,善税收优惠,鼓励创业,充分发挥金融创新在支持创业精神中的作用,完善相关配套措施;② 建立横向财政转移支付制度,完善公共文化服务体系,要建立横向转移支付方式,必须按照"同承担、共分享"的原则,从环境补偿、基本公共服务均等化和京津冀经济圈的共同发展三个方面实施横向转移支付制度。③ 完善京津冀协同发展的财税体制,必须按照实现京津冀公共服务一体化的要求,深化财税体制改革。我们认为目前相对可行的具体思路包括以下四个方面内容:一是分清中央与地方间事权与支出责任关系;二是中央肩负国家重大战略的事权和财政支出责任;三是完善中央与地方财政收入分配制度;四是政府间转移支付制度的调整与完善。

第九,京津冀生态协同机制创新的具体路径是:① 在生态环境协作方式方面,更加注重长效性机制的建设,面对京津冀环境污染问题和生态功能弱化的挑战,应努力构建京津冀生态环境系统共建共享的长效机制。生态环境系统使各要素相互联系,发挥各自的协同作用。通过建立和改革相应的制度和规范,使得京津冀生态环境系统的共建共享机制在实践中得以体现。② 在生态环境协同层面,构建各主体共同参与的全方位体系。京津冀生态环境系统的共建共享可以从两个层面进行:一是在省级层面,以省级政府为主体,国家相关部门参与,重点推进区域生态环境系统共享。合作建设主要体现在重要机制建设、战略规划和政策保障上;合作建设主要体现在市、县两级。二是在临近地理位置的市、县层面,共享共建生态环境保护的综合规划、综合建设、综合管理,如污水处理厂、城市周边垃圾填埋场等环境公共设施的共建和共享。从长远来看,有必要构建京津冀生态环境系统共建共享的主要机制,即政府、企业、社会组织和公众的共同参与机制,以区分发挥各主体的作用,建立京津冀生态环境共建共享的主体协同机制。具体而言,它是"政府主导、企业主体、社会组织协调、公众广泛参与"的有效机制。③ 在生态环境协同领域方面,构建面向生态环境质量的格局。京津冀生态环境应抓住改善构成生态系统的水、大气、土壤等主要介质的环境质量的核心,强调环境与生态系统的同步改善,恢复和提高环境质量及整体生态功能。这就要求统筹规划京津冀三地的生态环境保护行动,进一步扩大京津冀生态环境合作对象的覆盖面,针对系统问题,努力构建覆盖要素,从根本上解决京津冀区域生态环境问题,改善生态环境。这就代表这种形式具有广阔的领域、全过程和综合的生态环境协调发展模式。④ 在生态环境协同模式上,更加突出市场机制的功能。在京津冀生态环境合作模式下,要明确政府与市场的界限,必须发挥政府的主导作用,从长远来看,要从根本上建立相应的市场机制。根据"谁受益、谁购买、谁污染、谁支付"的原则,对生态环境保护项目的生态价值进行了科学评价,明确了受益人及其利益比。通过环保项目的公平拍卖机制,构建京津冀大气环境容量和水环境容量的交易机制,特别是建立生态容量的横向交易机制。加快了京津冀与河北张承区的交通,加快了民营资本进入京津冀生态恢复领域的步伐。京津冀作为一个特殊的区域单元,需要把区域生态补偿作为一个整体来考虑,促进区域内水平补偿体系的建立,加快生态一体化的实现。推进生态一体化进程的关键在于创新生态补偿机制,完善多元化、公平的生态补偿体系。开展排放权交易试点,整合建立京津冀排放权交易统一平台,开展二氧化硫等主要污染物的跨区域排放权交易,建立水资源使用权转让制度。

第十,京津冀人力资本协同机制创新的路径为:① 制订统一的区域人力资本发展规划。区域人力资本开发与配置是一项长期而复杂的系统工程,需要合理的规划与设计。京津冀是我国的重点规划开发区,已制定了相应的区域发展规划。在此基础上,区域还应制定有利于促进区域协调发展的人力资本发展规划,引导区域内人力资本的开发,迁移和市场体系建设,逐步形成统一的人事制度框架,形成大型人才市场,并建立人才服务体系,最终实现区域人才自由流动。② 建立京津冀人力资本合作的长效机制,通过法律法规对其进行规范,使京津冀人力资本合作持久。例如,在人才统计标准、人才资格证书相互认可、人才吸引政策、人才流动政策、人才诚信体系建设等方面达成共识;充分准入人才市场机构,建设人才市场路线,组织人才市场活动和国际人才交流活动,实现国际人才资源共享。③ 人力资本合作的有效发展还取决于区域在工业与投资、交通运输等基础设施、港口、物流、金融服务等领域的合作。因此,促进京津冀人力资本合作,必须深化区域整体合作机制,逐步实现区域经济社会一体化。区域人力资本合作应是政府主导的人力资本市场化配置的过程,这一过程涉及发展规划、财政支出、市场建设、户籍改革等方面的工作,这就要求政府制定切实可行的财政和税收政策予以保障。特别是在资源配置方面,市场的自发作用往往使资金、技术和人才集中在较发达地区。在市场失灵的情况下,需要政府宏观调控,引导资金、技术、人才流向落后地区,增强落后地区人力资本积累能力,改变落后地区经济增长方式,提高经济增长速度。

参 考 文 献

[1] 阿瑟·奥沙利文:《城市经济学》,中国人民大学出版社 2013 年版。

[2] 安树伟:《京津冀协同发展战略实施效果与展望》,《区域经济评论》2017 年第 6 期。

[3] 白雪梅:《教育与收入不平等:中国的经验研究》,《管理世界》2004 年第 6 期。

[4] 白永秀、惠宁:《论生产要素按贡献参与分配的理论依据》,《西北大学学报(哲学社会科学版)》2003 年第 3 期。

[5] 步淑段:《改革户籍附加福利是京津冀协同发展的关键》,《经济与管理》2016 年第 1 期。

[6] 蔡昉、都阳:《中国地区经济增长的趋同与差异——对西部开发战略的启示》,《经济研究》2000 年第 10 期。

[7] 蔡昉:《"刘易斯转折点"近在眼前》,《中国社会保障》2007 年第 5 期。

[8] 蔡培:《京津冀产业集聚形成及效应研究》,首都经济贸易大学硕士学位论文,2017。

[9] 蔡跃洲、张钧南:《信息通信技术对中国经济增长的替代效应与渗透效应》,《经济研究》2015 年第 12 期。

[10] 茶洪旺、左鹏飞:《信息化对中国产业结构升级影响分析——基于省级面板数据的空间计量研究》,《经济评论》2017 年第 1 期。

[11] 常慧娟:《京津冀地区经济差距及财税政策调控研究》,河北科技大学硕士学位论文,2012。

[12] 陈斌开、曹文举:《从机会均等到结果平等:中国收入分配现状与出路》,《经济社会体制比较》2013 年第 6 期。

[13] 陈红娟、孙桂平、石晓丽:《基于 GIS 的京津冀地区新型城镇化水平时空格局演化》,《生态经济》2016 年第 8 期。

[14] 陈润羊、张贵祥、胡曾曾等:《京津冀区域生态文明评价研究》,《环境科学与技术》2018 年第 6 期。

[15] 陈诗一、陈登科:《雾霾污染、政府治理与经济高质量发展》,《经济研究》2018 年第 2 期。

[16] 陈甬军:《中国现代市场体系改革三十年》,《企业经济》2009 年第 3 期。

[17] 陈钊、陆铭、金煜:《中国人力资本和教育发展的区域差异:对于面板数据的估算》,《世界经济》2004 年第 12 期。

[18] 程惠芳、唐辉亮、陈超:《开放条件下区域经济转型升级综合能力评价研究——中国 31 个省市转型升级评价指标体系分析》,《管理世界》2011 年第 8 期。

[19] 程健、邢珺、章彦姗:《内陆地区经济开放度指标体系的构建》,《统计与决策》2014 年第 15 期。

[20] 程李梅、庄晋财、李楚 等:《产业链空间演化与西部承接产业转移的"陷阱"突破》,《中国工业经济》2013 年第 8 期。

[21] 邓向荣、李伟:《中国区域创新极化趋势及其特征研究》,《科学管理研究》2007 年第 5 期。

[22] 董亮、张海滨:《2030 年可持续发展议程对全球及中国环境治理的影响》,《中国人口·资源与环境》2016 年第 1 期。

[23] 方创琳、王岩:《中国城市脆弱性的综合测度与空间分异特征》,《地理学报》2015 年第 2 期。

[24] 方创琳、杨玉梅:《城市化与生态环境交互耦合系统的基本定律》,《干旱区地理》2006 年第 2 期。

[25] 干春晖、郑若谷:《改革开放以来产业结构演进与生产率增长研究——对中国 1978—2007 年"结构红利假说"的检验》,《中国工业经济》2009 年第 2 期。

[26] 干春晖、郑若谷、余典范:《中国产业结构变迁对经济增长和波动的影响》,《经济研究》2011 年第 5 期。

[27] 高树兰:《京津冀基本公共服务协同发展与财税政策支持探讨》,《经济与管理》2016 年第 6 期。

[28] 高雪莲:《京津冀公共服务一体化下的财政均衡分配》,《经济社会体制比较》2015 年第 5 期。

[29] 龚艳冰:《基于正态云模型和熵权的河西走廊城市化生态风险综合评价》,《干旱区资源与环境》2012 年第 5 期。

[30] 谷健:《京津冀协同发展下非首都功能疏解对策研究》,首都经济贸易大学硕士学位论文,2017。

[31] 谷克鉴:《建立现代化经济体系应当重视对外开放的效率提升功能》,《国际贸易问题》2018 年第 1 期。

[32] 顾朝林、李阿琳:《从解决"三农"问题入手推进城乡发展一体化》,《经济地理》2013 年第 1 期。

[33] 郭庆旺、吕冰洋:《论要素收入分配对居民收入分配的影响》,《中国社会科学》2012 年第 12 期。

[34] 郭秀锐、杨居荣、毛显强:《城市生态系统健康评价初探》,《中国环境科学》2002 年第 6 期。

[35] 国务院发展研究中心农村部课题组、叶兴庆、徐小青:《从城乡二元到城乡一体——我国城乡二元体制的突出矛盾与未来走向》,《管理世界》2014 年第 9 期。

[36] 韩其恒、李俊青:《二元经济下的中国城乡收入差距的动态演化研究》,《金融研究》2011 年第 8 期。

[37] 和瑜淇:《外商直接投资对产业集聚的影响》,湖南师范大学硕士学位论文,2016。

[38] 河北省发展和改革委员会宏观经济研究所课题组:《促进京津冀基本公共服务均等化研究》,《经济研究参考》2018 年第 15 期。

[39] 贺灿飞、梁进社:《中国区域经济差异的时空变化:市场化、全球化与城市化》,《管理世界》2004 年第 8 期。

[40] 胡安俊、孙久文:《京津冀世界级城市群的发展现状与实施方略研究》,《城市》2018 年第 6 期。

[41] 胡廷兰、杨志峰、何孟常等:《一种城市生态系统健康评价方法及其应用》,《环境科学学报》2005 年第 2 期。

[42] 胡永远:《人力资本与经济增长:一个实证分析》,《经济科学》2003 年第 1 期。

[43] 胡援成、肖德勇:《经济发展门槛与自然资源诅咒——基于我国省际层面的面板数据实证研究》,《管理世界》2007 年第 4 期。

[44] 黄国和、陈冰、秦肖生:《现代城市"病"诊断、防治与生态调控的初步构想》,《厦门理工学院学报》2006 第 3 期。

[45] 黄金川、方创琳:《城市化与生态环境交互耦合机制与规律性分析》,《地理研究》2003 年第 4 期。

[46] 黄瑞芬、李宁:《环渤海经济圈低碳经济发展与环境资源系统耦合的实证分析》,《资源与产业》2013 年第 2 期。

[47] 黄祖辉、刘慧波、邵峰:《城乡区域协同发展的理论与实践》,《社会科学战线》2008 年第 8 期。

[48] 纪良纲、晓国:《京津冀产业梯度转移与错位发展》,《河北学刊》2004 年第 6 期。

[49] 季曦:《生态经济的热力学熵值理论及其在城市系统模拟和调控中的应用》,北京大学博士学位论文,2008。

[50] 姜冬旭、付雅:《京津冀协同发展中北京的战略研究》,《对外经贸》2017 年第 2 期。

[51] 姜昧茗:《城市系统演化的生态热力学熵值分析》,北京大学博士学位论文,2007。

[52] 蒋伏心、王竹君、白俊红:《环境规制对技术创新影响的双重效应——基于江苏制造业动态面板数据的实证研究》,《中国工业经济》2013 年第 7 期。

[53] 蒋清海:《中国区域经济发展的未来走势》,《未来与发展》1995 年第 3 期。

[54] 蒋志丹:《海峡西岸经济区人力资本投资分析》,华侨大学硕士学位论文,2011。

[55] 金冬梅、张继权、韩俊山：《吉林省城市干旱缺水风险评价体系与模型研究》，《自然灾害学报》2005 年第 6 期。

[56] 李春明：《完善有序运行的现代市场体系》，《求是》2004 年第 2 期。

[57] 李从欣、李国柱、韩宇：《区域人力资本与经济增长研究》，《当代经济管理》2008 年第 4 期。

[58] 李东军、张辉：《北京市产业结构与经济增长的关系及原因分析》，《东北大学学报(社会科学版)》2013 年第 2 期。

[59] 李东军、张辉：《产业结构优化研究——以北京市为例》，《首都师范大学学报(社会科学版)》2013 年第 2 期.

[60] 李东军、张辉等：《北京市产业结构优化调整路径研究》，北京大学出版社 2013 年版。

[61] 李恒、黄民生、姚玲等：《基于能值分析的合肥城市生态系统健康动态评价》，《生态学杂志》2011 年第 1 期。

[62] 李建民：《人力资本与经济持续增长》，《南开经济研究》1999 年第 4 期。

[63] 李建伟：《刘国光教授经济增长理论——改革开放之前的理论体系与实证研究》，《经济学动态》2003 年第 11 期。

[64] 李娟娟：《核心城市对都市圈区域经济一体化的影响研究》，河北工业大学硕士学位论文，2007。

[65] 李君艳：《京津冀地区产业协同发展策略研究》，天津师范大学硕士学位论文，2015。

[66] 李明彧、张辉：《北京市文化创意产业的区域性比较研究——基于国内外重点城市的比较》，《天津师范大学学报(社会科学版)》2015 年第 6 期。

[67] 李珊珊：《新发展理念下对我国宏观调控布局的思考》，《金融与经济》2018 年第 5 期。

[68] 李实、罗楚亮：《中国城乡居民收入差距的重新估计》，《北京大学学报(哲学社会科学版)》2007 年第 2 期。

[69] 李双成、柴亮：《河北省区域创新能力分析与评价》，《经济与管理》2009 年第 12 期。

[70] 李双成、赵志强、王仰麟：《中国城市化过程及其资源与生态环境效应机制》，《地理科学进展》2009 年第 1 期。

[71] 李思泓：《我国增值税税制改革的研究》，哈尔滨理工大学硕士学位论文，2002。

[72] 李天健：《城市病评价指标体系构建与应用——以北京市为例》，《城市规划》2014 年第 8 期。

[73] 李婷婷、密亚洲、张辉等：《北京市郊区旅游用地管理模式研究》，《城市发展研究》2009 第 11 期。

[74] 李伟：《京津冀协同创新北京引领作用应凸显》，《中国科技财富》2014 年第 11

期。

[75] 李想、芮明杰：《模块化分工条件下的网络状产业链研究综述》，《外国经济与管理》2008 年第 8 期。

[76] 李友梅：《国际特大城市社会治理的新趋势》，《中国社会科学报》2013 年第 10 期。

[77] 连玉君：《人力资本要素对地区经济增长差异的作用机制——兼论西部人力资本积累策略的选择》，《财经科学》2003 年第 5 期。

[78] 廖文华、解建仓、王玲等：《城市化进程中区域水土资源生态风险评价研究》，《西安理工大学学报》2013 年第 2 期。

[79] 林伯强、蒋竺均：《中国二氧化碳的环境库兹涅茨曲线预测及影响因素分析》，《管理世界》2009 年第 4 期。

[80] 林毅夫、蔡昉、李周：《中国经济转型时期的地区差距分析》，《经济研究》1998 年第 6 期。

[81] 林毅夫、陈斌开：《发展战略、产业结构与收入分配》，《经济学（季刊）》2013 年第 4 期。

[82] 林毅夫：《经济发展战略与公平、效率的关系》，《经济学（季刊）》2011 年第 2 期。

[83] 林毅夫：《新结构经济学——重构发展经济学的框架》，《经济学（季刊）》2011 年第 1 期。

[84] 林毅夫：《有关当前农村政策的几点意见》，《农业经济问题》2003 年第 6 期。

[85] 林毅夫：《中国经济的后发优势》，《理论学习》2014 年第 4 期。

[86] 林毅夫：《中国经济专题》，北京大学出版社 2012 年版。

[87] 刘耕源、杨志峰、陈彬等：《基于能值分析的城市生态系统健康评价——以包头市为例》，《生态学报》2008 年第 4 期。

[88] 刘海云、贾晓菡、温慧敏等：《京津冀三地税收与税源背离问题研究》，《经济与管理》2017 年第 3 期。

[89] 刘宏曼、郎郸妮：《京津冀协同背景下制造业产业集聚的影响因素分析》，《河北经贸大学学报》2016 年第 4 期。

[90] 刘璟：《泛珠三角现代服务业发展路径选择》，《国际经贸探索》2009 年第 4 期。

[91] 刘伟、黄桂田、李绍荣等：《中国市场经济发展研究——市场化进程与经济增长和结构演进》，经济科学出版社 2009 年版。

[92] 刘伟、鞠美庭、邵超峰等：《中国能源消耗趋势与节能减排对策》，《环境保护》2008 年第 17 期。

[93] 刘伟、苏剑：《从就业角度看中国经济目标增长率的确定》，《中国银行业》2014 年第 9 期。

[94] 刘伟、苏剑：《供给管理与我国现阶段的宏观调控》，《经济研究》2007 年第 2 期。

[95] 刘伟：《现代化经济体系是发展、改革、开放的有机统一》，《经济研究》2017 年第

11 期。

[96] 刘伟、许宪春、蔡志洲等:《中国经济增长报告 2010——从需求管理到供给管理》,中国发展出版社 2010 年版。

[97] 刘伟、许宪春、蔡志洲等:《中国经济增长报告 2012——宏观调控与体制创新》,北京大学出版社 2012 年版。

[98] 刘伟、许宪春、蔡志洲等:《中国经济增长报告 2011——克服中等收入陷阱的关键在于转变发展方式》,中国发展出版社 2011 年版。

[99] 刘伟:《以供给侧结构性改革为主线建设现代化经济体系》,《中国邮政》2018 年第 5 期。

[100] 刘伟、张辉、黄昊:《改革开放以来中国产业结构转型与经济增长》,中国计划出版社 2017 年版。

[101] 刘伟、张辉、黄泽华:《中国产业结构高度与工业化进程和地区差异的考察》,《经济学动态》2008 年第 11 期。

[102] 刘伟、张辉、黄泽华:《中国产业结构高度与工业化进程和地区差异的考察》,《经济学动态》2008 年第 11 期。

[103] 刘伟、张辉:《货币政策和传导机制研究进展和启示——当代西方经济学视角》,《北京大学学报(哲学社会科学版)》2012 年第 1 期。

[104] 刘伟、张辉:《全球治理:国际竞争与合作》,北京大学出版社 2017 年版。

[105] 刘伟、张辉:《我国经济增长的产业结构问题》,《中国高校社会科学》2013 年第 1 期。

[106] 刘伟、张辉:《"一路一带":产业与空间协同发展》,北京大学出版社 2017 年版。

[107] 刘伟、张辉:《中国经济增长中的产业结构变迁和技术进步》,《经济研究》2008 年第 11 期。

[108] 刘伟、张辉:《中国经济增长中的产业结构变迁和技术进步》,《经济研究》2008 年第 11 期。

[109] 刘显杰:《天津市工业产业集聚水平的实证分析》,天津财经大学硕士学位论文,2015。

[110] 刘晓丽、方创琳、王发曾:《中原城市群的空间组合特征与整合模式》,《地理研究》2008 年第 2 期。

[111] 刘耀彬、李仁东、宋学锋:《中国区域城市化与生态环境耦合的关联分析》,《地理学报》2005 年第 3 期。

[112] 刘耀彬、宋学锋:《城市化与生态环境的耦合度及其预测模型研究》,《中国矿业大学学报》2005 年第 1 期。

[113] 刘志彪:《长三角经济增长的新引擎》,中国人民大学出版社 2007 年版。

[114] 鲁继通:《京津冀基本公共服务均等化:症结障碍与对策措施》,《地方财政研究》2015 年第 9 期。

[115] 陆大道：《地理学关于城镇化领域的研究内容框架》，《地理科学》2013 年第 8 期。

[116] 陆军、徐杰：《金融集聚与区域经济增长的实证分析——以京津冀地区为例》，《学术交流》2014 年第 2 期。

[117] 吕炜、杨沫、王岩：《城乡收入差距、城乡教育不平等与政府教育投入》，《经济社会体制比较》2015 年第 3 期。

[118] 罗军刚、解建仓、阮本清：《基于熵权的水资源短缺风险模糊综合评价模型及应用》，《水利学报》2008 年第 9 期。

[119] 倪鹏飞、李超：《中国城市竞争力 2012 年度综述——建设可持续竞争力的理想城市》，《学术动态(北京)》2013 年第 23 期。

[120] 宁吉：《现代化经济体系需要更高层次的对外开放》，《中国总会计师》2017 年第 12 期。

[121] 牛文元、刘学谦、刘怡君：《2015 世界可持续发展年度报告》，《光明日报》2015 年 9 月 9 日。

[122] 潘源：《供给侧改革背景下市场化对行业创新的影响——基于我国工业行业数据分析》，《特区经济》2018 年第 1 期。

[123] 彭文英、陈润羊、斯姝华：《我国生态文明研究格局及理论体系框架》，《学习与探索》2017 年第 9 期。

[124] 钱津：《完善现代市场体系的若干基本问题》，《兰州大学学报(社会科学版)》2008 年第 2 期。

[125] 乔标、方创琳：《城市化与生态环境协调发展的动态耦合模型及其在干旱区的应用》，《生态学报》2005 年第 11 期。

[126] 乔标、方创琳、黄金川：《干旱区城市化与生态环境交互耦合的规律性及其验证》，《生态学报》2006 年第 7 期。

[127] 乔标、符娟林：《基于模糊物元的城市化生态预警模型及应用》，《地球科学进展》2008 年第 9 期。

[128] 秦尊文、李兵兵：《现代化经济体系的内涵与建设重点》，《社会科学动态》2018 年第 5 期。

[129] 任力、黄崇杰：《国内外环境规制对中国出口贸易的影响》，《世界经济》2015 年第 5 期。

[130] 邵帅、齐中英：《西部地区的能源开发与经济增长——基于'资源诅咒'假说的实证分析》，《经济研究》2008 年第 4 期。

[131] 沈坤荣、金刚、方娴：《环境规制引起了污染就近转移吗？》，《经济研究》2017 年第 5 期。

[132] 沈坤荣、马俊：《中国经济增长的"俱乐部收敛"特征及其成因研究》，《经济研究》2002 年第 1 期。

[133] 沈利生、朱运法:《人力资本与经济增长分析》,社会科学文献出版社 1999 年版。

[134] 沈利生、朱运法:《人力资源开发与经济增长关系的定量研究》,《数量经济技术经济研究》1997 年第 12 期。

[135] 石忆邵:《中国"城市病"的测度指标体系及其实证分析》,《经济地理》2014 年第 10 期。

[136] 28 宋静、王会肖、刘胜娅:《基于 ESI 模型的经济发展对生态环境压力定量评价》,《中国生态农业学报》2014 年第 3 期。

[137] 宋马林、杨杰、杨彤:《社会保障体系完善与社会经济可持续发展——基于城乡差异和区域差距视角的统计分析》,《公共管理学报》2010 年第 2 期。

[138] 苏飞、张平宇、李鹤:《中国煤矿城市经济系统脆弱性评价》,《地理研究》2008 年第 7 期。

[139] 苏飞、张平宇:《辽中南城市群城市规模分布演变特征》,《地理科学》2010 年第 3 期。

[140] 苏美蓉、杨志峰、陈彬:《基于能值—生命力指数的城市生态系统健康集对分析》,《中国环境科学》2009 年第 8 期。

[141] 苏美蓉、杨志峰、王红瑞等:《一种城市生态系统健康评价方法及其应用》,《环境科学学报》2006 年第 12 期。

[142] 孙景宇:《开放体系下的转型经济研究》,《南开经济研究》2005 年第 3 期。

[143] 孙久文、李姗姗、张和侦:《"城市病"对城市经济效率损失的影响基于中国 285 个地级市的研究》,《经济与管理研究》2015 年第 3 期。

[144] 孙宁:《邢台市区域经济发展战略研究》,天津大学硕士学位论文,2007。

[145] 孙平军、丁四保、冯章献:《城镇建设用地投入非协调性及其规划思考》,《现代城市研究》2012 年第 3 期。

[146] 谭华清、黄昊、张辉等:《城乡劳动力转移中的先驱效应》,《南开经济研究》2017 年第 5 期。

[147] 唐斌、彭国甫:《地方政府生态文明建设绩效评估机制创新研究》,《中国行政管理》2017 年第 5 期。

[148] 唐浩、蒋永穆:《基于转变经济发展方式的产业链动态演进》,《中国工业经济》2008 年第 5 期。

[149] 唐毓璇、李宇轩、石琳等:《宏识、宏图、宏业——践行新发展理念建设现代化经济体系——第七届"北大经济国富论坛"综述》,《经济科学》2017 年第 6 期。

[150] 陶长琪、周璇:《产业融合下的产业结构优化升级效应分析——基于信息产业与制造业耦联的实证研究》,《产业经济研究》2015 年第 3 期。

[151] 田亚平、向清成、王鹏:《区域人地耦合系统脆弱性及其评价指标体系》,《地理研究》2013 年第 1 期。

[152] 万广华：《城镇化与不均等：分析方法和中国案例》，《经济研究》2013第5期。

[153] 汪子涵：《基于现代服务业导向的城市新区协同发展研究》，重庆大学硕士学位论文，2017。

[154] 王方方：《中部地区人力资本差异及其与经济相关性比较分析》，河南大学硕士学位论文，2008。

[155] 王季林：《论现代市场体系》，《经济评论》1997年第4期。

[156] 王建红：《经济增长中的异质型人力资本研究》，厦门大学硕士学位论文，2006。

[157] 王杰、刘斌：《环境规制与企业全要素生产率——基于中国工业企业数据的经验分析》，《中国工业经济》2014年第3期。

[158] 王洁玉、贺灿飞、黄志基：《基于3D视角的京津冀都市圈经济空间分析》，《城市观察》2012年第3期。

[159] 王金营：《中国经济增长与综合要素生产率和人力资本需求》，《中国人口科学》2002年第2期。

[160] 王立胜、陈健：《中国特色社会主义政治经济学的最新成果——关于十九大报告的政治经济学阐释》，《学习与探索》2018年第3期。

[161] 王韧：《城乡转换、经济开放与收入分配的变动趋势——理论假说与双二元动态框架》，《财经研究》2006年第2期。

[162] 王少剑、方创琳、王洋：《京津冀地区城市化与生态环境交互耦合关系定量测度》，《生态学报》2015年第7期。

[163] 王小鲁、樊纲：《中国地区差距的变动趋势和影响因素》，《经济研究》2004年第1期。

[164] 王小鲁、樊纲：《中国收入差距的走势和影响因素分析》，《经济研究》2005年第10期。

[165] 王晓玥、李双成：《基于多维视角的"城市病"诊断分析及其风险预估研究进展与发展趋势》，《地理科学进展》2017年第2期。

[166] 王轩：《京津冀地区人力资本与经济增长关系及人力资本投资研究》，北京交通大学硕士学位论文，2011。

[167] 王延杰：《京津冀协同发展的财税体制创新》，《经济与管理》2015年第4期。

[168] 王延杰、冉希：《京津冀基本公共服务差距、成因及对策》，《河北大学学报（哲学社会科学版）》2016年第4期。

[169] 王艳飞、刘彦随、严镔等：《中国城乡协调发展格局特征及影响因素》，《地理科学》2016年第1期。

[170] 王焱：《京津冀区域环境治理的法律保障研究》，《社科纵横》2016年第9期。

[171] 王振波、方创琳、王婧：《1991年以来长三角快速城市化地区生态经济系统协调度评价及其空间演化模式》，《地理学报》2011年第12期。

[172] 未江涛：《京津冀生产性服务业集聚比较研究——基于行业层面的分析》，《现

代商贸工业》2014 年第 22 期。

[173] 魏后凯、刘楷:《我国地区差异变动趋势分析与预测》,《中国工业经济》1994 年第 3 期。

[174] 文先明、熊鹰:《基于属性理论的城市生态系统健康评价》,《系统工程》2008 年第 11 期。

[175] 吴瀚然、沈映春、胡庆江:《京津冀区域经济增长的空间关联特征及其解释——基于空间自相关与网络分析法》,《江西社会科学》2016 年第 3 期。

[176] 吴建国:《人力资本对我国经济的增长贡献率》,《中国人力资源开发》2002 年第 3 期。

[177] 吴园一:《中国经济开放度及指标体系》,《南开管理评论》1998 年第 2 期。

[178] 向丽、王红瑞、李迎霞:《北京市城市生态系统健康评价》,《广州环境科学》2008 年第 1 期。

[179] 谢康、肖静华、周先波等:《中国工业化与信息化融合质量:理论与实证》,《经济研究》2012 年第 1 期。

[180] 徐福留、赵珊珊、杜婷婷等:《区域经济发展对生态环境压力的定量评价》,《中国人口资源与环境》2004 年第 4 期。

[181] 徐迎春、张建伟、刘泽:《中国人力资本与经济增长关系的实证研究》,《中国成人教育》2005 年第 2 期。

[182] 许志芳:《京津冀产业集聚效应分析》,北京交通大学硕士学位论文,2009。

[183] 薛颖:《促进我国区域经济发展的税收管理政策研究》,《财会研究》2010 年第 15 期。

[184] 闫淑敏、段兴民:《中国西部人力资本存量的比较分析》,《中国软科学》2001 年第 6 期。

[185] 杨建芳、龚六堂、张庆华:《人力资本形成及其对经济增长的影响——一个包含教育和健康投入的内生增长模型及其检验》,《管理世界》2006 年第 5 期。

[186] 杨俊、黄潇、李晓羽:《教育不平等与收入分配差距:中国的实证分析》,《管理世界》2008 年第 1 期。

[187] 杨晓光、樊杰、赵燕霞:《20 世纪 90 年代中国区域经济增长的要素分析》,《地理学报》2002 年第 6 期。

[188] 姚毓春、袁礼、王林辉:《中国工业部门要素收入分配格局——基于技术进步偏向性视角的分析》,《中国工业经济》2014 年第 8 期。

[189] 叶裕民:《中国统筹城乡发展的系统架构与实施路径》,《城市规划学刊》2013 年第 1 期。

[190] 尹海洁:《信息化的发展与中国产业结构及劳动力结构的变迁》,《中国软科学》2002 年第 6 期。

[191] 尹亮亮、刘晓俊、孙焕宇:《区域经济开放度评价体系研究》,《合作经济与科技》

2015 年第 5 期。

[192] 于鹏、周莹:《地方政府在京津冀产业集聚中的角色分析》,《人民论坛》2015 年第 11 期。

[193] 郁亚娟、郭怀成、刘永等:《城市病诊断与城市生态系统健康评价》,《生态学报》2008 年第 4 期。

[194] 原毅军、谢荣辉:《环境规制的产业结构调整效应研究——基于中国省际面板数据的实证检验》,《中国工业经济》2014 年第 8 期。

[195] 岳书敬:《中国省级区域人力资本的收敛性分析》,《科技进步与对策》2008 年第 6 期。

[196] 詹歆晔、郁亚娟、郭怀成等:《特大城市交通承载力定量模型的建立与应用》,《环境科学学报》2008 年第 9 期。

[197] 张二震:《贸易投资一体化与长三角开放战略的调整》,人民出版社 2008 年版。

[198] 张帆:《中国的物质资本和人力资本估算》,《经济研究》2000 年第 8 期。

[199] 张辉:《北京市产业空间结构研究》,北京大学出版社 2012 年版。

[200] 张辉:《财政政策的效果与区域不对称性》,《首都师范大学学报(社会科学版)》2014 年第 6 期。

[201] 张辉:《从中心城市技术价值角度来观察城乡统筹发展》,《改革》2009 年第 5 期。

[202] 张辉等:《北京市房地产行业发展研究:中国都市经济研究报告 2015》,北京大学出版社 2016 年版。

[203] 张辉等:《从产业结构演进角度来研究北京市金融中心构建》,北京大学出版社 2014 年版。

[204] 张辉、丁匡达:《美国产业结构、全要素生产率与经济增长关系研究:1975—2011》,《经济学动态》2013 年第 7 期。

[205] 张辉:《改革开放以来北京市产业结构高度演化的现状、问题和对策》,北京大学出版社 2010 年版。

[206] 张辉:《贯彻协调发展新理念,构筑均衡融合新格局》,《北京大学学报(哲学社会科学版)》2016 年第 2 期。

[207] 张辉、黄昊、王岑:《网络结构与国有企业影响力及控制力》,《经济与管理研究》2017 年第 4 期。

[208] 张辉、黄昊、闫强明:《混合所有制改革、政策性负担与国有企业绩效——基于 1999—2007 年工业企业数据库的实证研究》,《经济学家》2016 年第 9 期。

[209] 张辉、黄昊、朱智彬:《"一带一路"沿线国家重点行业跨境并购的网络研究》,《亚太经济》2017 年第 5 期。

[210] 张辉、黄泽华:《北京市工业化进程中的产业结构高度》,《北京社会科学》2009 年第 3 期。

[211] 张辉、黄泽华：《我国货币财政政策传导机制和宏观调控研究》，北京大学出版社 2016 年版。

[212] 张辉、黄泽华：《我国货币政策的汇率传导机制研究》，《经济学动态》2011 年第 8 期。

[213] 张辉、黄泽华：《我国货币政策利率传导机制的实证研究》，《经济学动态》2011 年第 3 期。

[214] 张辉：《建设现代化经济体系的理论与路径初步研究》，《北京大学学报（哲学社会科学版）》2018 年第 1 期。

[215] 张辉、刘佳颖、何宗辉：《政府补贴对企业研发投入的影响——基于中国工业企业数据库的门槛分析》《经济学动态》2016 年第 12 期。

[216] 张辉、刘铠维：《宏观经济与房地产市场研讨综述》，《经济学动态》2014 年第 4 期。

[217] 张辉：《全球价值双环流架构下的"一带一路"战略》，《经济科学》2015 年第 3 期。

[218] 张辉、任抒杨：《从北京看我国地方产业结构高度化进程的主导产业驱动机制》，《经济科学》2010 年第 6 期。

[219] 张辉、唐毓璇、易天：《"一路一带"：区域与国别经济比较研究》，北京大学出版社 2018 年版。

[220] 张辉、王晓霞：《北京市产业结构变迁对经济增长贡献的实证研究》，《经济科学》2009 年第 4 期。

[221] 张辉、王征：《我国货币政策传导变量的区域效应：2005—2010》，《经济学动态》2013 年第 4 期。

[222] 张辉：《我国产业结构高度化下的产业驱动机制》，《经济学动态》2015 年第 12 期。

[223] 张辉：《我国工业化加速进程中主导产业驱动机制》，《经济学动态》2012 年第 11 期。

[224] 张辉：《我国货币政策传导变量对产业结构影响的实证研究》，《经济科学》2013 年第 1 期。

[225] 张辉、闫强明：《外商直接投资对我国工业行业全要素生产率的门槛效应分析——基于 28 个工业行业的数据分析》，《安徽大学学报（（哲学社会科学版）》2015 年第 6 期。

[226] 张辉、杨耀淇等：《京津冀城市群一体化格局研究：中国都市经济研究报告 2016》，北京大学出版社 2017 年版。

[227] 张辉：《"一带一路"：全球治理之中国方案》，《中国社会科学报》2017 年 12 月 26 日。

[228] 张辉、易天：《分级教育、人力资本与中国城乡收入差距》，《广西社会科学》2017 年第 11 期。

[229] 张辉、易天、唐毓璇：《"一带一路"：全球价值双环流研究》，《经济科学》2017 年第 3 期。

[230] 张辉：《中国产业结构与经济增长研究：1990—2012》，《华东经济管理》2014 年第 12 期。

[231] 张辉：《中国经济"新常态"的理论与实践探讨》，《经济研究》2014 年第 11 期。

[232] 张辉：《中国经济增长的产业结构效应和驱动机制》，北京大学出版社 2013 年版。

[233] 张吉福、张辉：《北京在环渤海经济带的角色定位和发展重点》，《经济研究参考》2006 年第 3 期。

[234] 张继权、赵万智、冈田宪夫（Okada）等：《综合自然灾害风险管理的理论、对策与途径》，风险分析专业委员会年会，2004。

[235] 张军、陈诗一、Gary H. Jefferson：《结构改革与中国工业增长》，《经济研究》2009 年第 7 期。

[236] 张可、汪东芳：《经济集聚与环境污染的交互影响及空间溢出》，《中国工业经济》2014 年第 6 期。

[237] 张来明、李建伟：《收入分配与经济增长的理论关系和实证分析》，《管理世界》2016 年第 11 期。

[238] 张祺、王桂新：《人力资本对我国区域经济发展影响之实证研究》，《西北人口》2008 年第 2 期。

[239] 张巍方：《大数据时代北京市流动人口治理研究》，首都经济贸易大学硕士学位论文，2018。

[240] 张晓玲：《可持续发展理论：概念演变、维度与展望》，《中国科学院院刊》2018 年第 1 期。

[241] 赵弘、陈智国：《中关村园区建设与京津冀协同发展》，《中关村》2014 年第 9 期。

[242] 赵昕、茶洪旺：《信息化发展水平与产业结构变迁的相关性分析》，《中国人口·资源与环境》2015 年第 7 期。

[243] 赵新峰、袁宗威：《京津冀区域政府间大气污染治理政策协调问题研究》，《中国行政管理》2014 年第 11 期。

[244] 赵秀娟：《京津冀协同发展进程中河北承接京津产业转移问题研究》，北京邮电大学硕士学位论文，2017。

[245] 周国富、张佳伟：《FDI 影响产业集聚形成和发展的实证分析——以京津冀地区为例》，《环渤海经济瞭望》2009 年第 12 期。

[246] 周江燕、白永秀：《中国城乡发展一体化水平的时序变化与地区差异分析》，《中国工业经济》2014 年第 2 期。

[247] 周江燕、白永秀：《中国省域城乡发展一体化水平：理论与测度》，《中国农村经济》2014 年第 6 期。

[248] 周立群：《京津冀协同发展的中间盘点与亮点》，《河北工业大学学报（社会科学版）》2018 年第 2 期。

[249] 周锡元、赵亚敏、苏经宇：《碟形弹簧竖向隔震结构振动台试验及数值模拟研究》，《建筑结构学报》2008 年第 6 期。

[250] 周煜、聂鸣、张辉：《全球价值链下中国汽车企业发展模式研究》，《研究与发展管理》2008 年第 8 期。

[251] 朱静静：《晋城市长河流域土地利用景观格局及影响因素研究》，中国地质大学（北京）硕士学位论文，2018。

[252] 诸子博：《基于 ESDA 的京津冀地区经济空间差异分析》，首都经济贸易大学硕士学位论文，2016。

[253] Acemoglu, D. and Guerrieri, V. , "Capital deepening and non-balanced economic growth", *Journal of Political Economy*, 2008, 16(3), pp. 467-498.

[254] Al-Mulali U, Sab C N B C. "The impact of energy consumption and CO2 emission on the economic and financial development in 19 selected countries", *Renewable & Sustainable Energy Reviews*, 2012, 16(7):4365-4369.

[255] Anthony B. Atkinson, "The Changing distribution of income: evidence and explanations", *German Economic Review*, vol. 1, no. 1, 2000, pp. 3-18.

[256] Arrow K J, Dasgupta P, Goulder L H, et al. , "Sustainability and the measurement of wealth", *Environment and development economics*, 2012, 17(3): 317-353.

[257] Auty R M. , *Sustaining development in resource economies: the resource curse thesis*, London and New York: Routledge, 1993.

[258] Balocco C, Papeschi S, Grazzini G, et al. "Using exergy to analyze the sustainability of an urban area", *Ecological Economics*, 2004, 48(2):231-244.

[259] Baumol W. J. , "Macroeconomics of unbalanced growth: the anatomy of urban crisis", *The American Economic Review*, 1967, 57(3), 415-426.

[260] Boodman D. "Quantitative Studies of Urban Problems: AAAS Symposium, 27 December 1969, Boston", *ence*, 1969, 166(3903):407-407.

[261] Bristow D, Kennedy C. "Why Do Cities Grow? Insights from Nonequilibrium Thermodynamics at the Urban and Global Scales", *Journal of Industrial Ecology*, 2015, 19(2):211-221.

[262] Browne D, O'Regan B, Moles R. "Comparison of energy flow accounting, energy flow metabolism ratio analysis and ecological footprinting as tools for measuring urban sustainability: A case-study of an Irish city-region", *Ecological Economics*, 2012, 83 (Nov.): 97-107.

[263] Burak Güneralp and Karen C. Seto. "Environmental impacts of urban growth

from an integrated dynamic perspective: A case study of Shenzhen, South China", *Global Environmental Change*, 2008.

[264] Caselli, F. and Coleman, W. J., "Cross-country technology diffusion: The case of computers", *American Economic Review*, 2001 (2), pp. 328-335.

[265] Chen B, Lu Y. "Urban nexus: A new paradigm for urban studies", *Ecological Modelling*, 2015, 318: 5-7.

[266] Chenery H. B. and Taylor L., "Development patterns: among countries and over time", *The Review of Economics and Statistics*, 1968, 391-416.

[267] Chenery H. B., "Patterns of industrial growth", *The American Economic Review*, 1960, 50 (4), 624-654.

[268] Chenery H., Robinson S. and Syrquin M., *Industrialization and growth: A comparative Study*, Oxford University PressOxford, 1986.

[269] Cheng Y, Izadi I, Chen T. "Pattern matching of alarm flood sequences by a modified Smith - Waterman algorithm", *Chemical Engineering Research & Design*, 2013, 91 (6): 1085-1094.

[270] Chen S, Chen B, Fath B D. "Urban ecosystem modeling and global change: Potential for rational urban management and emissions mitigation", *Environmental Pollution*, 2014, 190: 139-149.

[271] Coleman J. S., Katz E. and Menzel H., *Medical innovation: A diffusion study*, Bobbs-Merrill Co., 1966.

[272] Costa F. J., Dutt A. K., Mal J. C., Noble A. G., eds., *Urbanization in Asia: Spatial dimensions and policy issues*, Honolulu: University of Hawaii Press, 1989.

[273] Daly H, Cobb J, Cobb J B., *For the common good: redirecting the economy towards community, the environment and sustainable development*, London, Green Print, 1989.

[274] Daly H E., *For the common good: redirecting the economy toward community, the environment, and a sustainable future*, Beacon Press, 1994.

[275] Dasgupta S, Laplante B, Wang H, et al., "Confronting the environmental Kuznets curve", *Journal of economic perspectives*, 2002, 16 (1): 147-168.

[276] Douglass M., "A regional network strategy for reciprocal rural-urban linkages: An agenda for policy research with reference to Indonesia", *Third World Planning Review*, 1998, 20.

[277] Duarte M. and Restuccia D., "The role of the structural transformation in aggregate productivity", *Quarterly Journal of Economics*, 2010, 125 (1).

[278] E. Daudey and C. Garcia-Penalosa, "The personal and the factor distributions

of income in a cross-section of countries", *Journal of Development Studies*, vol. 43, no. 5, 2007, pp. 812-829.

[279] E. Hoover. , *The Location of Economic Activity*, McGraw Hill, 1948.

[280] G. Megrew. , *Global Politics: Globalation and the Nation-state*, Cambridge, Policy Press, 1992

[281] Goldstein B, Birkved M, Quitzau M B, *et al*. "Quantification of urban metabolism through coupling with the life cycle assessment framework: concept development and case study", *Environmental Research Letters*, 2013, 8 (3): 035024.

[282] Graeme S. Gumming, Ellen M. Hoffmann, Andreas Buerkert, *et al*. "Implications of agricultural transitions and urbanization for ecosystem services", *Nature*, 2014.

[283] Grossman G M, Krueger A B. , "Environmental impacts of a North American free trade agreement", *National Bureau of Economic Research*, 1991.

[284] Haas J, Ban Y. "Urban growth and environmental impacts in Jing-Jin-Ji, the Yangtze, River Delta and the Pearl River Delta", *International Journal of Applied Earth Observations & Geoinformation*, 2014 (30): 42-55.

[285] Harberger A C. , "A vision of the growth process", *The American Economic Review*, 1998, 88 (1): 1-32.

[286] Herrick B and Kinderberger C. P. , *Economic Development*, New York: McGraw Hill Press, 1983.

[287] H. Siebert. *Regional Economic Growth Theory and policy*, Scranton: International Text-book Company, 1969.

[288] Inostroza L. "The New Science of Cities", *International Journal of Geographical Information ence*, 2014, 41 (122): 1-3.

[289] Jones C. I. and Williams J. C. , "Measuring the social return to R & D", *Quarterly Journal of Economics*, 1998, 1119-1135.

[290] Jorgenson D. W. and Timmer M. P. , "Structural change in advanced nations: a new set of stylised facts", *The Scandinavian Journal of Economics*, 2011, 113 (1), 1-29.

[291] Jorgenson D W, Stiroh K J. , "Information technology and growth", *American Economic Review*, 1999, 89 (2): 109-115.

[292] Jørgensen S E, Nielsen S N. "A carbon cycling model developed for the renewable Energy Danish Island, Sams", *Ecological Modelling*, 2015, 306: 106-120.

[293] Kennedy C, Stewart I D, Ibrahim N, *et al*. "Developing a multi-layered indicator set for urban metabolism studies in megacities", *Ecological Indicators*,

2014，47 (dec.)：7-15.

[294] Ketteni E.，"Information technology and economic performance in US industries"，*Canadian Journal of Economics/Revue*，2009，42 (3)：844-865.

[295] Krugman PR，Venables AJ.，"Globalization and the Inequality of Nations"，*Quarterly Journal of Economies*，1995 (60).

[296] Kuznets S.，"Modern economic growth：findings and reflections"，*The American Economic Review*，1973，63 (3)，247-258.

[297] Kuznets S.，"National income and industrial structure"，*Journal of the Econometric Society*，1949，205-241.

[298] Kuznets S.，"Quantitative aspects of the economic growth of nations：II. industrial distribution of national product and labor force"，*Economic Development and Cultural Change*，1957，1-111.

[299] Kuznets S. S. and Murphy J. T.，*Modern Economic Growth：Rate，Structure，and Spread*，Yale University Press，1966.

[300] Lawn P A，Sanders R D.，"Has Australia surpassed its optimal macroeconomic scale? Finding out with the aid of benefit and cost accounts and a sustainable net benefit index"，*Ecological Economics*，1999，28 (2)：213-229.

[301] Lee S，Kim M S，Park Y.，"ICT co-evolution and Korean ICT strategy：An analysis based on patent data"，*Telecommunications Policy*，2009，33 (5-6)：253-271.

[302] Leonardo，S，Conke，*et al.* "Urban metabolism：Measuring the city's contribution to sustainable development"，*Environmental Pollution*，2015.

[303] Manning W J. "Urban environment：Defining its nature and problems and developing strategies to overcome obstacles to sustainability and quality of life"，*Environmental Pollution*，2011.

[304] Meadows D H，Meadows D L，Randers J，*et al.*，"The limits to growth"，*New York*，1972，102：27.

[305] Ngai L. R. and Pissarides C. A.，"Structural change in a multisector model of growth"，*The American Economic Review*，2007，97 (1)，429-443.

[306] Nordhaus W D，Tobin J.，"Is growth obsolete?"，*Economic Research：Retrospect and Prospect Vol 5：Economic Growth*，1972 (11)，1-80.

[307] O. Giovannoni，"Functional distribution of income，inequality and the Incidence of poverty：Stylized facts and the role of macroeconomic policy"，The University of Texas Inequality Project，Working Papers，No. 58，2010.

[308] Peneder M.，"Industrial structure and aggregate growth"，*Structural Change and Economic Dynamics*，12003，4 (4)，427-448.

[309] Progress R. , *Genuine Progress Indicator*, San Francisco, Redefining Progress, 1995.

[310] Ravallion M, Chen S. , "China's (uneven) progress against poverty", *Journal of Development Economics*, 2007, 82 (1): 1-42.

[311] Robert I. , Lerman and Shlomo Yitzhaki. , "Income source: A new approach and applications to the United States", *The Review of Economics and Statistics*, vol. 67, No. 1, 1985, pp. 151-156.

[312] Rolf Fare, Shawna Grosskop. , "Productivity growth technical progress and efficiency chang in industrialized countries: Reply", *The American Economic Review*, 1999 (5).

[313] Sachs J D, Warner A M. , "Natural resource abundance and economic growth", National Bureau of Economic Research, 1995.

[314] Sachs J D, Warner A M. , "The curse of natural resources", *European Economic Review*, 2001, 45 (4): 827-838.

[315] Selden T M, Song D. , "Environmental quality and development: is there a Kuznets curve for air pollution emissions?", *Journal of Environmental Economics and Management*, 1994, 27 (2): 147-162.

[316] Setoetal K C, Fragkias M, Burak Güneralp, *et al*. "A Meta-Analysis of Global Urban Land Expansion", *Plos One*, 2011 (6).

[317] Shafik N, Bandyopadhyay S. , *Economic Growth and Environmental Quality: Time-series and Cross-country Evidence*, World Bank Publications, 1992.

[318] Stiroh K J. , "Computers, productivity, and input substitution", *Economic Inquiry*, 1998, 36 (2): 175-191.

[319] Wamsler C, Brink E. "Interfacing citizens 'and institutions' practice and responsibilities for climate change adaptation", *Urban Climate*, 2014, 7: 64-91.

[320] Williamson, J. G. , "Regional inequality and the Process of national development: A de-scrition of the Patterns", *Economic Development and Cultural Change*, 1965.

[321] Zhang Xiaoji. , "Implication of opening up on China economic development", Development Research Center of State Council, P. R. China Working Paper, 2004.

[322] Zhang Y, Linlin X, Weining X. "Analyzing spatial patterns of urban carbon metabolism: A case study in Beijing, China", *Landscape & Urban Planning*, 2014, 130: 184-200.

[323] Zucaro A, Ripa M, Mellino S, *et al*. "Urban resource use and environmental performance indicators. An application of decomposition analysis", *Ecological Indicators*, 2014, 47 (dec.): 16-25.